工业企业会计
岗位实操大全

预算+成本+做账+财报

会计真账实操训练营 编著

中国铁道出版社有限公司
CHINA RAILWAY PUBLISHING HOUSE CO., LTD.

图书在版编目(CIP)数据

工业企业会计岗位实操大全:预算＋成本＋做账＋财报/
会计真账实操训练营编著.—北京:中国铁道出版社有限
公司,2020.7

ISBN 978-7-113-26790-2

Ⅰ.①工… Ⅱ.①会… Ⅲ.①工业会计 Ⅳ.①F406.72

中国版本图书馆 CIP 数据核字(2020)第 061395 号

书　　名：**工业企业会计岗位实操大全(预算＋成本＋做账＋财报)**
GONGYE QIYE KUAIJI GANGWEI SHICAO DAQUAN (YUSUAN+CHENGBEN+ZUOZHANG+CAIBAO)

作　　者：会计真账实操训练营

责任编辑：王淑艳　　　　编辑部电话：(010)51873022　　　邮箱：wangsy20008@126.com

封面设计：王　岩
责任校对：王　杰
责任印制：赵星辰

出版发行：中国铁道出版社有限公司 (100054，北京市西城区右安门西街 8 号)

网　　址：http://www.tdpress.com

印　　刷：北京铭成印刷有限公司

版　　次：2020 年 7 月第 1 版　2020 年 7 月第 1 次印刷

开　　本：700 mm×1 000 mm 1/16　印张：21　字数：343 千

书　　号：ISBN 978-7-113-26790-2

定　　价：59.80 元

前　言

　　要想做一名业务型的会计，首先要熟悉工业企业经营流程与产品生产流程，其次才是会计日常账务处理。本书立足工业，诠解会计原理。

　　编写目的

　　工业企业生产过程较为复杂，整体来说，其生产经营过程包括采购、生产和销售三个阶段。在采购阶段，企业外购原材料及动力，要支付货款及相应的税费，往来单位结算是主要的会计业务；在生产阶段，生产产品需要消耗原料、人工、动力费等成本费用，需要将这些成本费用进行分类、归集与分配；在销售阶段，卖出产品并收回资金，要缴纳增值税、教育费附加等，以及与购买企业之间的结算业务。月底结转成本费用，计算当期利润并预缴企业所得税等。本书以这些业务的发生为会计处理的起点，根据最新《企业会计准则》和税收政策编写。

　　核心要点

　　本书以工业会计与税务核算为主，非常详细地介绍工业企业资产的核算、产品成本的核算、费用的核算、利润的核算以及税费的核算。本书一大亮点是关于《企业会计准则第 14 号——收入准则》（财会〔2017〕22 号）（以下简称"新收入准则"）的具体讲解，众所周知，同时在境内外上市的公司在 2018 年 1 月 1 日已经执行新收入准则。2021 年 1 月 1 日，所有企业都要执行新收入准则。新收入准则完全是推翻现行收入确认的原则，按照"五步法模型"确认收入。这对广大会计人员来说，需要重新学习。

　　这部分内容是会计核算的一个难点，本书尽量以形象简洁的文字指导会计人员进行收入的账务处理。此外，为了减轻企业负担，财政部、国家税务总局等颁布一系列"减税降费"优惠措施，尤其是不但降低增值税税率，而且又有很多税收优惠政策。比如，自 2019 年 4 月 1 日起，试行增值税期末留抵税额退税制度；纳税人购进国内旅客运输服务，其进项税额允许从销项税额中抵扣；自 2019 年 4 月 1 日至 2021 年 12 月 31 日，允许生产、生活性服务业纳税人按照当期可抵扣进项税额加计 10%；扩大所得税前抵扣范围；为了鼓励小型微利企业的发展，在增值税和所得税方面给予极大的支持。本书将这些变化编进相关章节，并一一解析。

编写特色

◆ 突出流程。根据工业企业会计核算特点，突出工业企业经营流程，从材料采购到产品销售，以及月底编制报表，适合零基础的读者，实现从"零"到"一"的飞跃。

◆ 实操性强。针对具体业务进行会计账务处理，根据日常业务逐笔编制会计分录，使读者正确应用会计科目，处理企业日常业务。

◆ 图文并茂。本书以大量的案例展现工业企业经营业务，尽量用图表形式呈现，易于阅读。

读者对象

会计专业的学生、会计人员、税务人员以及打算从事会计工作的非财务专业的读者。

本套丛书

本套丛书包括：

《工业企业会计岗位实操大全（预算＋成本＋做账＋财报）》

《酒店企业会计岗位实操大全（预算＋成本＋做账＋财报）》

《建筑施工企业会计岗位实操大全（预算＋成本＋做账＋财报）》

《房地产企业会计岗位实操大全（预算＋成本＋做账＋财报）》

《外贸企业会计岗位实操大全（流程＋单证＋出口退税）》

虽然我们力求完美，但由于时间有限，编写过程中难免存在着一些不足和遗憾，希望广大读者多提宝贵意见。

编　者

目　录

第3章　图解新收入准则应用

第4章　应收及预付款项

第5章　存　货

第6章　固定资产

第7章　无形资产

第8章　流动负债的核算

第 11 章 期间费用的核算

第12章 一般纳税人产品成本核算

第13章 产品成本计算方法

参考文献

第 1 章
工业企业会计基础

工业企业会计基础是指会计事项的记账基础，是会计确认的某种标准方式，是单位资产、负债、所有者权益的确认标准。

1.1　什么是工业企业

工业企业是指依法成立的，从事工业商品生产经营活动，经济上实行独立核算、自负盈亏，法律上具有法人资格的经济组织。工业企业是最早出现的企业，包括石油提炼、木材加工、电力、航空航天、钢铁、制铝、汽车、造船、食品、电子等企业。这些企业所生产的产品（或所提供的劳务）都是以商品形式出现的，都需要投入市场，实现商品的使用价值和价值。

工业企业的特征如下：

（1）工业企业是以盈利为目的的经济组织，它有别于行政事业单位。

（2）工业企业是从事工业生产经营活动或提供工业性劳务的经济组织，工业企业在生产经营方向、经营方式等方面有别于农业、商业、建筑业、房地产业、运输业、金融业、物流业、邮电业、生活服务业等。

（3）工业企业是自主经营、自负盈亏、独立核算的商品生产者和经营者，工业企业作为经济组织，必须拥有一定的人力、物力、财力资源，还必须拥有充分的独立经营自主权，包括资产的处置权和产品的生产销售权等。

（4）工业企业是具有法人资格的经济实体，工业企业作为依法成立的具有法人资格的经济实体，必须完备三个法律程序：①必须正式在国家工商管理部门注册备案；②必须有特定的名称、固定的经营场所、一定的资金、一定的组织机构和企业章程；③能独立对外行使法定权利和承担法律义务。

1.2　工业企业会计

要想做好工业企业会计，必须熟悉工业企业经营流程与产品生产流程。工业企业是以产品的制造和销售为主要生产经营活动的组织，其生产经营过程包括采购、生产和销售三个阶段。企业资金以货币资金→储备资金→生产资金→成品资金→货币资金的闭环循环。

1.2.1　工业企业产品生产流程

在采购阶段，企业外购原材料，要支付货款及相应的税费，往来单位的结算是此阶段主要的会计业务。在生产阶段，生产产品需要消耗原料、人工、动力费等成本费用，需要将这些成本费用进行分类、归集与分配。在产品和完工产品如何分配，多品种产品成本如何分配，必须按照一定的方法确定成本，只有成本确定后，才有利于定价，毕竟大部产品都是根据成本加利润的形式定价的；在销售阶段，卖出产品并收回资金，还要缴纳增值税、教育费附加等，以及与购买企业之间的结算业务，月底结转成本费用，计算当期利润。

1.2.2　工业会计核算基础与工作流程

工业会计以权责发生制为核算基础，由于工业企业制造产品的复杂性，决定会计处理流程也相对很复杂。

1. 工业会计核算基础

会计核算基础也称记账基础，是指确定收入和费用归属期的标准。对于收入和费用的确定，存在两种核算形式：一种是权力与责任的发生；另一种是现金的收付。

（1）权责发生制，也称应收应付制或应计制，它的特点十分鲜明，凡属于本期实现的收入，不论款项是否收到，都作为本期收入处理；凡属于本期应负担的费用，不论款项是否实际支付，都作为本期费用处理。相反，凡不应归属本期的收入和不应由本期负担的费用，即使其款项在本期实际收到或实际支付，也不应将其作为本期收入和本期费用。权责发生制核算虽然较为复杂，但有利于反映不同会计期间的收入和费用，可合理计算各期的经营成果。因此，我国《企业会计准则》规定：会计核算应当以权责发生制为基础。

（2）收付实现制，也称现收现付制或现金制，它是以现金实际收到或实际付出为标准，来确认本期收入、本期费用的一种会计处理基础。凡是本期实际收到了款项即作为本期收入处理，凡是本期实际支出了款项即作为本期费用处理。对于本期未收到的收入和未支付的费用，不作为本期收入和本期费用。收付实现制的核算手续简单，强调货币资金的发生，不存在期末账项调整问题。2019 年以前，行业事业单位在会计核算中采用收付实现制，但自 2019 年 1 月 1 日，执行《政府会计制度》，也采用权责发生制核算。

2. 工业会计具体处理事项

工业会计每月具体业务如下。

（1）审核原始凭证。（2）根据原始凭证编制记账凭证。（3）根据记账凭证登记各种明细账。（4）产品成本核算，这是工业会计最繁重的业务之一：①核算辅助车间费用，并按一定的方法计入基本生产成本；②制造费用在相关车间分摊，并计入生产成本；③计算当期材料收、发、存；④生产成本在完工产品与在产品之间分配。（5）月末制作相关的提取、摊销、结转凭证。（6）根据记账凭证、结转凭证编制科目汇总表。（7）根据科目汇总表登记总账。（8）月末结账、对账，做到账证相符、账账相符、账实相符。（9）编制会计报表并进行财务分析与成本分析。（10）装订凭证。（11）每月的纳税申报一定要及时。

1.3　工业企业会计要素

会计要素又称会计对象要素，我国《企业会计准则》明确规定了企业会计要素为：资产、负债、所有者权益、收入、费用和利润六大基本会计要素。

1.3.1　会计要素的特征与确认

资产、负债和所有者权益要素侧重于反映企业的财务状况（与资产负债表有关），收入、费用和利润要素侧重于反映企业的经营成果（与利润表有关）。见表 1-1。

表 1-1
企业的会计要素

会计要素	特　征	确认条件
资产	（1）资产预期会给企业带来经济利益。 （2）资产应为企业拥有（有所有权）或者控制（没有所有权）的资源。 （3）资产是由企业过去的交易或事项形成的。企业预期在未来发生的交易或者事项不形成资产	（1）与该资源有关的经济利益很可能流入企业。 （2）该资源的成本或者价值能够可靠地计量
负债	（1）负债是企业承担的现时义务。 （2）负债预期会导致经济利益流出企业。 （3）负债是由企业过去的交易或者事项形成的	（1）与该义务有关的经济利益很可能流出企业。 （2）未来流出的经济利益的金额能够可靠地计量
所有者权益	所有者权益是企业资产扣除负债后，由所有者享有的剩余权益。公司的所有者权益又称为股东权益	所有者权益体现的是所有者在企业中的剩余权益，其确认主要依赖于其他会计要素，尤其是资产和负债的确认；其金额的确定也主要取决于资产和负债的计量
收入	（1）收入是企业在日常活动中形成的（营业外收入不确认为收入，比如处置固定资产净收益不确认收入）。 （2）收入是与所有者投入资本无关的经济利益的总流入。 （3）收入（本身）会导致所有者权益的增加	第一步：识别与客户订立的合同； 第二步：识别合同中的单项履约义务； 第三步：确定交易价格； 第四步：将交易价格分摊至各单项履约义务； 第五步：履行各单项履约义务时确认收入
费用	（1）费用是企业在日常活动中形成的（营业外支出不确认为费用）。 （2）费用是与向所有者分配利润无关的经济利益的总流出。 （3）费用（本身）会导致所有者权益的减少	（1）与费用相关的经济利益应当很可能流出企业。 （2）经济利益流出企业的结果会导致资产的减少或者负债的增加。 （3）经济利益的流出额能够可靠计量
利润	利润包括收入减去费用后的净额、直接计入当期利润的利得和损失等。直接计入当期利润的利得和损失应当计入当期损益	主要依赖于收入和费用以及利得和损失的确认，其金额的确定也主要取决于收入、费用、利得和损失金额的计量

1.3.2　会计要素之间的关系

会计要素之间存在等式关系，即会计等式，也称会计平衡公式，或会计方程式，它是对各会计要素的内在经济关系利用数学公式所做的概括表达。即反映各会计要素数量关系的等式。它提示各会计要素之间的联系，是复式记账、试算平衡和编制会计报表的理论依据。

（1）静态等式。反映资产负债表要素之间的数量关系的等式是：

$$负债 + 所有者权益 = 资产$$

资产负债表就是根据这个基本会计等式编制的。

（2）动态等式。反映利润表要素之间的数量关系的等式是：

$$收入 - 费用 = 利润$$

动态等式直观地反映企业当期发生的收入、费用。如果收入大于费用，即为盈利；反之则为亏损。利润表就是根据这个会计等式编制的。

1.4　会计科目与会计账户

会计科目是对会计要素的基本分类，会计账户是根据会计科目来设置的；会计科目就是会计账户的名称，相同名字的两者核算的经济业务是相同的；会计科目只有名字，而会计账户包括结构与格式，可以记录和反映会计要素增减变化及结果。

在实际工作中，对会计科目和账户不加严格区分，而是相互通用。

1.4.1　会计科目

会计科目简称"科目"，是对会计要素的具体内容进行分类核算的项目。每一个会计科目都应当明确反映一定的经济内容，科目和科目之间在内容上不能相互交叉。

会计科目的设置应符合会计核算的一般原则及会计核算工作基本要求，以保证会计信息的质量。为此，企业对会计科目的设置应遵循以下原则。

1. 合法性原则

为了保证会计信息的可比性，所设置的会计科目应当符合国家统一的会计制度的规定。

2. 相关性原则

会计科目的设置，应为提供有关各方所需要的会计信息服务，满足对外报告与对内管理的要求。

3. 实用性原则

具体会计科目的设置一般是从会计要素出发，将会计科目分为资产、负债、所有者权益、成本、损益五大类。

2017 年，财政部颁布《企业会计准则第 14 号——收入》（财会〔2017〕22 号），以及其他一些政策文件，根据具体业务的需要，增加一些会计科目。

在不违反会计准则中确认、计量和报告规定的前提下，可以根据本企业的实际情况自行增设、分拆、合并会计科目。部分会计科目未有科目代码，企业可自行设置。见表 1-2。

表 1-2　　　　　　　　　　工业企业会计科目表

序号	编号	会计科目名称	序号	编号	会计科目名称
一、资产类			15	1404	材料成本差异
1	1001	库存现金	16	1405	库存商品
2	1002	银行存款	17	1406	发出商品
3	1012	其他货币资金	18	1408	委托加工物资
4		合同资产	19	1411	周转材料
5	1121	应收票据	20	1461	融资租赁资产
6	1122	应收账款	21	1471	存货跌价准备
7	1123	预付账款	22	1501	债权投资
8	1131	应收股利	23	1502	债权投资减值准备
9	1132	应收利息	24	1503	其他债权投资
10	1221	其他应收款	25	1511	长期股权投资
11	1231	坏账准备	26	1512	长期股权投资减值准备
12	1401	材料采购	27	1521	投资性房地产
13	1402	在途物资	28	1531	长期应收款
14	1403	原材料	29	1601	固定资产

序号	编号	会计科目名称	序号	编号	会计科目名称
30	1602	累计折旧	61	4103	本年利润
31	1603	固定资产减值准备	62	4104	利润分配
32	1604	在建工程	63	4201	库存股
33	1605	工程物资	**四、成本类**		
34	1606	固定资产清理	64	5001	生产成本
35	1701	无形资产	65	5101	制造费用
36	1702	累计摊销	66	5201	劳务成本
37	1703	无形资产减值准备	67	5301	研发支出
38	1711	商誉	68	5401	合同履约成本
39	1801	长期待摊费用	69	5402	合同结算
40	1811	递延所得税资产	70	5403	机械作业
41	1901	待处理财产损溢	**五、损益类**		
二、负债类			71	6001	主营业务收入
42	2001	短期借款	72	6011	利息收入
43		合同负债	73	6051	其他业务收入
44	2201	应付票据	74	6061	汇兑损益
45	2202	应付账款	75	6111	投资收益
46	2203	预收账款	76	6117	其他收益
47	2211	应付职工薪酬	77	6115	资产处置损益
48	2221	应交税费	78	6301	营业外收入
49	2231	应付利息	79	6401	主营业务成本
50	2232	应付股利	80	6402	其他业务成本
51	2241	其他应付款	81	6403	税金及附加
52	2401	递延收益	82	6411	利息支出
53	2501	长期借款	83	6601	销售费用
54	2502	应付债券	84	6602	管理费用
55	2701	长期应付款	85	6603	财务费用
56	2801	预计负债	86		信用减值损失
57	2901	递延所得税负债	87	6701	资产减值损失
三、所有者权益类			88	6711	营业外支出
58	4001	实收资本	89	6801	所得税费用
59	4002	资本公积	90	6901	以前年度损益调整
60	4101	盈余公积			

1.4.2 会计账户

会计账户是根据会计科目设置的，具有一定格式和结构，用于分类反映会计要素增减变动情况及其结果的载体。

1. 会计账户的分类

（1）账户按照所提供信息的详细程度及统驭关系分为总分类账户和明细分类账户。

（2）账户按经济内容可分为资产类账户、负债类账户、所有者权益类账户、成本类账户和损益类账户五类。

（3）账户按用途和结构可以分为盘存类账户、结算类账户、跨期摊配类账户、资本类账户、调整类账户、集合分配类账户、成本计算类账户、集合配比类账户和财务成果类账户九类。

2. 账户的结构

账户的内容具体包括账户名称，记录经济业务的日期，所依据记账凭证的编号，经济业务摘要，增减金额和余额等，见表1-3。

表 1-3 库存现金

2×20年		凭证号	摘　要	借方	贷方	借或贷	余额
月	日		期初余额			借	1 000
1	3	收款001	提取现金	5 000		借	6 000
1	5	付款002	支付差旅费		2 500	借	3 500
1	9	付款003	购买办公用品		800	借	2 700
1	11	收款009	销售收入	900		借	3 600
1	31		本期发生额及期末余额	5 900	3 300	借	3 600

经济业务的发生所引起的企业资产、负债、所有者权益等的变动，从数量上看，不外乎"增加"和"减少"两种情况。因此，每个账户起码要划分出两个方位，左方（记账符号为"借"），右方（记账符号为"贷"）两个方向，一方登记增加，另一方登记减少。资产、成本、费用类账户借方登记增加额，贷方登记减少额；负债、所有者权益、收入类账户借方登记减少额，贷方登记增加额。为了便于说明问题，可简化为左右两方，即"丁字形"账

户。根据表 1-3，用"丁字形"账户表示如图 1-1 所示。

库存现金

借方			贷方
期初余额	1 000		
	5 000		2 500
	900		800
本期发生额	5 900		3 300
期末余额	3 600		

图 1-1　库存现金丁字型账户

3. 账户中的关系

账户中登记本期增加的金额，称为本期增加发生额；登记本期减少的金额，称为本期减少发生额；增减相抵后的差额，称为余额。余额按照时间不同，分为期初余额和期末余额。其基本关系如下：

期末余额＝期初余额＋本期增加发生额－本期减少发生额

上式中的四个部分也称为账户的四个金额要素，对于不同经济内容账户反映也不同。

（1）资产类账户结构，如图 1-2 所示。

期末余额＝期初余额＋本期借方发生额合计－本期贷方发生额合计

资产类账户

借方	贷方
期初余额	
本期资产增加额 …	本期资产减少额 …
本期借方发生额合计	本期贷方发生额合计
期末余额	

图 1-2　资产类账户结构

（2）负债类账户结构，如图 1-3 所示。

期末余额＝期初余额－本期借方发生额合计＋本期贷方发生额合计

负债类账户

借方	贷方
	期初余额
本期负债减少额 …	本期负债增加额 …
本期借方发生额合计	本期贷方发生额合计
	期末余额

图 1-3　负债类账户结构

（3）所有者权益类账户结构，如图 1-4 所示。

期末余额＝期初余额－本期借方发生额合计＋本期贷方发生额合计

所有者权益类账户

借方	贷方
	期初余额
本期所有者权益减少额 …	本期所有者权益增加额 …
本期借方发生额合计	本期贷方发生额合计
	期末余额

图 1-4　所有者权益类账户结构

（4）收入类账户结构，如图 1-5 所示。

收入类账户

借方	贷方
本期收入减少或结转额 …	本期收入增加额 …
本期借方发生额合计	本期贷方发生额合计

图 1-5　收入类账户结构

（5）费用类账户结构，如图 1-6 所示。

费用类账户

借方	贷方
本期费用增加额 …	本期费用减少额或结转额 …
本期借方发生额合计	本期贷方发生额合计

图 1-6　费用类账户结构

(6) 成本类账户结构，如图 1-7 所示。

$$期末余额＝期初余额＋本期借方发生额合计－本期贷方发生额合计$$

成本类账户

借方	贷方
期初余额	
本期成本增加额 …	本期成本转销额 …
本期借方发生额合计	本期贷方发生额合计
期末余额	

图 1-7　成本类账户结构

1.4.3　借贷记账法

借贷记账法是以"借"和"贷"为记账符号的一种复式记账法。我国规定所有企业、事业单位一律采用借贷记账法。

1. 理论依据

借贷记账法的理论依据为会计恒等式，即：

$$资产＝负债＋所有者权益$$

(1) 以"借"和"贷"作为记账符号。

"借"和"贷"已经失去了原来的字面含义，成为专门的记账符号。在借贷记账法下，一般以"借"表示资产和成本、费用的增加，负债、所有者权益和收入、利润的减少；以"贷"表示负债、所有者权益和收入、利润的增加，资产和成本、费用的减少。

（2）以"有借必有贷，借贷必相等"作为记账规则。

采用借贷记账法，对于每笔经济业务，都要在记入一个账户借方的同时，记入另一个或几个账户的贷方；或者在记入一个账户贷方的同时，记入另一个或者几个账户的借方。而且记入借方的金额必须等于记入贷方的金额。

2. 试算平衡法

试算平衡是指利用"资产＝负债＋所有者权益"的平衡原理，按照记账规则的要求，通过汇总、计算和比较，来检查会计账户处理和账簿记录的正确性、完整性的一种方法，或者说通过账户余额或发生额合计数之间的平衡关系，检验记账工作正确与否的一种方法。

试算平衡有两种计算方法：一是账户发生额试算平衡法；二是账户余额试算平衡法。

（1）账户发生额试算平衡法。

在借贷记账法下，根据"有借必有贷，借贷必相等"的记账规则，所有账户的本期借方发生额合计与所有账户本期贷方发生额合计必然是相等的，可用公式表示如下：

全部账户本期借方发生额合计＝全部账户本期贷方发生额合计

（2）账户余额试算平衡法。

账户余额试算平衡法是根据本期所有账户借方余额合计与贷方余额合计的恒等关系，检验本期账户记录是否正确的方法。根据余额时间不同，又分为期初余额平衡与期末余额平衡两类。期初余额平衡是期初所有账户借方余额合计与贷方余额合计相等，期末余额平衡是期末所有账户借方余额合计与贷方余额合计相等。公式为：

全部账户的借方期初余额合计＝全部账户的贷方期初余额合计

全部账户的借方期末余额合计＝全部账户的贷方期末余额合计

实际工作中，余额试算平衡通过编制试算平衡表方式进行。

如果试算平衡表借方余额合计数和贷方余额合计数不相等，说明肯定存在错误，应当予以查明纠正。

本期发生额及余额，见表1-4。

单位：元

会计科目	期初余额		本期发生额		期末余额	
	借方	贷方	借方	贷方	借方	贷方
库存现金	880		8 000		8 880	
银行存款	970 000		150 000	448 800	671 200	
原材料	430 000		40 000	35 000	435 000	
短期借款		110 000	250 000	106 800	33 200	
应付账款		755 000	299 000	249 000		705 000
实收资本		485 880	20 000			465 880
资本公积		50 000	60 000		10 000	
管理费用			5 800		5 800	
其他应付款			6 800		6 800	
应交税费						
合计	1 400 880	1 400 880	839 600	839 600	1 170 880	1 170 880

1.4.4 会计分录

会计分录简称分录，是依据借贷记账规则，对每一项经济业务列示出应借、应贷账户的名称及其金额的一种书面记录，即一笔会计分录主要包括三个要素：记账符号、会计科目、变动金额。

会计分录的种类包括简单分录和复合分录两种，其中简单分录即一借一贷的分录；复合分录则是一借多贷分录、多借一贷以及多借多贷分录。为了保持账户对应关系的清楚，一般不宜把不同经济业务合并在一起，编制多借多贷的会计分录。但在某些特殊情况下为了反映经济业务的全貌，也可以编制多借多贷的会计分录。

会计分录构成了记账凭证的基本内容，简单来说，会计分录的格式化就是记账凭证。在实际工作中，会计分录是通过填制记账凭证来完成的。

1. 会计分录编制步骤

在分析经济业务的基础上，按照会计分录的格式书写会计分录，要按如下五个步骤。

（1）分析经济业务涉及的会计科目。

（2）确定金额增减。

（3）确定借贷方向。

（4）检查应借应贷科目是否正确、借贷方及金额是否相等。

（5）编制会计分录。

2. 会计分录的书写格式

（1）先借后贷：借和贷要分行写，并且文字和金额的数字都应错开；在一借多贷或一贷多借的情况下，要求借方或贷方的文字和金额数字必须对齐。

（2）贷方记账符号、账户、金额都要比借方退后一格，表明借方在左，贷方在右。

【例1-2】赛迪有限公司发生银行收款业务如下：从银行借入半年期限的借款300 000元；销售电子产品25 000元，销项增值税额4 250元，当即收到转账支票29 250元存入银行；收到银行存款利息11 000元。

①取得短期借款300 000元。

借：银行存款   300 000

    贷：短期借款   300 000

②销售产品，取得收入29 250元。

借：银行存款   29 250

    贷：主营业务收入   25 000

        应交税费——应交增值税（销项税额）   4 250

③收到存款利息11 000元，冲减财务费用。

借：银行存款   11 000

    贷：财务费用   11 000

【例1-3】2020年3月，向明机械制造厂编制期末科目余额表（部分），相关数据见表1-5。

表1-5   科目余额表

单位：元

项目	金额
主营业务成本	7 200 000
其他业务成本	900 000

项目	金额
税金及附加	350 000
管理费用	500 000
财务费用	100 000
销售费用	250 000
所得税费用	800 000

根据《企业会计准则》的规定：会计期末，费用类账户应当转入本年利润，期末无余额。这个会计分录是典型的一借多贷。

借：本年利润   10 100 000

    贷：主营业务成本   7 200 000

        其他业务成本   900 000

        税金及附加   350 000

        管理费用   500 000

        财务费用   100 000

        销售费用   250 000

        所得税费用   800 000

第 2 章
工业企业预算管理

　　每年的最后一个季度，是各家企业从下到上忙着做预算的时间，为什么说"从下到上"呢？因预算不是财务部关门造出来的，而是从采购部门、生产车间、行政管理部门、销售部门、研发部门等提供的大数据，经过财务部估算预测，报经董事长或总经理批示，由财务部汇总编制完成的。执行预算自上而下，自下而上，上下结合，分级编制，逐级汇总。

2.1　为什么要做预算

为什么要做预算呢？"凡事豫（预）则立，不豫（预）则废"。企业更需要建立预算制度，全员参与，设置监督与执行机制，确保生产与运营的平稳发展。

2.1.1　预算分类

什么是预算，预算就是以货币计量的方式，企业各部门在合理的范围内将下一年度收入与支出、费用的金额列示，上报到财务部门。有的企业专门设置预算委员会，负责预算编制与执行的情况。

预算可以是短期预算，也可以是长期预算。企业根据自身情况，选择适合自己的方法。

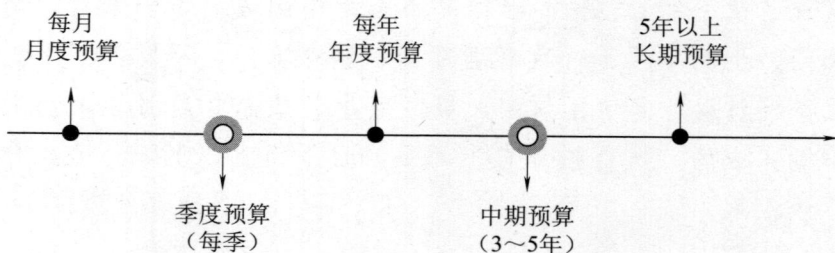

我国的"十三五"规划，实际上也是预算管理的范畴，是站在国家的角度编制的。编制预算不是当画儿看的，而是需要执行与考核的。年底时，预算要跟实际情况对比，找出差异，以便于及时调整与修正。

根据企业经营的特点，预算可以分为全面预算与局部预算。

全面预算是指企业在一定的时期内对各项经营业务的预测，包括经营预算（如研发预算、销售收入预算、销售费用预算、管理费用预算、财务费用预算等）和财务预算（如投资预算、资金预算、预计利润表、预计资产负债表、预计现金流量表等）。局部预算是指销售收入预算、销售费用预算、管理费用预算等。

比如工业企业采用的就是全面预算。全面预算管理是全过程、全方位和全员参与的系统管理。

2.1.2　编制预算前的准备工作

各部门应该如何制订预算呢？下面是工业企业根据业务流程，发动各部门制订业务预算，当然，有些企业还有很多职能部门，如研发部门、行政管理部门、设备管理部门等，一并纳入预算管理范围内。

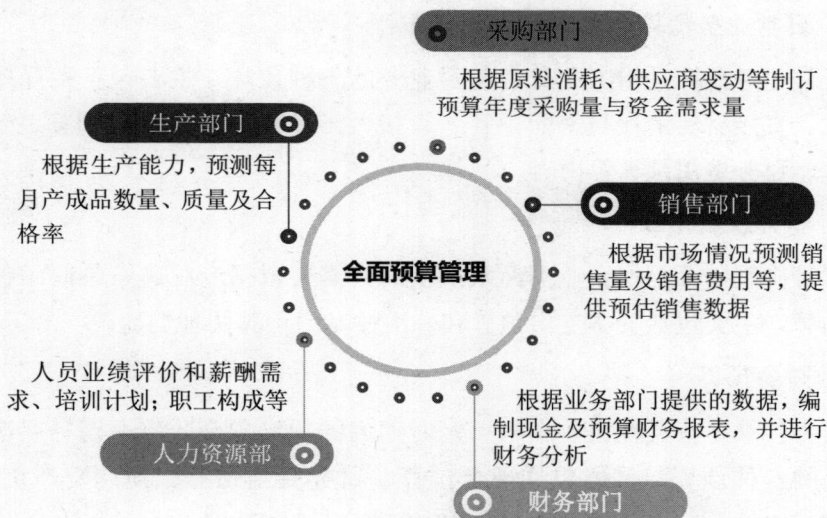

采购部门
根据原料消耗、供应商变动等制订预算年度采购量与资金需求量

生产部门
根据生产能力，预测每月产成品数量、质量及合格率

全面预算管理

销售部门
根据市场情况预测销售量及销售费用等，提供预估销售数据

人员业绩评价和薪酬需求、培训计划；职工构成等

人力资源部

根据业务部门提供的数据，编制现金及预算财务报表，并进行财务分析

财务部门

2.1.3　预算工作的机构

预算工作的机构包括决策层、管理层、执行层和考核层。

（1）企业董事会或类似机构应当对企业预算的管理工作负总责。企业董事会或者经理办公室可以根据情况设立预算委员会或指定财务管理部门负责预算管理事宜，并对企业法定代表人负责。

（2）预算委员会或财务管理部门主要拟订预算的目标、政策，制订预算管理的具体措施和办法等。

（3）企业财务管理部门具体负责企业预算的跟踪管理，监督预算的执行情况，分析预算与实际执行的差异及原因，提出改进管理的意见与建议。

（4）企业采购部门、生产车间、销售部门、人力资源部门、管理部门等具体负责本部门业务涉及的相关工作。

（5）企业所属基层单位是企业预算的基本单位，在企业财务管理部门的指导下负责本单位的相关工作。

2.1.4　工业企业要建立全面预算体系

工业企业由于自身生产的特点，要建立全面预算体系，一般将由业务预算、专门决策预算和财务预算组成的预算体系，称为全面预算体系。

全面预算体系如下：

1. 日常业务预算

日常业务预算是指工业日常经营业务的各种预算，主要包括商品销售预算收入、直接材料消耗与采购预算、直接人工预算、销售费用预算、管理费用预算、财务费用预算等内容。

2. 特种决策预算

特种决策预算是指企业不经常发生的、需要根据专门决策临时编制的一次性预算，主要包括资本支出预算和一次性专门预算两种类型。

3. 财务预算

财务预算是指反映企业未来一定时期内的预计现金收支、财务状况和经营成果的各种预算。具体包括现金预算、财务费用预算、预计资产负债表、预计利润表、预计现金流量表等内容。预算流程如图 2-1。

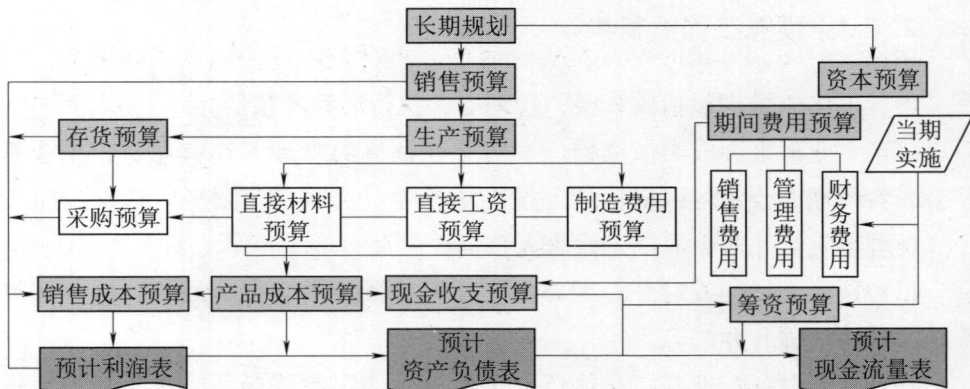

图 2-1　全面预算流程

2.2 全面预算的编制方法

全面预算编制方法有固定预算与弹性预算、增量预算和零基预算、定期预算和滚动预算等。本节利用这些方法指导编制工业品销售收入与成本的业务预算、销售费用、管理费用、财务费用的预算。

2.2.1 增量预算法与零基预算法

1. 增量预算法

增量预算是以基期预算数据为基础，结合预算期业务量水平及管理措施，调整有关预算数额编制而成的预算。这种预算编制方法的基本假定是：

01 企业现有的每项业务活动都是企业不断发展所必需的

02 现有的费用开支水平是合理而必须的

03 增加费用预算是值得的

在基期实际数据的基础上，考虑未来的变化情况，确定预算指标，计算公式如下：

某项预算指标＝基期实际指标×（1±％）

【例2-1】2021年，精石制造有限公司采购原料实际支出3 260 000元，考虑2020年销售增加8％和日常消耗额节约2％的因素，则2021年原料费用预算为：

$$3\ 260\ 000 \times (1+8\%) \times (1-2\%) = 3\ 450\ 384（元）$$

增量预算编制方法的缺点是比较简单，而且是以过去的水平为基础。这样，易使原来不合理的成本费用开支继续存在下去，造成预算的浪费；另一方面也不利于企业拓展新的业务。

2. 零基预算法

零基预算是1970年美国德州仪器公司的派尔最先提出的，是以零为基础，根据现有的经营条件、管理水平和实际需要，逐个审议各预算项目的必要性、合理性及其数额编制而成的预算。

零基预算是对预算收支以零为基点，对预算期内各项支出的必要性、合理性或者各项收入的可行性以及预算数额的大小逐项审议，确定收支水平的预算。

进行零基预算之前，要弄清楚固定成本和变动成本。

（1）固定成本是指不随产品产量的变化而变化的费用，如工资及福利费、折旧费、大修理费、服装费和保险费等。固定成本分为约束性固定成本和酌量性固定成本。

固定成本分为以下两类：

约束性固定成本 ◆ 包括保险费、房屋租金、设备折旧、管理人员的基本工资等

酌量性固定成本 ◆ 包括广告费、职工培训费、新产品研究开发费用等

（2）变动成本。变动成本是指随产品产量的变化而变化的费用，如燃料费、动力费、水电费、修理费和其他费用。

变动成本也可以区分为两大类：技术性变动成本和酌量性变动成本。

技术性变动成本 ◆ 只要生产就必然会发生，若不生产，便为零

酌量性变动成本 ◆ （1）其单位变动成本的发生额可由企业最高管理层决定
（2）按销售收入的一定百分比支付的销售佣金、技术转让费等

（3）混合成本。混合成本兼有固定与变动两种性质，可进一步将其细分为半变动成本、半固定成本、延期变动成本和曲线变动成本。

半变动成本
包括固定电话座机费、水费、煤气费等

半固定成本
管理员、运货员、检验员的工资等

延期变动成本
职工的基本工资，在正常工作时间情况下是不变的；如果工作时间超出正常标准，则需按加班时间的长短成比例地支付加班薪金

曲线变动成本
（1）递增曲线成本（累进计件工资、违约金）
（2）递减曲线成本（有价格折扣或优惠条件下的水、电消费成本，"费用封顶"的通信服务费）

【例 2-2】 假设精石制造有限公司按零基预算法编制销售与管理费用预算。基本编制程序如下：首先，销售及管理部门根据预算期利润目标及销售目标等，经讨论、研究，确定2021年所需发生的费用项目及支出数额如下。

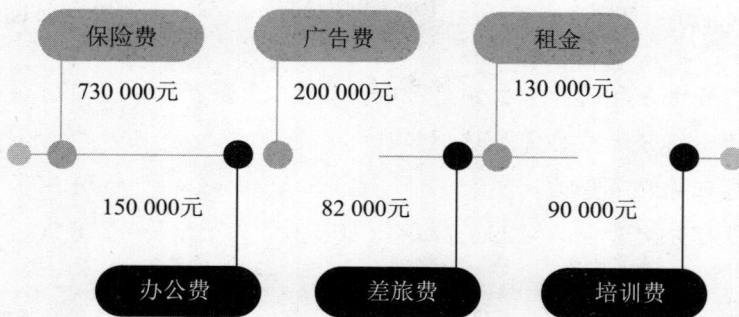

保险费	广告费	租金
730 000元	200 000元	130 000元

150 000元	82 000元	90 000元
办公费	差旅费	培训费

其次，对各费用项目分类：属于不可避免的固定成本有保险费、租金、办公费和差旅费；属于可避免的固定成本的广告费、培训费。参照历史经验，经过成本效益分析，其结果见表2-1。

表2-1 　　　　　　　　　　　　　　成本收益分配表

项　　目	成本（元）	收益（元）	成本收益率
广告费	1	30	1：30
培训费	1	20	1：20

然后，将所有费用项目按照性质和轻重缓急，列出开支等级及顺序。

第一等级	保险费、租金、办公费和差旅费，属于不可避免的固定成本，为预算期必不可少的开支，应全额得到保证
第二等级	广告费，属于可避免的固定成本，可以根据预算期企业资金供应情况酌情增减，但由于广告费的成本收益率高于培训费，因而列入第二等级
第三等级	培训费，也属于可避免的固定成本，根据预算期企业资金供应情况酌情增减，但由于培训费的成本收益率小于广告费，因而列入第三等级

精石制造有限公司预算期可用于营业及管理费用的资金数额为 1 382 000 元，则可以根据所排列的等级和顺序分配落实预算资金。

第一等级的费用项目所需资金应全额满足：

保险费：
730 000元

办公费：
150 000元

合计：
1 092 000元

租金：
130 000元

差旅费：
82 000元

剩余的可供分配的资金数额为 290 000 元（1 382 000－1 092 000），按成本收益率的比例分配广告费和培训费。

广告费可分配资金为：290 000×［30÷（30＋20）］＝174 000（元）

培训费可分配资金为：290 000×［20÷（30＋20）］＝116 000（元）

2.2.2　概率预算法

概率预算是在编制预算时，根据有关预算指标的概率计算期望值，据以确定预算指标的方法。概率预算是对确定预算的改进。

期望值＝∑某种状态下的预算指标水平×该种状态的概率

【例2-3】假设红叶制药厂采用概率预算法计算销售收入，相关数据见表2-2。

表 2-2　　　　　　　　　　　红叶制药厂相关预测数据

营业状态	营业额（元）	概　率	营业额期望值（元）
最好	3 700 000	0.2	740 000
较好	3 110 000	0.4	1 244 000
一般	1 920 000	0.3	576 000
较差	1 150 000	0.1	115 000
合计		1	2 675 000

2.2.3　固定预算法与弹性预算法

1. 固定预算法

固定预算，也称静态预算，就是根据预算期内正常的可实现的某一业务量水平而编制的预算。固定预算的基本特点是：一是不考虑预算期内业务量水平可能发生的变动，只按预计的一种业务量水平确定预算数额；二是将预算的实际执行结果与按预算期内计划规定的某一业务量水平所确定的预算数进行比较分析，并据以进行业绩评价、考核。

在业务量水平经常变动的企业，固定预算就很难有效地考核和评价企业预算的执行情况。

【例2-4】英联机械有限公司只生产一种甲商品，2021年预算年度销售100 000件，每件1 000元。甲商品详细成本资料为：单位变动成本600元，其中采购成本400元、直接人工120元、变动制造费用80元；固定制造费用总额为5 600 000元；单位商品变动销售及管理费用为50元，固定销售及管理费用总额为1 400 000元。

根据上述资料，计算编制成本预算表和利润预算表分别见表2-3和表2-4。

表2-3 **甲商品成本预算表**

产量：10 000件 单位：元

成本项目	总成本	单位成本
采购成本	40 000 000	400
直接人工	12 000 000	120
变动制造费用	8 000 000	80
固定制造费用	5 600 000	56
合计	65 600 000	656

单位变动成本600元，其中采购成本400元、直接人工120元、变动制造费用80元；单位商品变动销售及管理费用为50元。销售100 000件商品，可以根据上述已知条件求出边际贡献。边际贡献公式为收入减去变动成本。边际贡献减去固定成本可得出息税前利润，这是没有扣除利息和所得税的利润。计算公式如下：

$$边际贡献＝销售收入－变动成本$$
$$＝（单价－单位变动成本）\times 销售数量$$
$$＝单位边际贡献\times 销售数量$$

根据上述资料，编制利润预算表，见表2-4。

表 2-4 **利润预算表**（变动成本法）

2021 年度 单位：元

项　目	金　额
销售收入（100 000×1 000）	100 000 000
减：变动成本［100 000×（600＋50）］	65 000 000
其中：变动生产成本［100 000×（400＋120＋80）］	60 000 000
变动营业及管理费用（100 000×50）	5 000 000
边际贡献	35 000 000
减：固定成本	7 000 000
其中：固定制造费用	5 600 000
固定营业及管理费用	1 400 000
息税前利润	28 000 000

2. 弹性预算法

弹性预算是根据预算期内可预见的多种业务量水平，分别确定相应的预算数额编制而成的预算。由于这种预算随业务量水平的变动作机动调整，本身具有弹性，故称为弹性预算，或称变动预算。

与固定预算相比弹性预算有以下特点：

①弹性预算是按预算期内某一相关范围的可预见的多种业务量水平确定不同的预算额，从而扩大了预算的适用范围，便于预算指标的调整。

②弹性预算是按成本的不同习性分类列示的，便于在预算期终了时，将实际指标与实际业务量相应的预算额进行对比，使预算执行情况的评价与考核建立在更加客观和可比的基础上，更好地发挥预算的控制作用。

编制弹性成本预算，关键是进行成本性态分析，将全部成本最终区分为变动成本和固定成本两大类。变动成本主要根据单位业务量来控制，固定成本则按总额控制。

其成本的预算公式为：

成本的弹性预算＝固定成本预算数＋$\sum$（单位变动成本预算数×预计业务量）

弹性成本预算的具体编制方法包括公式法和列表法两种。

（1）公式法。

公式法就是根据在成本性态分析的基础上建立的成本模型 $y＝a＋bx$ 来进

行弹性成本预算的方法。

在成本性态分析的基础上，可将任何成本项目近似地表示为 $y=a+bx$（当 $a=0$ 时，y 为变动成本；当 $b=0$ 时，y 为固定成本；当 a 和 b 均不为 0 时，y 为混合成本；x 为多种业务量指标，如产销量、直接人工时等）。

在公式法下，只需列出各项成本费用的 a 和 b，就可以很方便地推算出业务量在允许范围内任何水平上的各项预算成本。

【例 2-5】珠海制药厂 2021 年按公式法编制的制造费用弹性预算见表 2-5。其中较大的混合成本项目已经被分解。业务量范围为直接人工工时：60 000～80 000 小时。

表 2-5　　　　　　　　　　珠海制药厂 2021 年制造费用弹性预算

单位：元

项　目	a	b
管理人员工资	900 000	—
保险费	250 000	—
房屋租金	120 000	—
维修费	60 000	0.35
水电费	—	0.16
辅助材料	—	0.2
临时人员工资		0.44
宣传费		0.55
合计	1 330 000	1.7

根据表 2-3，可利用 $y=1\ 330\ 000+1.7x$，计算出人工小时在 60 000～80 000 小时的范围内，任一业务量基础上的制造费用预算总额；

也可计算出在该人工小时变动范围内，任一业务量的制造费用中某一费用项目的预算额，如水电费 $y=0.16x$ 等。

假设 2021 年珠海制药厂直接人工预算工时为 80 000 小时，其制造费用弹性预算计算如下：制造费用预算＝1 330 000＋1.7×80 000＝1 466 000（元）

（2）列表法，是指通过列表的方式，在相关范围内每隔一定业务量范围计算相关数值预算，来编制弹性成本预算的方法。此法可以在一定程度上弥补公式法的不足。

【例 2-6】延用【例 2-5】，先把成本项目分解为变动成本项目、混合成本项目、固定成本项目。

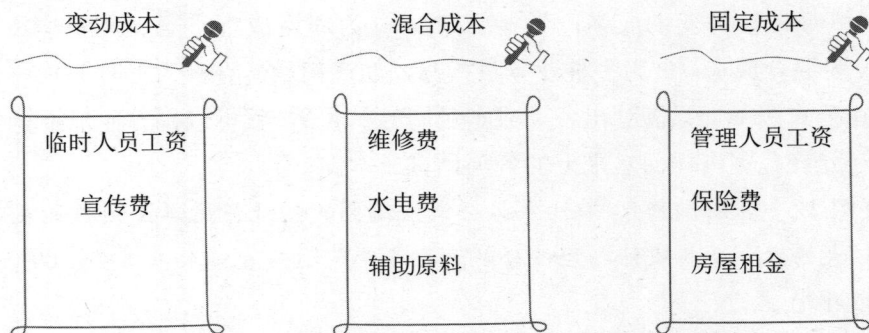

根据上述分类，利用列表法计算成本项目，见表 2-6。

表 2-6　　　　　　　　　　　　　利用列表法计算成本项目

单位：元

直接人工工时（小时）	60 000	70 000	80 000
生产能力利用（%）	70%	80%	90%
1. 变动成本项目	59 400	69 300	79 200
临时人员工资	26 400	30 800	35 200
宣传费	33 000	38 500	44 000
2. 混合成本项目	102 600	109 700	116 800
维修费	81 000	84 500	88 000
水电费	9 600	11 200	12 800
辅助材料	12 000	14 000	16 000
3. 固定成本项目	1 270 000	1 270 000	1 270 000
管理人员工资	900 000	900 000	900 000
保险费	250 000	250 000	250 000
房屋租金	120 000	120 000	120 000
制造费用预算	1 432 000	1 449 000	1 466 000

2.2.4　定期预算法和滚动预算法

1. 定期预算

很多企业为了与会计年度保持一致，制订经营预算和财务预算通常以年为编制单位，便于预算与实际结果进行考核与评价。但是这种编制方法存在以下不足：

定期预算多是在下一年度开始前的两三个月时进行预估，难以预测下一年度某些经营与投资业务

定期预算不能及时调整预算数额

定期预算以年为单位，企业管理人员的决策受限于剩余的预算期间，不能作出长远的规划，影响企业的发展

【例 2-7】华世电视机厂采用定期预算方法编制制造费用预算。变动制造费用按直接人工工时比例分配，固定制造费用按季平均分配。经测算，2021年度直接人工总工时为 10 000 小时，第 1～第 4 季度分别为 3 200 小时、2 500 小时、2 400 小时和 1 900 小时；变动制造费用总额为 1 118 000 元，其中，直接人工 550 000 元、采购成本 340 000 元、维修费用 120 000 元、水电费用 80 000 元、其他费用 28 000 元；固定制造费用为 600 000 元，其中，管理人员工资 320 000 元、设备租金 200 000 元、折旧费 80 000 元。编制 2021年度制造费用预算如下．

（1）计算变动制造费用分配率

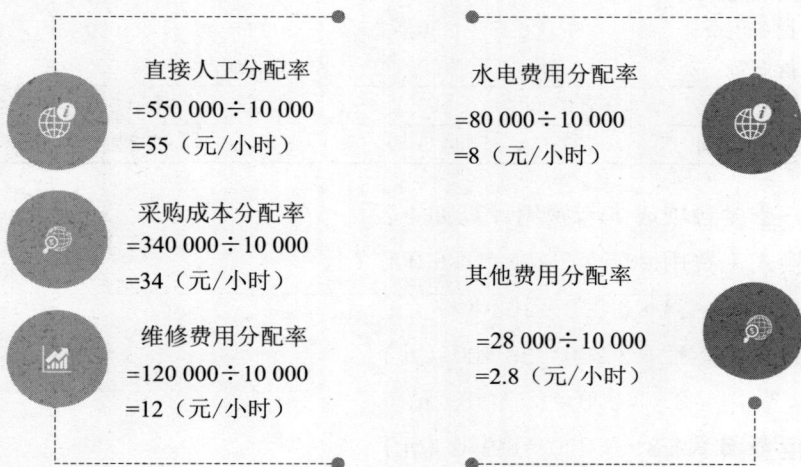

直接人工分配率
=550 000÷10 000
=55（元/小时）

水电费用分配率
=80 000÷10 000
=8（元/小时）

采购成本分配率
=340 000÷10 000
=34（元/小时）

其他费用分配率
=28 000÷10 000
=2.8（元/小时）

维修费用分配率
=120 000÷10 000
=12（元/小时）

（2）计算固定制造费用分配额。

每季管理人员工资 $= 320\,000 \div 4 = 80\,000$（元）

每季设备租金 $= 200\,000 \div 4 = 50\,000$（元）

每季折旧费 $= 80\,000 \div 4 = 20\,000$（元）

根据上述计算数据，填写表 2-7。

表 2-7 　　　　　　　　　　汇丰冰箱厂制造费用预算表

2021 年度 　　　　　　　　　　　　　　　单位：元

项　目	第一季度	第二季度	第三季度	第四季度	全年合计
直接人工总工时	3 200	2 500	2 400	1 900	10 000
变动制造费用	357 760	279 500	268 320	212 420	1 118 000
其中：直接人工	176 000	137 500	132 000	104 500	550 000
采购成本	108 800	85 000	81 600	64 600	340 000
维修费用	38 400	30 000	28 800	22 800	120 000
水电费用	25 600	20 000	19 200	15 200	80 000
其他费用	8 960	7 000	6 720	5 320	28 000
小计	357 760	279 500	268 320	212 420	1 118 000
固定制造费用					
其中：管理人员工资	80 000	80 000	80 000	80 000	320 000
设备租金	50 000	50 000	50 000	50 000	200 000
折旧费	20 000	20 000	20 000	20 000	80 000
小计	150 000	150 000	150 000	150 000	600 000
制造费用合计	507 760	429 500	418 320	362 420	1 718 000

第一季度各项成本与费用计算如下：

直接人工费用 $= 55 \times 3\,200 = 176\,000$（元）

采购成本 $= 34 \times 3\,200 = 108\,800$（元）

维修费用 $= 12 \times 3\,200 = 38\,400$（元）

水电费用 $= 8 \times 3\,200 = 25\,600$（元）

其他费用 $= 2.8 \times 3\,200 = 8\,960$（元）

第二季度、第三季度及第四季度依此计算。暂略

2. 滚动预算法

滚动预算法弥补了定期预算法的不足，在预算期间内可以根据实际生产情况调整预算数值，即在执行了 1 个月的预算后，再增补一个月的预算，逐期向后滚动，由此编制而成的预算就称为滚动预算。滚动预算也称永续预算或连续预算。滚动预算相比定期预算更灵活也更接近实际生产情况，但需每月编制，工作量很大。

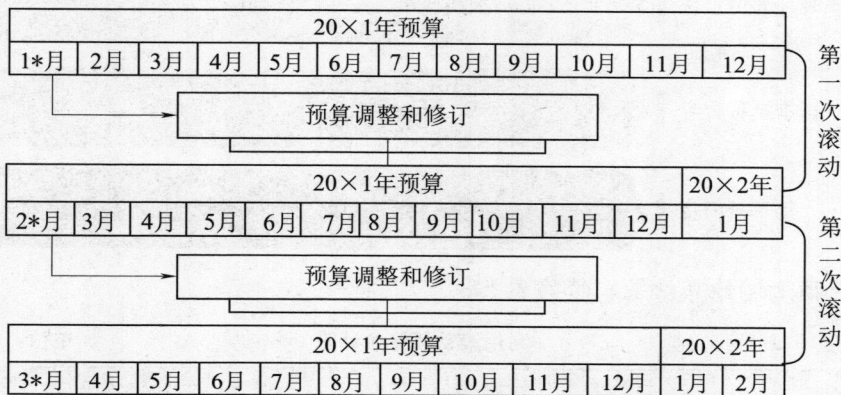

【例 2-8】 假设华世电剧机厂改变预算方法，2021 年采用滚动预算方法编制制造费用预算。2021 年第一季度至第四季度按季编制的制造费用及相关资料沿用【例 2-7】的资料。2021 年 3 月底在编制 2021 年第二季度至 2022 年第一季度制造费用滚动预算时，发现未来的预算期将出现以下情况：

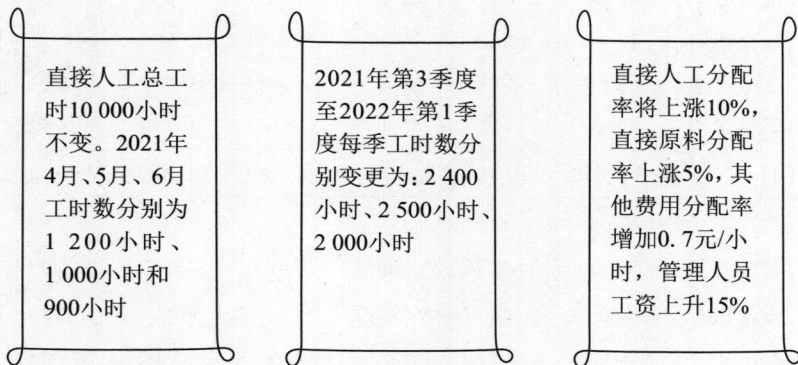

直接人工总工时10 000小时不变。2021年4月、5月、6月工时数分别为1 200小时、1 000小时和900小时

2021年第3季度至2022年第1季度每季工时数分别变更为：2 400小时、2 500小时、2 000小时

直接人工分配率将上涨10%，直接原料分配率上涨5%，其他费用分配率增加0.7元/小时，管理人员工资上升15%

假设其他条件不变。

（1）计算变动制造费用分配率。

直接人工分配率＝55×（1＋10%）＝60.50（元/小时）

直接材料分配率＝34×（1＋5%）＝35.70（元/小时）

维修费用分配率＝12（元/小时）

水电费用分配率＝8（元/小时）

其他费用分配率＝2.8＋0.7＝3.5（元/小时）

（2）计算固定制造费用分配额。

每季管理人员工资　＝320 000×（1＋15%）÷4＝92 000（元）

每季设备租金　＝200 000÷4＝50 000（元）

每季折旧费　＝80 000÷4＝20 000（元）

根据上述计算结果，填写表 2-8。

表 2-8　　　　　　　　　利用滚动预算法计算　　　　　　　　单位：元

| 项　目 | 2021 年度 | | | | | 2022 年度 | 合计 |
	4月	5月	6月	第三季度	第四季度	第一季度	
直接人工总工时	1 200	1 000	900	2 400	2 500	2 000	10 000
变动制造费用							
其中：直接人工	72 600	60 500	54 450	145 200	151 250	121 000	605 000
采购成本	42 840	35 700	32 130	85 680	89 250	71 400	357 000
维修费用	14 400	12 000	10 800	28 800	30 000	24 000	120 000
水电费用	9 600	8 000	7 200	19 200	20 000	16 000	80 000
其他费用	4 200	3 500	3 150	8400	8 750	7 000	35 000
小计	143 640	119 700	107 730	287 280	299 250	239 400	1 197 000
固定制造费用							
其中：管理人员	30 666.67	30 666.67	30 666.67	92 000	92 000	92 000	268 000
设备租金	16 666.67	16 666.67	16 666.67	50 000	50 000	50 000	200 000
折旧费	6 666.66	6 666.66	6 666.66	20 000	20 000	20 000	80 000
小计	54 000	54 000	54 000	162 000	162 000	162 000	648 000
制造费用合计	197 640	173 700	161 730	449 280	461 250	401 400	1 845 000

2.3 日常业务预算

根据上节预算的编制方法，根据工业企业经营特点，分别编制销售、生产、直接原料、直接人工、制造费用、产品成本、费用预算等。

2.3.1 销售预算

工业企业是以生产商品，销售商品取得利润维持日常经营与发展的。销售预算显得尤为重要。销售预算是在销售预测的基础上，根据企业年度目标利润确定的预计销售量、销售单价和销售收入等参数编制的，用于规划预算期内销售活动的一种业务预算。

基本计算公式如下：

$$销售收入＝销售量×销售单价$$

【例2-9】恒山葡萄糖厂生产线品种单一，只生产和销售葡萄糖。提取葡萄糖的原料是玉米。2021年度预期的销售量为7 200千克，1~4季度的销售量分别为1 200千克、1 800千克、2 000千克和2 200千克。预计售价为4 500元。应收账款2020年末余额200 000元。每季的产品销售在当季收到的货款占60%，其余部分在下季收讫。期末的应收账款为2 000 000元。

2021年各季度销售数量

第一季度
预计销售量：1 200千克
单价：4 500元

第二季度
预计销售量：1 800千克
单价：4 500元

第三季度
预计销售量：2 000千克
单价：4 500元

第四季度
预计销售量：2 200千克
单价：4 500元

根据上述资料，编制销售预算见表2-9。

表 2-9　　　　　　　　　　　　　　　**销售预算**

2021年度　　　　　　　　　　　　　　　单位：元

	摘　要	一季度	二季度	三季度	四季度	合计
销售预算	预计销售数量（千克）	1 200	1 800	2 000	2 200	7 200
	单价	4 500	4 500	4 500	4 500	4 500
	预计销售收入	5 400 000	8 100 000	9 000 000	9 900 000	32 400 000

	摘　要	一季度	二季度	三季度	四季度	合计
预期现金收入	应收账款 2020 年末余额	2 000 000				2 000 000
	本季度现销收入	3 240 000	4 860 000	5 400 000	5 940 000	19 440 000
	收回上季度应收账款	2 000 000	2 160 000	3 240 000	3 600 000	11 000 000
	合计	5 240 000	7 020 000	8 640 000	9 540 000	30 440 000

本题是理想状态下的回款情况，事实上，很多企业回款账期都比较长，3～6个月回款属于正常，有的企业账期长达一年或更久，企业应适当运用收账政策，收账政策是指信用条件被违反时，企业采取的收账策略。企业如果采取较积极的收账政策，可能会减少应收账款投资，减少坏账损失，但要增加收账成本。如果采用较消极的收账政策，则可能会增加应收账款投资，增加坏账损失，但会减少收账费用。企业需要做出适当的权衡。

2.3.2　生产预算

生产预算是根据预计的销售量和预计的期初期末产成品存货量，按产品分别计算出每一个产品的预计生产量。

$$预计生产量＝预计销售量＋预计期末产成品存货量$$
$$－预计期初产成品存货量$$

【例 2-10】假定恒山葡萄糖厂各季度的期末存货按下季度销售量的 10％ 计算，预计期末存货量为 210 件。

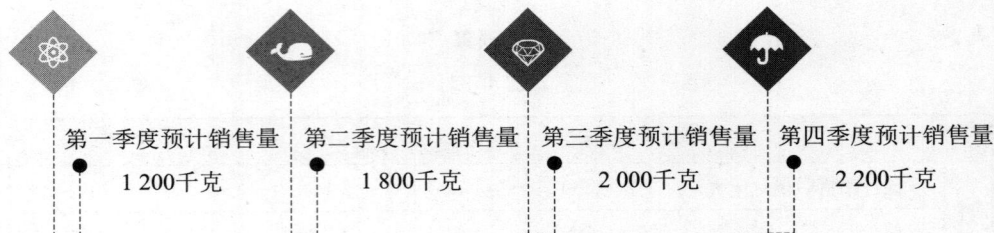

第一季度预计销售量 1 200千克　第二季度预计销售量 1 800千克　第三季度预计销售量 2 000千克　第四季度预计销售量 2 200千克

根据销售预算中的资料，可编制预算年度的分季生产预算见表 2-10。

表 2-10

生产预算

2021 年度　　　　　　　　　　　　　　单位：千克

摘　　要	一季度	二季度	三季度	四季度	全年合计
预计销售量（销售预算）	1 200	1 800	2 000	2 200	7 200
加：预计期末存货量	180	200	220	210	
减：预计期初存货量	120	180	200	220	
预计生产量	1 260	1 820	2 020	2 190	7 290

第一季度预计期末存货量＝1800×10％＝180（千克），其他季度以此计算。

2.3.3　直接原料预算

直接原材料预算，又称直接原料采购预算。它是为规划一定预算期内因组织生产活动和原料采购活动预计发生的直接原料需用量、采购数量和采购成本而编制的一种经营预算。

预计生产需要量＝预计生产量×单位产品原料耗用量

预计原料采购量＝预计生产需要量＋预计期末原料存量

　　　　　　　　－预计期初原料存量

预计原料采购现金支出＝上期采购原料将于本期支付的现金

　　　　　　　　　　　＋本期采购原料并于本期支付的现金

【例 2-11】 假定恒山葡萄糖厂单位产品玉米消耗定额为 350 千克，计划单价为 5 元/千克。每季度的购入玉米当季付 50％，其余在下季度付讫。预计年初和年末玉米库存量分别为 80 000 千克和 135 000 千克，各季度的期末存料按下一季生产需用量的 20％估算，期初应付购料款为 183 500 元。

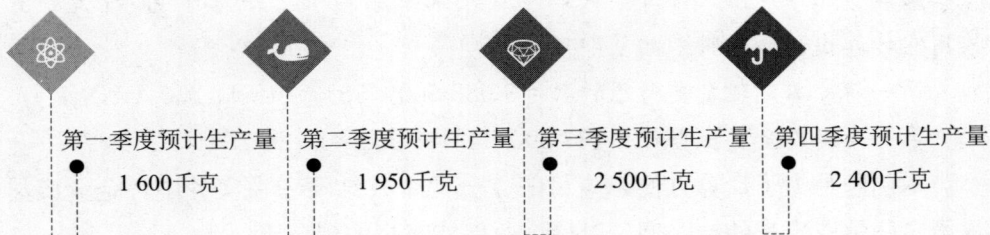

第一季度预计生产量	第二季度预计生产量	第三季度预计生产量	第四季度预计生产量
1 600千克	1 950千克	2 500千克	2 400千克

根据生产预算中的预计生产量，结合期初、期末的存料水平，以及单位

产品的玉米消耗定额和玉米计划单价等数据，可编制预算年度的分季玉米预算，见表 2-11。

表 2-11　　　　　　　　　　　　　　**直接原料预算**

2021 年度　　　　　　　　　　　　　　　单位：元

摘　要		一季度	二季度	三季度	四季度	全年合计
直接材料采购预算	预计生产量（千克）	1 600	1 950	2 500	2 400	8 450
	单位产品原料用量（千克）	350	350	350	350	350
	原料耗用总量（千克）	560 000	682 500	875 000	840 000	2 957 500
	加：预期期末原料存货量（千克）	136 500	175 000	168 000	135 000	—
	减：预期期初原料存货量（千克）	80 000	136 500	175 000	168 000	—
	预计原料采购量（千克）	616 500	721 000	868 000	807 000	3 012 500
	原料单价（元）	5	5	5	5	5
	预计原料采购金额	3 082 500	3 605 000	4 340 000	4 035 000	15 062 500
预计现金支出	年初应付账款	183 500				183 500
	本期现金支付原料款	1 541 250	1 802 500	2 170 000	2 017 500	—
	支付上期应付账款	183 500	1 541 250	1 802 500	2 170 000	—
	现金支出合计	1 724 750	3 343 750	3 972 500	4 187 500	13 228 500

根据恒山葡萄糖厂预估数据计算：

第一季度预估期末玉米存量＝682 500×20％＝136 500（千克）

第一季度期初玉米存量 80 000 千克，题中已知。

预计原料采购量＝560 000＋136 500－80 000＝616 500（千克）

第二、三季度依此计算。第四季度期末余额题中已知为 5 000 千克，直接用它计算出预计原料采购量即可。

第一季度本期现金支付原料款＝3 082 500×50％＝1 541 250（元）

第一季度现金支出合计＝183 500＋1 541 250＝1 724 750（元）

本例题是为了计算方便，应付账款分两个月结清。在实务中，企业应尽量给自己争取更长的结账期，以使企业保持充裕的现金流。

2.3.4 直接人工预算

直接人工预算是以生产预算为基础编制的，它是指一种既反映预算期内直接人工工时消耗水平，又规划直接人工成本开支的业务预算。

直接人工总工时＝预计生产量×单位产品工时定额

直接人工成本＝直接人工总工时×小时工资率

【例 2-12】假定恒山葡萄糖厂预算期间内单位产品的工时定额为 40 工时，单位工时工资率为 8 元，各季度预算指标如下。

2021年各季度直接人工工时

第一季度
预计生产量（件）：1 600 千克
单位产品直接人工工时（小时）：40

第二季度
预计生产量（件）：1 950 千克
单位产品直接人工工时（小时）：40

第三季度
预计生产量（件）：2 500 千克
单位产品直接人工工时（小时）：40

第四季度
预计生产量（件）：2 400 千克
单位产品直接人工工时（小时）：40

根据预算期生产预算的预计产量，编制直接人工预算见表 2-12。

表 2-12   直接人工预算表

摘　　要	一季度	二季度	三季度	四季度	合计
预计生产量（件）	1 600	1 950	2 500	2 400	8 450
单位产品直接人工工时（小时）	40	40	40	40	40
直接人工工时总数（小时）	64 000	78 000	100 000	96 000	338 000
直接人工小时工资率（元/小时）	8	8	8	8	8
直接人工成本总额（元）	512 000	624 000	800 000	768 000	2 704 000

2.3.5 制造费用预算

制造费用预算是指除直接原料和直接人工预算以外的其他一切生产费用的一种业务预算。

变动制造费用分配率＝变动制造费用÷直接人工总工时

每期变动制造费用＝每期直接人工工时×变动制造费用分配率

【例 2-13】2021 年预计变动制造费用总额为 169 000 元，其中，直接人工费用 50 700 元、直接原料 67 600 元、维护费 20 280 元、水电费 27 040元、劳动保护费 3 380 元；预计固定制造费用总额为 116 000 元，其中，管理人员工资 31 000 元、租赁费 22 400 元、折旧 50 000 元、保险费 12 600元。预计固定制造费用按季度平均分摊。直接人工总工时：338 000 小时。根据上述资料编制制造费用分配表。

费用分配率＝50 700÷338 000
　　　　　＝0.15（元/小时）
直接人工费用＝338 000×0.15
　　　　　＝50 700（元）

费用分配率＝67 600÷338 000
　　　　　＝0.2（元/小时）
直接原料费用＝338 000×0.2
　　　　　＝67 600（元）

费用分配率＝20 280÷338 000
　　　　　＝0.06（元/小时）
维修费用＝338 000×0.06
　　　　＝20 280（元）

费用分配率＝27 040÷338 000
　　　　　＝0.08（元/小时）
水电费用＝338 000×0.08
　　　　＝27 040（元）

费用分配率＝3 380÷338 000
　　　　　＝0.01（元/小时）
劳动保护费用＝338 000×0.01
　　　　　＝3 380（元）

全年费用合计＝338 000×0.5
　　　　　＝169 000（元）

全年固定制造费用包括管理人员工资、租赁费、折旧费、保险费。

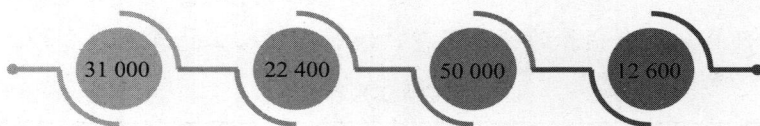

管理人员工资（元）　租赁费（元）　折旧费用（元）　保险费（元）

| 31 000 | 22 400 | 50 000 | 12 600 |

根据上述资料，编制制造费用预算见表 2-13。

表 2-13　　　　　　　　　　　　　制造费用预算表

单位：元

	项　目	一季度	二季度	三季度	四季度	合计
变动制造费用预算	直接人工总工时（小时）	64 000	78 000	100 000	96 000	338 000
	变动制造费用					
	其中：直接人工	9 600	11 700	15 000	14 400	50 700
	间接原料	12 800	15 600	20 000	19 200	67 600
	维护费	3 840	4 680	6 000	5 760	20 280
	水电费	5 120	6 240	8 000	7 680	27 040
	劳动保护费	640	780	1 000	960	3 380
	小　计	32 000	39 000	50 000	48 000	169 000

项　目		一季度	二季度	三季度	四季度	合计
固定制造费用预算	固定制造费用 其中：管理人员工资	7 750	7 750	7 750	7 750	31 000
	租赁费	5 600	5 600	5 600	5 600	22 400
	折旧	12 500	12 500	12 500	12 500	50 000
	保险费	3 150	3 150	3 150	3 150	12 600
	小　计	29 000	29 000	29 000	29 000	116 000
	制造费用合计	61 000	68 000	79 000	77 000	285 000
预计现金支出	制造费用合计	61 000	68 000	79 000	77 000	285 000
	减：折旧	12 500	12 500	12 500	12 500	50 000
	现金支出	48 500	55 500	66 500	64 500	235 000

第一季度人工总工时＝1 600×40＝64 000（小时）

直接人工费用＝64 000×0.15＝9 600（元）

直接材料费用＝64 000×0.2＝12 800（元）

维护费＝64 000×0.06＝3 840（元）

水电费＝64 000×0.08＝5 120（元）

劳动保护费＝64 000×0.01＝640（元）

现金支出＝61 000－12 500＝48 500（元）

2.3.6　产品成本预算

产品成本预算又称产品生产成本预算，它是反映预算期内各种产品生产成本水平的一种业务预算。

【例 2-14】假定恒山葡萄糖厂计算产品生产成本采用变动成本法。根据前面编制的生产预算（表 2-10）、直接原料预算（表 2-11）、直接人工预算（表 2-12）和制造费用预算（表 2-13）中有关料、工、费三大项目的资料及计划期末存货量，编制产品成本预算见表 2-14。

表 2-14　　　　　　　　**产品成本预算**（变动成本法）

2021 年度　　　　　生产量：8 450 千克　　　　　单位：元

成本项目	单位成本			总成本
	标准价格	标准用量	成本	
直接原料	5 元/千克	350 千克	1 750	14 787 500（1 750×8 450）
直接人工	8 元/小时	40 小时	320	2 704 000（320×8 450）
变动制造费用	0.5 元/小时	40 小时	20	169 000（20×8 450）
变动生产成本				
产成品存货	数量（件）	单位成本		总成本
年初产成品	120	2 090		250 800
年末产成品	180	2 090		376 200

2.3.7　营业与管理费用预算

营业与管理费用预算是指为产品销售活动和一般行政管理活动所发生的各项费用的预算。

【**例 2-15**】假定恒山葡萄糖厂负责营业及管理费用的部门根据预算期间的具体情况，编制经营与管理费用预算见表 2-15。（为了简化，该公司的经营与管理费用都按季平均分配）。

表 2-15　　　　　　　　**经营与管理费用预算**

2021 年　　　　　　　　　　单位：元

项　　目	一季度	二季度	三季度	四季度	合　计
变动经营及管理费用：					
销售人员工资	500 000	500 000	500 000	500 000	2 000 000
快递费	54 500	54 500	54 500	54 500	218 000
宣传费	23 500	23 500	23 500	23 500	94 000
打包费	15 750	15 750	15 750	15 750	63 000
变动性费用合计	593 750	593 750	593 750	593 750	2 375 000

项　目	一季度	二季度	三季度	四季度	合计
固定经营及管理费用：					
管理人员工资	600 000	600 000	600 000	600 000	2 400 000
广告费	931 500	931 500	931 500	931 500	3 276 000
保险费	20 000	20 000	20 000	20 000	80 000
办公费	27 250	27 250	27 250	27 250	109 000
固定性费用合计	1 578 750	1 578 750	1 578 750	1 578 750	6 315 000
经营及管理费用合计	2 172 500	2 172 500	2 172 500	2 172 500	8 690 000
预计销售及管理费用的现金支出	2 172 500	2 172 500	2 172 500	2 172 500	8 690 000

2.3.8　财务预算

1. 现金预算表

现金预算又称现金收支预算，是指以日常业务预算和专门决策预算为基础所编制的反映预算期现金收支情况的预算。现金预算有以下几个要素：

（1）现金收入。

（2）现金支出（经营性支出、资本性支出）。

（3）现金余缺又称现金收支差额或现金多余或不足，计算公式如下：

现金余缺＝期初现金余额＋预算期现金收入－预算期现金支出

（4）资金的筹措与运用，计算公式如下：

期末现金余额 ＝现金余缺－资金投放或归还总额＋资金筹措总额

【例 2-16】假定恒山葡萄糖厂分季度编制现金预算。该公司预算期现金的最低库存限额为 100 000 元，根据上述各项预算表的有关资料，编制现金预算见表 2-16。

表 2-16　　　　　　　　　　　　　现金预算

2021 年度　　　　　　　　　　　　单位：元

项　目	第一季度	第二季度	第三季度	第四季度	备　注
期初现金余额	240 750	103 000	427 250	555 750	
加：现金收入	5 240 000	7 020 000	8 640 000	9 540 000	表 2-9
合计	5 480 750	7 123 000	9 067 250	10 096 750	

项　目	第一季度	第二季度	第三季度	第四季度	备　注
减：现金支出					
直接原料	1 724 750	3 343 750	3 972 500	4 187 500	表2-11
直接人工	512 000	624 000	800 000	768 000	表2-12
制造费用	48 500	55 500	66 500	64 500	表2-13
营业及管理费用	2 172 500	2 172 500	2 172 500	2 172 500	表2-15
所得税	920 000	500 000	500 000	800 000	预缴
合计	5 377 750	6 695 750	7 511 500	7 992 500	
现金余（缺）	103 000	427 250	1 128 500	2 103 250	
购入有价证券			1 000 000	1 000 000	
期末现金余额	103 000	427 250	555 750	1 103 250	

2. 预计利润表

预计利润表是提供未来一定期间收入、成本、利润等方面资料的一种报表。编制方法与编制一般的财务报表中的利润表相类似。反映公司未来的盈利状况，公司可以根据企业的发展趋势，调整经营策略。

根据以上数据，计算主营业务成本：

主营业务成本＝7 200×2 090＝15 048 000（元）

表2-17　　　　　　　　　　　　预计利润表

2021 年度　　　　　　　　　　　　　单位：元

摘　要	资料来源	金　额
销售收入	表2-9	32 400 000
减：主营业务成本	表2-11、表2-12、表2-13、表2-14	15 048 000
销售与管理费用	表2-15	8 690 000
营业利润		8 662 000
税前利润		8 662 000
减：所得税		2 720 000
税后利润		5 942 000

所得税＝920 000＋500 000＋500 000＋800 000＝2 720 000（元）

3. 预计资产负债表

预计资产负债表是以货币表现的预算期期末财务状况的总括性预算。是根据经营预算、专门决策预算、现金预算和预算利润表的结果，对有关项目进行调整后编制的。

【例 2-17】依前例，假定恒山葡萄糖厂根据上述各项预算表的有关资料，编制 2021 年预计资产负债表见表 2-18。

表 2-18　　　　　　　　　　　　预计资产负债表（简式）

2021 年 12 月 31 日　　　　　　　　　　　单位：元

资　产			负债及所有者权益		
项目	年末数	年初数	项目	年末数	年初数
现金	1 103 750	240 750	应付账款	2 017 500	183 500
应收账款	3 960 000	2 000 000			
直接原料	675 000	400 000	未分配利润	20 226 800	7 767 300
产成品	438 900	250 800			
固定资产	16 066 650	5 059 250			
资产合计	22 244 300	7 950 800	负债及所有者权益合计	22 244 300	7 950 800

期末应收账款＝本期销售额×（1－60％）＝9 900 000×40％＝3 960 000（元）

期末应付账款＝本期采购金额×（1－50％）＝4 035 000×50％＝2 017 500（元）

期初直接材料余额＝80 000×5＝400 000（元）

期末直接材料余额＝135 000×5＝675 000（元）

产成品年初余额＝120×2 090＝250 800（元）

产成品年末余额＝210×2 090＝438 900（元）

4. 预计现金流量表

预计现金流量表是反映企业一定期间现金流入与现金流出情况的一种财务预算。它是从现金的流入和流出两个方面，揭示企业一定期间经营活动、投资活动和筹资活动所产生的现金流量。

根据《企业会计准则第 31 号——现金流量表》规定：企业应采用直接法编制经营活动产生的现金流量。常见的直接法有工作底稿法和"T"形账户法，这两种方法都是以预计资产负债表、预计利润表和有关项目年度预计发生额为依据，通过编制调整分录，将全年的收入、费用和支出调整为经营活动、投资活动和筹资活动的现金流量，以确定预算年度业务活动对现金流量产生的影响，为报表使用者提供决策所需的信息。

预计现金流量表的编制方法有两种：

一是直接法，以销售收入的收现数额为起点，将其他收入与费用项目的收现数额、付现数额分别列出，以便直接反映最终的现金净流量。

二是间接法，以本年净利润为起点，调整不涉及现金收付的各种会计事项，最后得出现金净流量。

【例 2-18】根据现金预算表、预计利润表、预计资产负债表编制恒山葡萄糖厂分季度预计现金流量表，见表 2-19。

表 2-19　　　　　　　　　　　预计现金流量表（简表）

编制单位：恒山葡萄糖厂　　　　　2021 年度　　　　　单位：元

项　目	第一季度	第二季度	第三季度	第四季度
一、经营活动产生的现金流量				
销售收入取得的现金	5 240 000	7 020 000	8 640 000	10 096 250
现金流入小计	5 240 000	7 020 000	8 640 000	10 096 250
直接材料	1 724 750	3 343 750	3 972 500	4 187 500
直接人工	512 000	624 000	800 000	768 000
制造费用	48 500	55 500	66 500	64 500
销售与管理费用	2 172 500	2 172 500	2 172 500	2 172 500
所得税	920 000	500 000	500 000	800 000
现金流出小计	5 377 750	6 695 750	7 511 500	7 992 500
现金流入流出净额	−137 750	324 250	1 128 500	2 103 750
二、投资活动产生的现金流量				
购买有价证券			1 000 000	1 000 000
投资活动现金流出小计			1 000 000	1 000 000
投资活动产生的现金流量净额			−1 000 000	−1 000 000
三、现金及现金等价物净增加额	−137 750	324 250	128 500	1 103 750
加：期初现金及现金等价物余额	240 750	103 000	427 250	555 750
四、期末现金及现金等价物余额	103 000	427 250	555 750	1 659 500

第3章
图解新收入准则应用

  《企业会计准则第 14 号——收入》（财会〔2017〕22 号）（以下简称"新收入准则"）的实施是阶段性的，在境内上市的企业 2020 年 1 月执行，其他企业最晚于 2021 年 1 月执行。新收入准则实施分阶段执行，难度可想而知。那么新收入准则难在哪里呢？本章就具体事项进行解析。

3.1　如何确认收入

现行准则收入确认时以"风险报酬转移"为判断依据，而新收入准则对收入确认的核心原则是"控制权转移"（即在企业将商品或服务的控制权转移给客户的时点或过程中以其预计有权获得的金额予以确认），并采用"五步法"模型确认收入。

3.1.1　新收入准则核算哪些业务

《企业会计准则第 14 号——收入》（财会〔2017〕22 号）规定，新收入准则适用于所有与客户之间的合同，但下列各项除外：

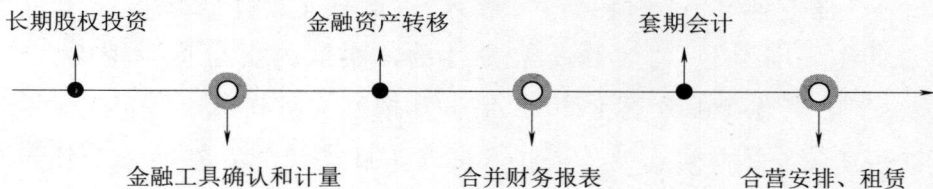

长期股权投资　　　　　金融资产转移　　　　　套期会计

金融工具确认和计量　　　合并财务报表　　　　合营安排、租赁

新收入准则将替代以下准则：

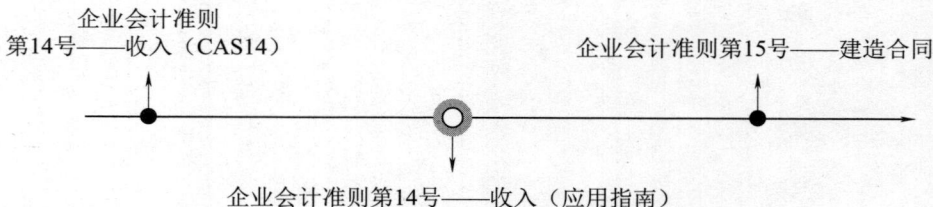

企业会计准则
第14号——收入（CAS14）　　　　　企业会计准则第15号——建造合同

企业会计准则第14号——收入（应用指南）

3.1.2　收入确认的五重奏："五步法"模型

"五步法"模型如下：

识别与客户订立的合同　　确定交易价格　　履行各单项履约义务时确认收入

识别合同中的单项履约义务　　将交易价格分摊至各单项履约义务

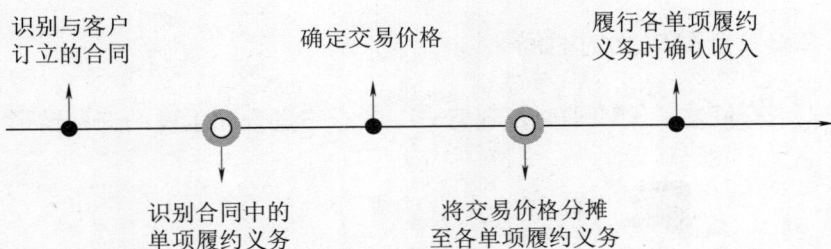

"五步法"包括收入的确认与计量：第一步、第二步和第五步是与收入的确认有关，第三步和第四步主要与收入的计量有关。其中，第一步、第二步需要财务人员根据业务的性质判断。

如甲工厂与乙销售公司签订一份销售合同，乙销售公司在 A 市，只有把商品交到 A 市乙销售公司所在地，控制权才算移交，商品销售合同才算完成。

3.2　如何识别合同

新收入准则引进合同与客户这两个名词：

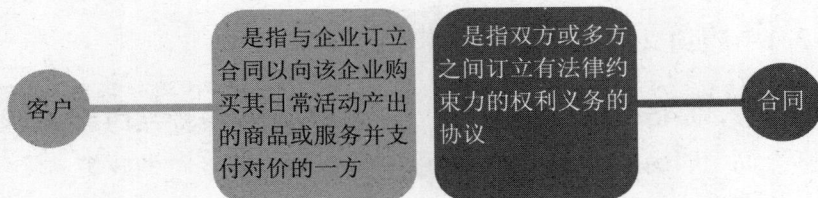

客户　　是指与企业订立合同以向该企业购买其日常活动产出的商品或服务并支付对价的一方

合同　　是指双方或多方之间订立有法律约束力的权利义务的协议

3.2.1　合同的形式

合同主要有以下三种形式：

书面形式　是指合同书、信件和数据电文(包括电报、电传、传真、电子数据交换和电子邮件)等可以有形地表现所载内容的形式

口头形式　是指当事人双方就合同内容面对面或以通信设备交谈达成协议

默示合同　指当事人未用语言或文字明确表示意见，而是根据当事人的行为表明其已经接受或在特定的情形下推定成立的合同

3.2.2　合同成立的时间

依据《合同法》第四十四条到五十一条，规定合同生效的三种情形如下：

| 01 | 依法成立的合同，自成立时生效 |

| 02 | 附生效条件的合同，自条件成就时生效 |

| 03 | 法律规定应当办理批准、登记等手续生效的自批准、登记时生效 |

3.3　履约义务的识别

新收入准则引入了"履约义务"的概念，履约义务有单项履约义务和多项履约义务。

3.3.1　履约义务

履约义务，是指合同中企业向客户转让可明确区分商品的承诺。履约义务既包括合同中明确的承诺，也包括由于企业已公开宣布的政策、特定声明或以往的习惯做法等导致合同订立时客户合理预期企业将履行的承诺。企业为履行合同而应开展的初始活动，通常不构成履约义务，除非该活动向客户转让了承诺的商品。

企业应当将向客户转让商品的承诺作为单项履约义务，企业向客户转让一系列实质相同且转让模式相同的、可明确区分商品的承诺，也应当作为单项履约义务。

合同开始日，企业应当识别合同中所包含的各单项履约义务，并确定各单项履约义务是在某一时段内履行，还是在某一时点履行，然后，在履行了各单项履约义务时分别确认收入。

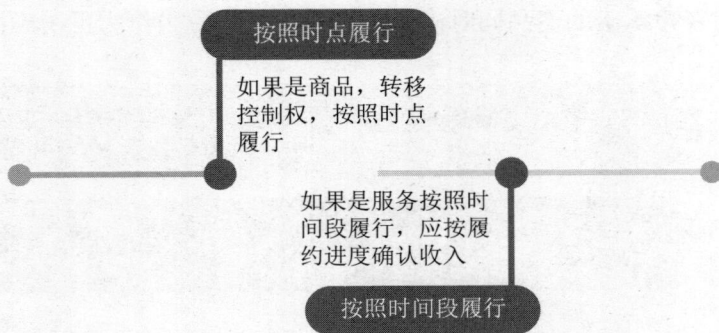

按照时点履行

如果是商品，转移控制权，按照时点履行

如果是服务按照时间段履行，应按履约进度确认收入

按照时间段履行

1. 时点

根据新收入准则第十三条规定，对于在某一时点履行的履约义务，企业应当在客户取得相关商品控制权时点确认收入。在判断客户是否已取得商品控制权时，企业应当考虑下列迹象：

企业就该商品享有现时收款权利，即客户就该商品负有现时付款义务

企业已将该商品的法定所有权转移给客户，即客户已拥有该商品的法定所有权

企业已将该商品实物转移给客户，即客户已占有该商品实物

企业已将该商品所有权上的主要风险和报酬转移给客户，即客户已取得该商品所有权上的主要风险和报酬。

客户已接受该商品

其他表明客户已取得商品控制权的迹象

2. 时段

根据新收入准则第十一条，满足下列条件之一的，属于在某一时段内履行履约义务；否则，属于在某一时点履行履约义务：

客户在企业履约的同时即取得并消耗企业履约所带来的经济利益

客户能够控制企业履约过程中在建的商品

企业履约过程中所产出的商品具有不可替代用途，且该企业在整个合同期间内有权就累计至今已完成的履约部分收取款项

企业向客户承诺的商品同时满足下列条件的，应当作为可明确区分商品。

可明确区
分履约义务 ◆ 客户能够从该商品本身或从该商品与其他易于获取的资源一起使用中受益（如购入电梯卖家负责安装，电梯在没有安装前是无法使用的）

不可明确
区分履约义务 ◆ 企业向客户转让该商品的承诺与合同中其他承诺可单独区分

3.3.2 履约进度

新收入准则第十二条规定，对于在某一时段内履行的履约义务，企业应当在该段时间内按照履约进度确认收入，但是，履约进度不能合理确定的除外。企业应当考虑商品的性质，采用产出法或投入法或成本法确定恰当的履约进度。这几种方法适合建筑施工业、房地产业等需要几年才能完成的项目。

1. 产出法

产出法是根据已转移给客户的商品对于客户的价值确定履约进度的方法，通常可采用实际测量的完工进度、评估已实现的结果、已达到的里程碑、时间进度、已完工或交付的产品等产出指标确定履约进度。

企业在评估是否采用产出法确定履约进度时，应当考虑具体的事实和情况，并选择能够如实反映企业履约进度和向客户转移商品控制权的产出指标。当选择的产出指标无法计量控制权已转移给客户的商品时，不应采用产出法。例如，飞机制造厂生产客户预订的一款飞机，因为该飞机已属于客户，则在确定履约进度时不应使用已完工或已交付的产品作为产出指标，这是因为处于生产过程中的在产品的控制权也已经转移给了客户，而这些在产品并没有包括在产出指标的计量中。

【例 3-1】恒水电视机有限公司与客户签订合同，为该客户生产 100 台电视机，合同价格为 40 万元（不含税价）。截至 2019 年 12 月 31 日，恒水电视机有限公司生产电视机 80 台，剩余部分预计在 2020 年 1 月 31 日之前完成。该合同仅包含一项履约义务，且该履约义务满足在某一时段内履行的条件。假定不考虑其他情况。

本例中，恒水电视机有限公司生产 100 台电视机属于在某一时段内履行的履约义务，恒水电视机有限公司按照已完成的工作量确定履约进度。因此，截至 2019 年 12 月 31 日，该合同的履约进度为 80%（80÷100），甲公司应确认的收入为 32 万元（40×80%）。

2. 投入法

投入法是根据企业履行履约义务的投入确定履约进度的方法，通常可采用投入的材料数量、花费的人工工时或机器工时、发生的成本和时间进度等投入指标确定履约进度。当企业从事的工作或发生的投入是在整个履约期间内平均发生时，企业也可以按照直线法确认收入。

【例 3-2】金星制造厂与天雅公司签署合同，生产一批产品，在 8 个月内完工，合同标的是 320 万元。金星制造厂采用机器工时法确定履约进度，生产这批产品需要 2 000 小时，即机器工时分配率＝320÷2 000＝0.16（万元/小时）。采用直线法确认收入，每月确认的收入＝（2 000÷8）×0.16＝40（万元）。

3. 成本法

实务中，通常按照累计实际发生的成本占预计总成本的比例（即，成本法）确定履约进度，累计实际发生的成本包括企业向客户转移商品过程中所发生的直接成本和间接成本，如直接人工、直接材料、分包成本以及其他与合同相关的成本。

【例 3-3】2019 年 1 月 1 日，甲造船厂与乙货轮公司签订船只买卖合同，根据双方合同，该项目的造价为 600 万元，期限为 1 年半，甲造船厂负责造船，乙货轮公司按照确认船舶的完工量，每半年与甲造船厂结算一次；预计 2020 年 6 月 30 日完工；预计可能发生的总成本为 400 万元。假定该项目整体构成单项履约义务，并属于在某一时段履行的履约义务，甲造船厂采用成本法确定履约进度，增值税税率为 13%，不考虑其他相关因素。2019 年 6 月 30 日，项目累计实际发生成本 100 万元，甲造船厂与乙货轮公司结算合同价款 130 万元，甲造船厂实际收到价款 120 万元；2019 年 12 月 31 日，项目累计实际发生成本 300 万元，甲造船厂与乙货轮公司结算合同价款 200 万元，甲造船厂实际收到价款 190 万元。

假定甲造船厂与乙货轮公司结算时即发生增值税纳税义务，乙货轮公司在实际支付工程价款的同时支付其对应的增值税款。

（1）2019 年 6 月 30 日：

借：合同履约成本　　　　　　　　　　　　　　1 000 000
　　贷：原材料、应付职工薪酬等　　　　　　　　　　　1 000 000
履约进度＝1 000 000÷4 000 000＝25%
合同收入＝6 000 000×25%＝1 500 000（元）
借：合同结算——收入结转　　　　　　　　　　1 500 000
　　贷：主营业务收入　　　　　　　　　　　　　　　1 500 000
借：主营业务成本　　　　　　　　　　　　　　1 000 000
　　贷：合同履约成本　　　　　　　　　　　　　　　1 000 000
借：应收账款　　　　　　　　　　　　　　　　1 469 000
　　贷：合同结算——价款结算　　　　　　　　　　　1 300 000
　　　　应交税费——应交增值税（销项税额）　　　　　169 000
借：银行存款　　　　　　　　　　　　　　　　1 200 000
　　贷：应收账款　　　　　　　　　　　　　　　　　1 200 000

当日，"合同结算"科目的余额为借方 20 万元（150－130），表明客户尚有 20 万元未与甲造船厂结算。

（2）2019 年 12 月 31 日：

借：合同履约成本　　　　　2 000 000（3 000 000－1 000 000）
　　贷：原材料、应付职工薪酬等　　　　　　　　　　2 000 000
履约进度＝3 000 000÷40 000 000＝75%
合同收入＝6 000 000×75%－1 500 000＝3 000 000（元）
借：合同结算——收入结转　　　　　　　　　　3 000 000
　　贷：主营业务收入　　　　　　　　　　　　　　　3 000 000
借：主营业务成本　　　　　　　　　　　　　　2 000 000
　　贷：合同履约成本　　　　　　　　　　　　　　　2 000 000
借：应收账款　　　　　　　　　　　　　　　　2 260 000
　　贷：合同结算——价款结算　　　　　　　　　　　2 000 000
　　　　应交税费——应交增值税（销项税额）　　　　　260 000
借：银行存款　　　　　　　　　　　　　　　　1 900 000
　　贷：应收账款　　　　　　　　　　　　　　　　　1 900 000

当日，"合同结算"科目的余额为借方 120 万元（300＋20－200），表明甲造船厂已经履行履约义务但尚未与客户结算的金额为 120 万元，由于甲造船厂预计该部分履约义务将 在 2020 年内完成，因此，应在资产负债表中作为合同资产列示。

3.4 如何确认交易价格

交易价格是企业因向客户转让商品或服务而预期有权收取的对价金额，不包括代第三方收取的款项（例如某些销售税金）。交易价格可能因为销售情形发生变化，如折扣、退款、返利、积分、价格折让、退货、绩效奖金、罚款、特许权使用费等都可能使交易价格发生改变，新收入准则将发行改变的交易价格称为可变对价。企业根据历史销售经验与数据，测算期望值或最可能发生金额。

3.4.1 最佳估计数

根据《国际财务报告准则》的规定，如果企业获得对价的权利以某一未来事件的发生或不发生为条件，则形成可变对价。新收入准则第十六条对可变对价的确认有两个衡量标准，即"是否极可能发生转回"和"是否属于重大转回"，且两个条件必须同时满足。

什么是极可能？《企业会计准则第 13 号——或有事项》应用指南规定：履行或有事项相关于义务导致经济利益流出的可能性，通常按照下列情况加以判断：

基本确定 ‖ 大于95%但小于100%

很可能 ‖ 大于50%但小于或等于95%

可能 ‖ 大于5%但小于或等于50%

极小可能 ‖ 大于0但小于或等于5%

根据上述内容分析，新收入准则中的"极可能"等同于"基本确定"，也就是说"极可能"的发生概率应该大于 95％。而实务中能够判断为"极可能"的情况，需要比较严格的判断条件和充分的证据支撑。

【例 3-4】新星科技有限公司自行研发一种新型保温杯，正式投入市场，在与客户签订的合同中明确约定客户享有 7 天无理由退货权利，且该产品属于首次上市且在行业内也属于新产品。该事项需要分别以下两种情形考虑：

（1）新星科技有限公司没有该商品是否可能面临大量退回的估计经验，同行业也没有这方面的经验可供参考。

此情形属于影响"极可能"和"重大转回"因素中的第三项因素，即无法可靠估计其可变对价。因此，该项新产品收入应待无理由退货期终止后、不确定性消除时确认。

（2）该产品在行业内虽属于新产品，但此前已经由 A 公司率先推出并取得了成功。新星科技有限公司获悉 A 公司并未产生大量退货，并结合此前的市场调查，新星科技有限公司合理预计至少有 70% 的产品不会退回。

针对该种情形，新星科技有限公司如果 100% 的确认产品收入，则有可能导致接近 30% 的产品收入转回。因此，可以考虑按照 70% 确认收入，剩余的 30% 部分按新收入准则作为退款处理。

3.4.2　分摊可变对价

交易价格发生后续变动，要区分合同是否发生变动。合同未发生变动的，按合同开始日的基础将后续变动分摊至各履约义务，不得因合同开始后单独售价变动而重新分摊。

若是合同变更导致价格变动，要区分三种情况处理：

1 判断价格变动和哪一项相关，按分摊可变对价处理

2 先以原合同单独售价分摊一次，然后在合同变更日将未履行义务的后续变动额以新合同为基础二次分摊，这种情况将合同变日后的合同视为一项新的交易

3 分摊至合同变更日尚未履行的履约义务，这种情况是将变动的价格作为原合同组成部分

合同中包含可变对价是指当前的交易价格还无法确定，此时企业应按照预计的价格入账。需要注意的是可变对价是与整个合同相关，还是仅与合同中的特定组成部分相关，企业应当将可变对价及后续变动额全部分摊至与之相关的履约义务。这种可变对价经常与特许权的交易相关，比如购买企业将使用特许权取得的收入的一定比例作为买价。

3.5　将交易价格分摊至各单项履约义务

当合同中包含两项或多项履约义务时，需要将交易价格分摊至各单项履约义务，以使企业分摊至各单项履约义务（或可明确区分的商品）的交易价格能够反映其因向客户转让已承诺的相关商品而预期有权收取的对价金额。

3.5.1　分摊的一般原则

企业在类似环境下向类似客户单独销售某商品的价格，应作为确定该商品单独售价的最佳证据。合同或价目表上的标价可能是商品的单独售价，但不能默认其一定是该商品的单独售价。例如，企业为其销售的产品制定了标准价格，但是，在实务中经常以低于该标准价格的折扣价格对外销售，此时，企业在估计该产品的单独售价时，应当考虑这一因素。合同中包含两项或多项履约义务的，企业应当在合同开始日，按照各单项履约义务所承诺商品的单独售价的相对比例，将交易价格分摊至各单项履约义务。

单独售价，是指企业向客户单独销售商品的价格。

【例3-5】顺德灶具厂打包销售灶具：X1型灶具，X2型灶具两种，促销价格为4 500元。X1型灶具，X2型灶具的单独售价分别为2 800元、2 200元，价格总计5 000元。为方便核算，上述价格均不包含增值税。

本例中，根据上述交易价格分摊原则：

分摊比例＝4 500÷5 000×100％＝90％

X1型灶具应当分摊的交易价格＝2 800×90％＝2 520（元）

X2型灶具应当分摊的交易价格＝2 200×90％＝1 980（元）

3.5.2　特殊分析方法

单独售价无法直接观察的，企业应当综合考虑其能够合理取得的全部相关信息，采用市场调整法、成本加成法、余值法等方法合理估计单独售价。

1. 市场调整法

市场调整法，是指企业根据某商品或类似商品的市场售价考虑本企业的成本和毛利等进行适当调整后，确定其单独售价的方法。

【例 3-6】景德公司与英联公司签订合同，向其销售 A、B、C 三种产品，合同总价款为 300 万元，这三种产品构成三项履约义务。景德公司以 120 万元单独出售 A 产品，其单独售价可直接观察；B 产品和 C 产品的单独售价不可直接观察，该公司采用市场调整法估计的 B 产品单独售价为 90 万元，采用成本加成法估计的 C 产品单独售价为 110 万元。景德公司通常以 120 万元的价格单独销售 A 产品，并将 B 产品和 C 产品组合在一起以 180 万元的价格销售。为方便核算，上述价格均不包含增值税。

本例中，三种产品的单独售价合计为 320 万元，而该合同的价格为 300 万元，该合同的整体折扣为 20 万元。由于景德公司经常将 B 产品和 C 产品组合在一起以 180 万元的价格销售，该价格与其单独售价之和（200 万元）的差额为 20 万元，与该合同的整体折扣一致，而 A 产品单独销售的价格与其单独售价一致，证明该合同的整体折扣仅应归属于 B 产品和 C 产品。

分摊至 A 产品的交易价格＝120 万元

分摊至 B 产品和 C 产品的交易价格合计为 180 万元。景德公司应当进一步按照 B 产品和 C 产品的单独售价的相对比例将该价格在二者之间进行分摊：

B 产品应分摊的交易价格＝90÷（90＋110）×180＝81（万元）

C 产品应分摊的交易价格＝110÷（90＋110）×180＝99（万元）

2. 成本加成法

成本加成法，是指企业根据某商品的预计成本加上其合理毛利后的价格，确定其单独售价的方法。

【例 3-7】风和服装厂生产女式套装，上衣和裤子不单卖，售价 1 980 元，只按组合销售，上衣制作成本 900 元，预计毛利 300 元，裤子 600 元，预计毛利 400 元。

（1）计算市价分摊比＝1 980÷（1 200＋1 000）＝90％

（2）上衣交易价格＝1 200×90％＝1 080（元）

（3）裤子交易价格＝1 000×90％＝900（元）

3. 余值法

余值法，是指企业根据合同交易价格减去合同中其他商品可观察的单独售价后的余值，确定某商品单独售价的方法。余值法适用于企业在商品近期售价波动幅度巨大，或者因未定价且未单独销售而使售价无法可靠确定时，可采用余值法估计其单独售价。最典型的销售方式是"买一送一"。

【例3-8】河西电视机厂新年搞优惠活动，买电视送电视柜，销售明细见表3-2。

表3-2   **商品销售明细**

单位：元

品名	单价	台数	合计	赠送电视柜（个）	金额
河西电视机	4 500	10	45 000	10	1 200
合　计			45 000		1 200

电视柜收入＝1 200元，电视机收入＝45 000－1 200＝43 800（元）

3.5.3 存在重大融资成分的会计处理

合同中存在重大融资成分的，企业应当按照假定客户在取得商品控制权时即以现金支付的应付金额确定交易价格。该交易价格与合同对价之间的差额，应当在合同期间内采用实际利率法摊销。

支付价款间隔不超过一年的，可以不考虑合同中存在的重大融资成分。

1. 评估重大融资成分考虑因素

在评估一份合同是否存在重大融资成分时，企业应考虑的因素包括：

1   企业预计客户取得商品或服务的控制权与客户支付价款之间时间间隔的长短

2   如果客户在取得商品或服务控制权时即以现金支付，应付金额是否会有重大不同

3   合同中的利率与相关市场中的现行利率

以下不存在重大融资成分的情形：

（1）所承诺的对价金额的相当一部分是可变的，并且付款金额（或金额及其时间）因不受企业或客户控制的因素（例如，基于销售的特许权使用费）而变动。

（2）合同对价与现金售价之间的差额是因为向企业或客户提供融资之外的其他原因（例如，对不履行义务的保护）而产生的。允许企业在评估是否存在重大融资成分时，考虑合同各方的意图。

例如，小明贷款买房，银行贷给他 100 万元，但银行付给开发商的是 90 万元，而不是 100 万元，剩余 10 万元银行要到开发商交房时再拨转。设定这样的支付条款与融资无关。

【例 3-9】 上岭设备厂与河西公司签订货物销售合同，合同约定上岭设备厂两年后向河西公司交货，如果 2 年后支付货款，则需支付 400 万元，如在签订合同时点支付，则只需支付 356 万元，河西公司选择在签订合同时点支付。假设上岭设备厂在两年后交付时点转移该货物的控制权。（假设不考虑增值税）

分析：假设内含利率为 i，则有等式如下：

$4\,000\,000 \times (P/F, i, 2) = 3\,560\,000$

$(P/F, i, 2) = 0.890\,0$

查询复利现值系数表，得出 $i = 6\%$

考虑到上岭设备厂收款时间与交付货物时间的间隔超过一年，以及现在市场利率等因素，上岭设备厂认为此合同含有重大融资成分，简单理解，上岭设备厂为了现在取得 356 万元的本金，付出了 44 万元的利息（年复利 6%）成本。

2. 交易价格调整

根据新收入准则的规定，对含有重大融资成分的合同交易价格进行调整，调整规则如下：

（1）假定客户在取得商品控制权时即以现金支付的应付金额确定交易价格：

两年后上岭设备厂转移控制权，此时现金支付的应付金额是 400 万元，因此 400 万元是交易价格，即计入收入的金额。

（2）该交易价格与合同对价之间的差额，应当在合同期间内采用实际利率法摊销：

交易价格 400 万元，合同对价 356 万元，差额 44 万元，在合同 2 年期间用实际利率法摊销，见表 3-3。

表 3-3

单位：万元

年　　份	期初本金	利　　率	本年利息	期末本金
2020	356	6%	21.36	377.36
2021	377.36	6%	22.64	400
合计			44	

根据上述规定，会计处理如下。

(1)收到货款时

借：银行存款　　　　3 560 000
　　未确认融资费用　　440 000
　　贷：合同负债　　　　4 000 000

(2)确认融资费用影响

借：财务费用　　　（3 560 000×6%）213 600
　　贷：未确认融资费用　　　213 600

(3)两年后交付产品时

借：财务费用　　　（3 773 600×6%）226 416
　　贷：未确认融资费用　　226 416
借：合同负债　　　　4 000 000
　　贷：主营业务收入　　　4 000 000

【例 3-10】蓝鑫公司与向阳公司签订设备销售合同，合同约定合同签订日即交付设备。合同约定交易金额 1 200 万元，向阳公司于每年年末支付 300 万元，蓝鑫公司这套设备目前市场价格为 1 000 万元。双方约定在交付设备时控制权转移。

假设内含利率为 i，则有等式如下：

$300×(P/A,i,5)=1 200$

$(P/A,i,5)=1 200÷300=4$

查询年金现值系数表，可知：

$(P/A,7\%,5)=4.100 2$

$(P/A,8\%,5)=3.992 7$

因此，i 介于 7% 和 8% 之间，采用插入法计算：

$(8\%-7\%)÷(8\%-i)=(3.992 7-4.100 2)÷(3.992 7-4)$

解得 $i=7.932\%$

期末本金＝期初本金×实际利率＋本年利息－本年收款

实际利息＝期初本金×实际利率

考虑到蓝鑫公司收款时间与交付货物时间的间隔超过一年，以及现在市场利率等因素，蓝鑫公司认为此合同含有重大融资成分。根据新收入准则规定，应对含有重大融资成分的合同交易价格进行调整。在合同5年期间用实际利率法摊销，见表3-4。

表3-4　　　　　　　　　　　　　蓝鑫公司设备摊销表

单位：万元

年份	期初本金	实际利率	实际利息	本年应收款	期末本金
第一年	1 200	7.932%	95.18	300	995.18
第二年	995.18	7.932%	78.94	300	774.12
第三年	774.12	7.932%	61.40	300	535.52
第四年	535.52	7.932%	42.48	300	278
第五年	278	7.932%	22.05	300	0

注：第5年利息调整尾数0.05元。

账务处理如下：

（1）合同签订日转移设备。

借：长期应收款　　　　　　　　　　　　　　　　　13 300 000

　　贷：主营业务收入　　　　　　　　　　　　　　　10 000 000

　　　　应交税费——待转销项税额　　　　　　　　　 1 300 000

　　　　未实现融资收益　　　　　　　　　　　　　　 2 000 000

（2）年末收回设备款：

借：银行存款　　　　　　　　　　　　　　　　　　 3 390 000

　　贷：长期应收款　　　　　　　　　　　　　　　　 3 390 000

借：应交税费——待转销项税额　　　　　　　　　　 　390 000

　　贷：应交税费——应交增值税（销项税额）　　　 　390 000

借：未实现融资收益　　　　　　　　　　　　　　　 　951 800

　　贷：财务费用　　　　　　　　　　　　　　　　　 　951 800

第二年至第五年依此处理。

第 4 章
应收及预付款项

　　应收及预付账款，是指因对外销售产品、材料、供应劳务及其他原因，应向购货单位或接受劳务的单位收取的款项，包括应收销售款、其他应收款、应收票据等，是企业因销售商品、产品或提供劳务而形成的债权。本章介绍应收及预付账款科目设置及账务处理。

4.1 应收账款

应收账款是企业由于销售商品或提供劳务而享有的向顾客收取款项的权利。主要包括应向购货单位收取的购买商品、材料等账款；代垫的包装物、运杂费；已冲减坏账准备而又收回的坏账损失；已贴现的承兑汇票，因承兑企业无力支付的票款；已转销而又收回的坏账损失等。但不包括应收职工欠款、应收债务人利息等的其他应收款；购买长期债券等的长期债权；投标保证金和租入包装物等各类存出保证金。

4.1.1 应收账款科目的具体运用

应收账款科目的具体运用，见表 4-1。

表 4-1　　　　　　　　　　　　应收账款会计科目编码的设置

科目代码	总分类科目（一级科目）	明细分类科目		是否辅助核算	辅助核算类别
		二级科目	三级科目		
1122	应收账款				
112201	应收账款	××公司	应收商品款	是	客户/债务人
112202	应收账款	××公司	应收工程款	是	客户/债务人
112203	应收账款	××公司	应收质保金	是	客户/债务人

应收账款通常按实际发生额计价入账。计价时还要考虑商业折扣、现金折扣及债务重组等因素。

商业折扣	·应当按照扣除商业折扣后的金额确定销售商品收入额
现金折扣	·按照不扣除现金折扣的金额计量收入。现金折扣在实际发生时计入当期财务费用
销售折让	·应当在发生时冲减当期销售商品收入

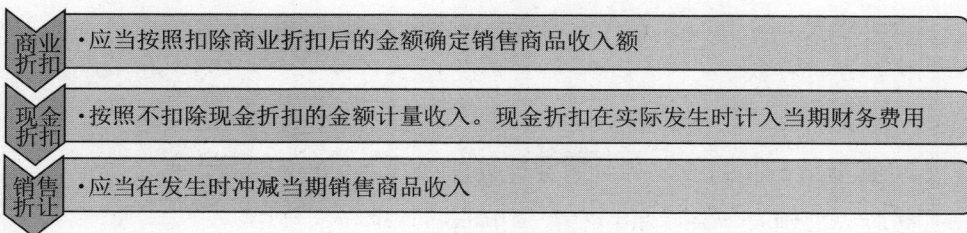

4.1.2 应收账款的账务处理

1. 一般应收账款的会计核算

正常的应收账款是以商业信用为基础，以购销合同、商品出库单、发票和发运单等书面文件为依据而确认的，按照历史成本计价原则，应收账款应当按照实际发生的交易价格入账，主要包括发票销售价格、增值税和代垫运杂费等。一般应收账款的账务处理，如图4-1所示。

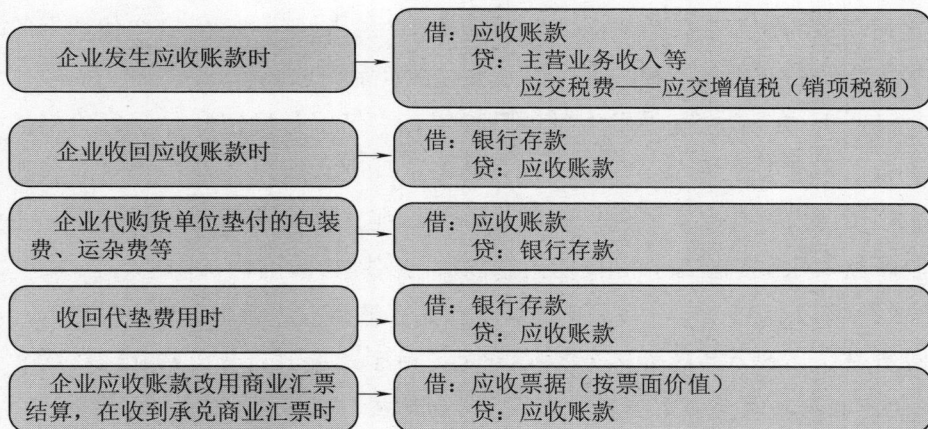

企业发生应收账款时	借：应收账款 贷：主营业务收入等 应交税费——应交增值税（销项税额）
企业收回应收账款时	借：银行存款 贷：应收账款
企业代购货单位垫付的包装费、运杂费等	借：应收账款 贷：银行存款
收回代垫费用时	借：银行存款 贷：应收账款
企业应收账款改用商业汇票结算，在收到承兑商业汇票时	借：应收票据（按票面价值） 贷：应收账款

图4-1　应收账款的账务处理

【例4-1】企业向乙公司销售商品一批，货款380 000元（不含税），增值税税率13%，垫付包装费、运杂费3 900元，已办理了委托银行收款手续。

借：应收账款——乙公司　　　　　　　　　　433 300

　　贷：主营业务收入　　　　　　　　　　　　380 000

　　　　应交税费——应交增值税（销项税额）　49 400

　　　　银行存款　　　　　　　　　　　　　　3 900

企业收到乙公司的货款及运杂费 433 300 元时。

借：银行存款 433 300

    贷：应收账款——乙公司 433 300

2. 有商业折扣的应收账款的会计处理

新收入准则对"合同折扣"有了更明确、细致的规定：

01 对于合同折扣，企业应当在各单项履约义务之间按比例分摊

02 有确凿证据表明合同折扣仅与合同中的一项或多项（而非全部）履约义务相关的，企业应当将该合同折扣分摊至相关一项或多项履约义务

03 合同折扣仅与合同中的一项或多项（而非全部）履约义务相关，且企业采用余值法估计单独售价的，应当按照前款规定在一项或多项（而非全部）履约义务之间分摊合同折扣，然后采用余值法估计单独售价

综上所述，企业在确定"商业折扣"时，需要先将"商业折扣"分摊到与之相联系的商品上，后采用"单独售价法""市场调整法""余值法"等方法确定与"商业折扣"相关商品以及非相关商品的收入。

商业折扣一般在交易发生时即已确定，它仅仅是确定实际销售价格的一种手段，不需要在买卖双方任何一方的账上反映，所以商业折扣对应收账款的入账价值没有什么实质性的影响。因此，在存在商业折扣的情况下，企业应收账款入账金额应按扣除商业折扣以后的实际售价确认。

【例 4-2】2018 年 5 月 21 日，红河百货有限公司从朝阳百货公司购入一批纯棉布料，该批商品的价格为 84 000 元，由于是成批销售，销货方给购货方 5％的商业折扣，金额为 4 200 元，适用的增值税税率为 13％。编制会计分录如下：

①销售方应当确认的收入金额为 84 000×（1－5％）＝79 800（元）。

借：应收账款 90 174

    贷：应交税费——应交增值税（销项税额） 10 374

        主营业务收入 79 800

②实际收到货款时。

借：银行存款 90 174

    贷：应收账款 90 174

3. 现金折扣的会计处理

现金折扣，是指债权人为鼓励债务人在规定的期限内付款，而向债务人提供的债务扣除。现金折扣通常发生在以赊销方式销售商品及提供劳务的交易中。

企业为了鼓励客户提前偿付货款，通常与债务人达成协议，债务人在不同期限内付款可享受不同比例的折扣。现金折扣一般用符号"折扣/付款期限"表示。例如，买方在 10 天内付款可按售价给予 2％ 的折扣，用符号"2/10"表示；在 20 天内付款按售价给予 1％ 的折扣，用符号"1/20"表示；在 30 天内付款，则不给折扣优惠，用符号"n/30"表示。

存在现金折扣的情况下，我国的会计实务中通常采用总价法确认应收账款入账金额，即将未减去现金折扣前的金额作为实际售价，记作应收账款的入账价值。现金折扣只有客户在折扣期内支付货款时，才予以确认。在这种方法下，企业把给予客户的现金折扣视为融资的理财费用，会计上作为财务费用处理。

【例 4-3】2020 年 4 月，康迪公司销售一批原材料，价格为 27 600 元，规定的现金折扣条件为 2/10，n/30，适用的增值税税率为 13％，产品交付并办妥托收手续。编制会计分录如下。

借：应收账款		31 188
贷：主营业务收入		27 600
应交税费——应交增值税（销项税额）		3 588

收到货款时，根据购货企业是否得到现金折扣的情况入账。如果上述货款在 10 天内收到，康迪公司采用总价法入账，编制会计分录如下。

借：银行存款		30 564.24
财务费用——利息费用	（31 188×2％）	623.76
贷：应收账款		31 188

如果超过了现金折扣的最后期限，则编制会计分录如下。

借：银行存款	31 188
贷：应收账款	31 188

4. 销售折让的会计处理

销售折让是指因为供应商的商品出现质量、品种、规格等问题，为避免出现退货或损伤信誉而给予客户在商品价格上的减让。商业企业在得到供应商的销售时，直接以商品的买价扣除折让后的净额入账。

销售折让涉及可变对价，如果对价是可变的，则主体有权获得的对价金额可能低于合同规定的价格，因为主体可能会向客户提供价格折让。

《国际财务报告准则》规定，主体应当使用下列方法之一估计可变对价的金额：

（1）预期价值。预期价值是一系列可能发生的对价金额的概率加权金额的总和。如果主体拥有大量的具有类似特征的合同，则预期价值可能是可变对价金额的恰当估计。

（2）最可能的金额。最可能的金额是一系列可能发生的对价金额中最可能发生的单一金额（即合同最可能产生的单一结果）如果合同仅有两个可能结果（如主体能够实现或未能实现业绩奖金目标），则最可能的金额可能是可变对价金额的恰当估计。

【例4-4】2020年4月21日，宏盛电子有限公司售出一批电子产品，该批商品的价格为146 900元。根据历史经验统计，退货率为5%，因为产品瑕疵需要给予销售折让的概率如下：

瑕疵程度	概率	折让比率
外观小瑕疵	1%	2%
外观瑕疵严重	2%	5%
未退货，稍微影响使用	1%	10%
期望值	$E=1\%\times2\%+2\%\times5\%+1\%\times10\%=22\%$	

借：银行存款　　　　　　　　　　　　　　　　146 900

　　贷：主营业务收入　　　　　　　　　　　　123 214

　　　　应交税费——应交增值税（销项税额）　16 900

　　　　预计负债——预计退货

　　　　　　　　[146 900÷（1+13%）×5%] 6 500

　　　　　　　　（因增值税已经算过了，此处为不含增值税额）

　　　　应付账款——销售折让

　　　　　　　　[146 900÷（1+13%）×0.22%] 286

注意：预计负债——预计退货不含增值税，因增值税已经算过了，此处为不含增值税额。

5月发生折让124.30元

借：应付账款——销售折让　　　[124.30÷（1+13%）] 110

　　应交税费——应交增值税（进项税额）

　　　　　　　　　[124.30÷（1+13%）×13%] 14.30

　　贷：银行存款　　　　　　　　　　　　　　　124.30

②2020年6月，发生销售让135.60元，上述货物不会再发生折让。

借：应付账款——销售折让　　　　　　　　　　120

　　应交税费——应交增值税（销项税额）　　　15.60

　　贷：银行存款　　　　　　　　　　　　　　135.60

借：应付账款——销售折让　　（286-124.30-135.60）26.1

　　贷：主营业务收入　　　　　　　　　　　　26.1

综上所述，商业折扣、现金折扣、销售折让区别如下：

折扣

01 商业折扣（交易前）

02 现金折扣（交易中）

03 销售折让（交易后）

4.1.3　销售退回的会计处理

销售退回是顾客向卖方购买后又退回的商品，是指企业售出的商品由于质量、品种不符合要求原因而发生的退货。

新收入准则规定："对于附有销售退回条款的销售，企业应当在客户取得相关商品（或服务）控制权时按照因向客户转让商品（或提供服务）而预期有权收取的对价金额（扣除预期因销售退回将退还的金额）确认收入，按照预期因销售退回将退还的金额确认负债；同时，按照所销售商品（或提供服务）的成本（扣除预期将退回商品的成本）结转成本，按照预期将退回商品的成本扣减收回该商品预计发生的成本（包括退回商品潜在减值）后的余额确认一项资产。"因此，需要相应的确认合同负债和合同资产科目。

实务中，企业进行虚假销售时经常在会计期末的销售退回异常变动中暴露，或是通过分销商下期采购数量的减少、折扣、回购等方式消化。

账务处理如下：

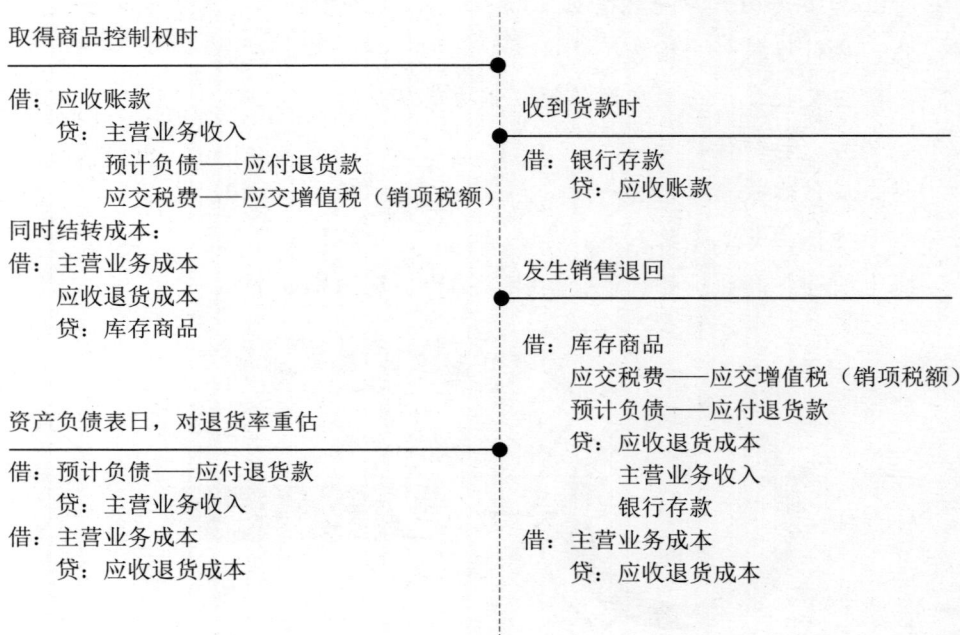

取得商品控制权时

借：应收账款
　　贷：主营业务收入
　　　　预计负债——应付退货款
　　　　应交税费——应交增值税（销项税额）
同时结转成本
借：主营业务成本
　　应收退货成本
　　贷：库存商品

资产负债表日，对退货率重估

借：预计负债——应付退货款
　　贷：主营业务收入
借：主营业务成本
　　贷：应收退货成本

收到货款时

借：银行存款
　　贷：应收账款

发生销售退回

借：库存商品
　　应交税费——应交增值税（销项税额）
　　预计负债——应付退货款
　　贷：应收退货成本
　　　　主营业务收入
　　　　银行存款

借：主营业务成本
　　贷：应收退货成本

【例 4-5】海河电子有限公司向凯旋公司销售 100 部精密仪器，每部精密仪器的价格为 1 300 元，成本为 900 元。根据合同约定，凯旋公司有权在收到精密仪器的 30 日内退货，但是需要向海河电子有限公司支付 10% 的退货费。根据历史经验，红河百货有限公司预计的退货率为 10%，且退货过程中，海河电子有限公司预计为每部精密仪器发生的成本为 10 元。上述价格均不包含增值税，假定不考虑相关税费影响，海河电子有限公司在将精密仪器的控制权转移给凯旋公司时的账务处理为：

应收退货成本 = [（100×900×10%－100×10×10%）] = 9 000－100 = 8 900（元）

确认收入＝1 300×100－1 300×100×10％＝130 000－13 000＝11 7000（元）

借：应收账款 130 000
　　贷：主营业务收入 117 000
　　　　预计负债——应付退货款 （100×1 300×10％）13 000
借：主营业务成本 81 100
　　应收退货成本 8 900
　　贷：库存商品 （100×900）90 000

4.2　应收票据

应收票据是企业因销售商品、提供劳务等而收到的商业汇票。商业汇票是一种由出票人签发的，委托付款人在指定日期无条件支付确定金额给收款人或者持票人的票据。商业汇票的付款期限，最长不得超过 6 个月。根据承兑人不同，商业汇票分为商业承兑汇票和银行承兑汇票两种。

4.2.1　应收票据科目的具体运用

企业应当按照开出、承兑商业汇票的单位进行明细核算。见表 4-2。

表 4-2　　　　　　　　　　　　　应收票据会计科目编码的设置

科目代码	总分类科目（一级科目）	明细分类科目	
		二级科目	三级科目
1121	应收票据		
112101	应收票据	银行承兑汇票	××公司
112102	应收票据	商业承兑汇票	××公司

4.2.2　应收票据取得的会计处理

为了反映和监督应收票据的取得、票款收回等经济业务，企业应当设置"应收票据"科目。该账户借方登记应收票据收到时的面值；贷方登记到期应收票据的收回金额，或承兑人到期无力支付而被退回的商业承兑汇票金额，或未到期票据的贴现或转让情况；余额在借方，表示已收尚未到期或未贴现的应收票据的面额总数。

应收票据取得的原因不同，其会计处理亦有所区别。其具体处理如图 4-2 所示。

```
┌─────────────────────────────┐         ┌──────────────────────────────────────────┐
│ 因债务人抵偿前欠货款而取得  │────────▶│ 借：应收票据                               │
│ 的应收票据                  │         │    贷：应收账款                           │
└─────────────────────────────┘         └──────────────────────────────────────────┘
┌─────────────────────────────┐         ┌──────────────────────────────────────────┐
│ 因企业销售商品、提供劳务等  │────────▶│ 借：应收票据                               │
│ 而收到开出、承兑的商业汇票  │         │    贷：主营业务收入                       │
│                             │         │        应交税费——应交增值税（销项税额）   │
└─────────────────────────────┘         └──────────────────────────────────────────┘
┌─────────────────────────────┐         ┌──────────────────────────────────────────┐
│ 商业汇票到期收回款项时，应  │────────▶│ 借：银行存款                               │
│ 按实际收到的金额            │         │    贷：应收票据                           │
└─────────────────────────────┘         └──────────────────────────────────────────┘
```

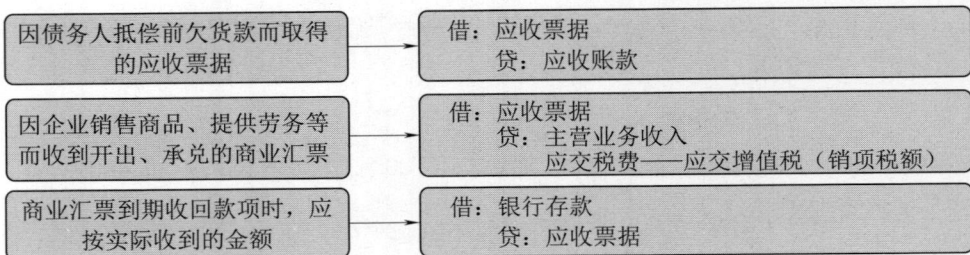

图 4-2　应收票据取得的会计处理

【例 4-6】 精石制造有限公司 2019 年 5 月 10 日销售商品一批，开具的增值税专用发票注明价款为 10 400 元，税款为 1 352 元。四方公司开出为期 3 个月的商业汇票抵付货款。

（1）精石制造有限公司收到票据时，见表 4-3。

借：应收票据　　　　　　　　　　　　　　　　　　　　11 752

　　贷：主营业务收入　　　　　　　　　　　　　　　　　10 400

　　　　应交税费——应交增值税（销项税额）　　　　　　 1 352

表 4-3

商业承兑汇票（存根）

签发日期：2019 年 5 月 10 日　　　　　　　　　第 0065 号

付款人	全称	四方公司			收款人	全称	精石制造有限公司		
	账号	0200001909234289765				账号	3289001909234211231		
	开户银行	工行	行号	12		开户银行	工商银行深圳龙岗支行	行号	32

汇票金额	人民币（大写） ⊗壹万壹仟柒佰伍拾贰元整	千	百	十	万	千	百	十	元	角	分
				¥	1	1	7	5	2	0	0

汇票到期日	2019 年 8 月 9 日		

本汇票已经承兑，到期无条支付票款		承兑协议科目代码		交易合同号码	

（四方公司 ★ 财务专用章）	承兑日期 年 月 日	承兑人签章 张龙	负责人 王芳	经办人 岳怡兰

（2）票据到期，对方付款时。

借：银行存款　　　　　　　　　　　　　　　　　　　　11 752

　　贷：应收票据　　　　　　　　　　　　　　　　　　　11 752

【例 4-7】精石制造有限公司将一张带息的银行承兑汇票于到期日到银行办理收款，票面金额为 110 000 元，年利率为 10％，期限为 90 天。

到期值为：110 000×（1＋10％×90÷360）＝112 750（元）

借：银行存款   112 750

　　贷：应收票据   110 000

　　　　财务费用   2 750

4.2.3　应收票据贴现的会计处理

"贴现"，就是指票据持有人将未到期的票据在背书后送交银行，银行受理后从票据到期值中扣除按银行贴现率计算确定的贴现息，然后将余额付给持票人，作为银行对企业的短期贷款。

对于应收票据贴现的核算，首先要计算贴现息和贴现净额（或称贴现所得额），其计算公式如下：

$$贴现息＝票据到期价值×贴现率×贴现期$$

$$贴现净额＝票据到期价值－贴现息$$

贴现期是指从票据贴现日到票据到期前一日的时间间隔。应收票据的银行贴现率由银行统一规定，一般用年利率来表示，如图 4-3 所示。

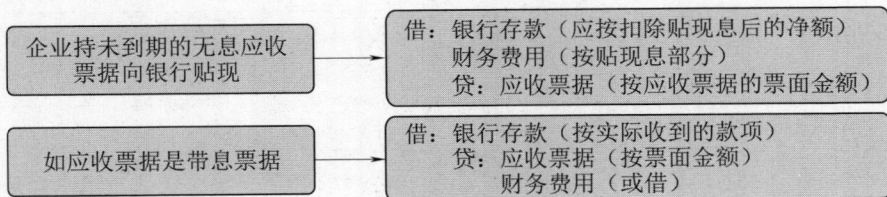

图 4-3　应收票据的账务处理

（1）无息应收票据贴现的会计处理。

【例 4-8】精石制造有限公司因急需资金，将一张面值为 150 000 元，3 个月期的无息票据提前两个月向银行办理贴现，出票日为 8 月 1 日，到期日为 11 月 1 日，假设银行贴现利率为 8％，该票据的到期值、贴现息和贴现净额计算为：

票据到期价值＝票据面值＝150 000（元）

贴现息＝150 000×8％×2÷12＝2 000（元）

贴现净额＝150 000－2 000＝148 000（元）

借：银行存款   148 000

　　财务费用——票据贴现   2 000

　　贷：应收票据   150 000

（2）带息应收票据贴现的会计处理。

将带息应收票据向银行贴现时，票据到期的本息之和扣除贴现息的余额，就是贴现所得额。

【例 4-9】精石制造有限公司持一张 6 个月期限，面值为 95 000 元的带息银行承兑汇票向银行贴现，该汇票年息为 5％，出票日为 6 月 1 日，到期日为 11 月 30 日，公司于 8 月 1 日向银行贴现，贴现率为 8％。见表 4-4。

应收票据到期利息＝95 000×5％×6÷12＝2 375（元）

应收票据到期本息＝95 000＋2 375＝97 375（元）

贴现息＝97 375×8％×4÷12＝2 596.67（元）

贴现净额＝97 375－2 596.67＝94 778.33（元）

借：银行存款	94 778.33
财务费用	2 596.67
贷：应收票据	95 000
财务费用	2 375

表 4-4　　　　贴现凭证（收账通知）　　4

填写日期：2020 年 6 月 1 日　　　　　　　第　　号

贴现汇票	种　类	银行承兑汇票		号码	324	申请人	全　　称	丹江材料厂											
	发票日	2020 年 6 月 1 日					账　号	6224001909234212234											
	到期日	2020 年 11 月 30 日					开户银行	工商银行深圳福田支行											
汇票承兑人（或银行）	名称	精石制造有限公司				账号	3289001909 234211231	开户银行		工商银行深圳北安支行										
汇票金额（即贴现金额）	人民币（大写）玖万伍仟元整								千	百	十	万	千	百	十	元	角	分
											￥	9	5	0	0	0	0	0	0
贴现率	5％	贴现利息	千	百	十	万	千	百	十	元	角	分	实付贴现金额	千	百	十	万	千	百	十	元	角	分
						￥	2	5	9	6	6	7					￥	9	4	7	7	8	3	3
上述款项已入你单位账户。此致　　银行盖章（略）　　2020 年 8 月 1 日									备注										

4.3 合同资产

合同资产是指企业已向客户转让商品而有权收取对价的权利，且该权利取决于时间流逝之外的其他因素。如企业向客户销售两项可明确区分的商品，企业因已交付其中一项商品而有权收取款项，但收取该款项还取决于企业交付另一项商品的，企业应当将该收款权利作为合同资产。

为了核算企业的预付款项，应设置"合同资产"科目。本科目的借方登记预付的款项，贷方反映收到所购物资的金额或应支付的款项。期末借方余额表示款项的余额。

4.3.1 合同资产科目的具体运用

合同资产科目设置，见表 4-5。

表 4-5 合同资产会计科目编码的设置

总分类科目（一级科目）	明细分类科目		是否辅助核算	辅助核算类别
	二级科目	三级科目		
合同资产				
合同资产	××公司	××项目	是	单位名称
合同资产	××公司	××项目	是	单位名称
合同资产	××公司	××项目	是	单位名称
合同资产	××公司	××项目	是	单位名称

4.3.2 合同资产的账务处理

合同资产的主要账务处理，如图 4-4 所示。

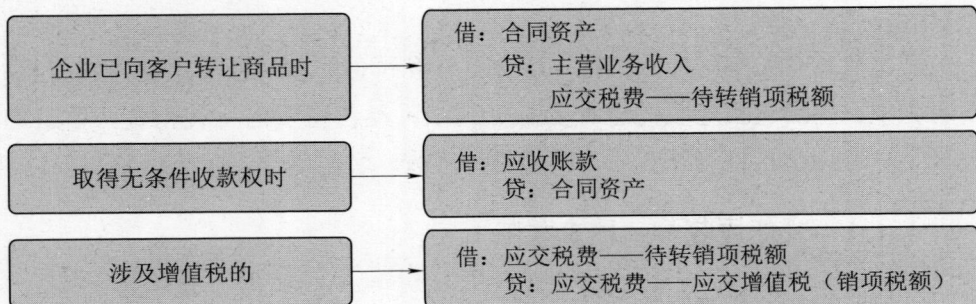

企业已向客户转让商品时	→	借：合同资产 　贷：主营业务收入 　　　应交税费——待转销项税额
取得无条件收款权时	→	借：应收账款 　贷：合同资产
涉及增值税的	→	借：应交税费——待转销项税额 　贷：应交税费——应交增值税（销项税额）

图 4-4 合同资产的账务处理

【例4-10】2020年4月1日，易瑞医疗有限公司与客户签订合同，向其销售10 000个一次性医疗口罩、2 000个K9001口罩两种型号的商品。假设10 000个一次性外科口罩单独总价为24 000元，2 000个K9001口罩单独总价为30 000元。两种商品总合同价款为50 000元。合同约定，一次性外科口罩于合同开始日交付，K9001口罩在一个月之后交付，只有当两项商品全部交付之后，易瑞医疗有限公司才有权收取50 000元的合同对价。假定这两种口罩分别构成单项履约义务，其控制权在交付时转移给客户。上述价格均不包含增值税，且假定不考虑相关税费影响。

（1）将交易价格分摊至各单项履约义务。

一次性外科口罩应分摊的价格＝24 000÷（24 000＋30 000）×50 000＝22 220（元）

K9001口罩应分摊的价格＝30 000÷（24 000＋30 000）×50 000＝27 780（元）

（2）根据上述计算，编制会计分录。

交付一次性外科口罩时。

借：合同资产   22 220

    贷：主营业务收入   22 220

交付K9001口罩时。

借：应收账款   50 000

    贷：主营业务收入   27 780

        合同资产   22 220

4.4　其他应收款

其他应收款是指除应收票据、应收账款和预付账款以外的其他各种应收、暂付款项。主要包括应收的各种赔款、罚款；经营租赁的各种租金；存出的保证金；备用金预付账款转入；其他各种应收、暂付款项。

4.4.1　其他应收款的核算范围

其他应收款主要内容如下。

1	·应收的各种赔款。如因企业财产等遭受意外损失而应向有关保险公司收取的赔偿款等
2	·应收的各种罚款。如因员工失职给企业造成一定损失而应向该员工收取的罚款
3	·存出保证金，如租入包装物支付的押金，预付账款转入及其他应收、暂付款项
4	·备用金（向企业各职能科室、车间等拨付的备用金）
5	·应向职工收取的各种垫付的款项，如为职工垫付的水电费，应由职工负担的医药费、房租等

4.4.2 其他应收款科目的具体运用

其他应收款科目用于核算企业除应收票据、应收账款、预付账款等以外的其他各种应收、暂付款项。在"其他应收款"账户下，应按其他应收款的项目分类，并按不同的债务人设置明细账。具体设置见表 4-6。

表 4-6　　　　　　　　　　其他应收款科目的设置

科目代码	总分类科目（一级科目）	明细分类科目	
		二级科目	三级科目
1221	其他应收款		
122101	其他应收款	备用金	按借款人设置
122102	其他应收款	应收个人款项	按借款人设置
122103	其他应收款	应收单位款项	按单位名称设置
122104	其他应收款	内部往来款项	按单位名称设置
122105	其他应收款	其他款项	按业务内容设置

企业发生其他各种应收、暂付款项时，账务处理如图 4-5 所示。

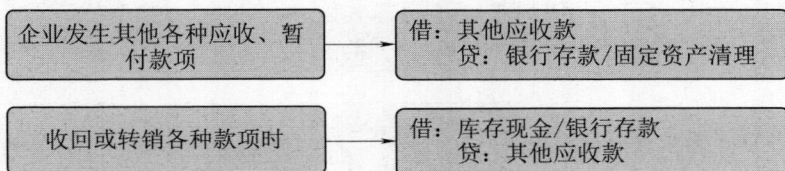

企业发生其他各种应收、暂付款项	→	借：其他应收款 贷：银行存款/固定资产清理
收回或转销各种款项时	→	借：库存现金/银行存款 贷：其他应收款

图 4-5　其他应收款账务处理

【例 4-11】 2020 年 1 月，甲公司租入包装物一批，以银行存款向出租方支付押金 44 000 元。2020 年 2 月租入包装物如数退回，甲公司收到出租方退还的押金 44 000 元，已存入银行。

①2020 年 1 月，支付押金时。

借：其他应收款——存出保证金　　　　　　　　　　　　44 000
　　贷：银行存款　　　　　　　　　　　　　　　　　　　　44 000

②2020 年 2 月，收回押金时。

借：银行存款　　　　　　　　　　　　　　　　　　　　44 000
　　贷：其他应收款——存出保证金　　　　　　　　　　　　44 000

4.5　应收款项减值

企业的各种应收款项，可能会因购货人拒付、破产、死亡等原因而无法收回。这类无法收回的应收款项就是坏账。因坏账而遭受的损失为坏账损失。企业应当在资产负债表日对应收款项的账面价值进行检查，有客观证据表明应收款项发生减值的，应当将该应收款项的账面价值减记至预计未来现金流量现值，减记的金额确认减值损失，计提坏账准备。确定应收款项减值有两种方法，即直接转销法和备抵法。

4.5.1　坏账准备的账务处理

坏账准备可按以下公式计算：

当期应计提的坏账准备＝当期按应收款项计算应提坏账准备金额－（或＋）"坏账准备"科目的贷方（或借方）余额。

（1）补提与冲销坏账时，账务处理如图 4-6 所示。

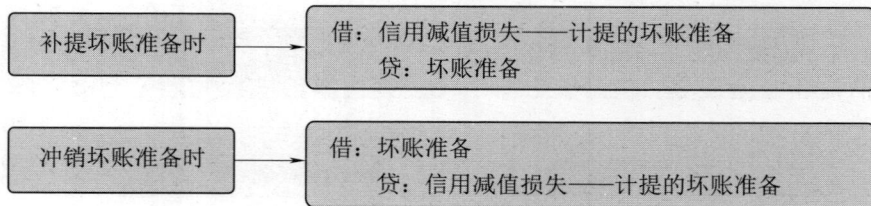

图 4-6　补提与冲销坏账准备账务处理

（2）发生坏账损失时，账务处理如图 4-7 所示。

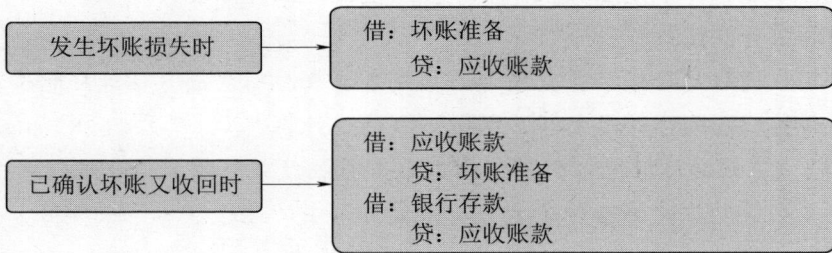

图 4-7　发生坏账损失时账务处理

4.5.2　坏账准备科目的具体运用

坏账准备科目是资产类科目中的备抵科目，核算企业应收款项的坏账准备。坏账准备科目可按应收款项的类别进行明细核算。本科目期末贷方余额，反映企业已计提但尚未转销的坏账准备。科目代码是 1231。见表 4-7。

表 4-7　　　　　　　　　　　坏账准备会计科目编码的设置

科目代码	总分类科目（一级科目）	明细分类科目		是否辅助核算	辅助核算类别
		二级科目	三级科目		
1231	坏账准备				
123101	坏账准备	应收账款坏账准备	××公司	是	单位名称
123102	坏账准备	其他应收款坏账准备	××公司	是	单位名称
123103	坏账准备	应收票据坏账准备	××公司	是	单位名称
123104	坏账准备	预付账款坏账准备	××公司	是	单位名称
123105	坏账准备	长期应收款坏账准备	××公司	是	单位名称
123106	坏账准备	其他坏账准备	××公司	是	单位名称

估计坏账损失有四种方法，即余额百分比法、账龄分析法、销货百分比法和个别认定法。

1. 余额百分比法

余额百分比法是根据会计期末应收账款的余额乘以估计的坏账准备率，即为当期应估计的坏账损失，据此提取坏账准备。估计坏账率可以按照以往的数据资料加以确定，也可以根据规定的百分比确定。在会计期末，企业应计提的坏账准备小于其账面余额的，按其差额冲回坏账准备。

余额百分比法计算公式：

当期应提取的坏账准备数额＝当期期末应收款项余额×估计坏账率

以后各期提取坏账准备时，可按下列公式计算：

当期应提取的坏账准备数额＝当期期末应收款项余额×估计坏账率－

"坏账准备"账户贷方余额（或＋"坏账准备"账户借方余额）

【例4-12】精石制造有限公司2017年年末应收账款的余额为1 900 000元，提取坏账准备的比率为5‰；2018年发生坏账损失7 700元，其中A单位2 700元，B单位5 000元，期末应收账款余额为2 200 000元；2019年，已冲销的上年B单位应收账款又收回，期末应收账款余额为2 100 000元。

（1）2017年提取坏账准备。

借：信用减值损失——计提的坏账准备（1 900 000×5‰）

                       9 500

    贷：坏账准备   9 500

（2）2018年发生坏账时。

借：坏账准备   7 700

    贷：应收账款——A单位   2 700

             ——B单位   5 000

2018年年末按应收账款的余额计算提取坏账准备。

"坏账准备"科目余额＝9 500－7 700＝1 800（元）

当年应提的坏账准备＝2 200 000×5‰－1 800＝9 200（元）

借：信用减值损失——计提的坏账准备   9 200

    贷：坏账准备   9 200

（3）2019年收回上年已冲销的B单位账款5 000元。

借：应收账款——B单位   5 000

    贷：坏账准备   5 000

借：银行存款   5 000

    贷：应收账款——B单位   5 000

2019年年末计算提取坏账准备。

"坏账准备"科目余额＝1 800＋9 200＋5 000＝16 000（元）

当年应提的坏账准备＝2 100 000×5‰－16 000＝－5 500（元）

借：坏账准备   5 500

  贷：信用减值损失——计提的坏账准备   5 500

注意：一般情况下，坏账准备的提取比例为3‰~5‰。

2. 账龄分析法

账龄分析法是根据应收账款入账时间的长短来估计坏账损失的方法。虽然应收账款能否收回不一定完全取决于时间的长短，但一般来说，账款拖欠时间越长，发生坏账的可能就越大。

【例4-13】2019年12月31日，精石制造有限公司应收账款账龄及估计坏账损失，见表4-8。

表4-8   应收账款账龄及估计坏账损失表

应收账款账龄	应收账款金额（元）	估计损失（%）	估计损失金额（元）
未到期	44 000	0.5	220
过期3个月以下	23 000	1	230
过期3~6个月	38 000	2	760
过期6~12个月	49 000	3	1 470
过期1年以上	10 000	5	500
合计	164 000		3 180

假设调整前"坏账准备"的账面余额为贷方1 240元，则调整金额为3 180－1 240＝1 940（元）。

借：信用减值损失——计提的坏账准备   1 940

  贷：坏账准备   1 940

假设调整前"坏账准备"的账面余额为借方1 240元，则调整金额为3 180＋1 240＝4 420（元）。

借：信用减值损失——计提的坏账准备   4 420

  贷：坏账准备   4 420

3. 销货百分比法

销货百分比法是根据赊销金额的一定比例估计坏账损失的方法。采用销货百分比法时，可能由于企业的经营状况不断地变化而不相适应，因此应当按照企业的实际情况及时地调节百分比。

【例4-14】假设精石制造有限公司2019年全年赊销金额为4 340 000元，根据以往资料和经验，估计坏账准备损失率为2%，假设本年末提取坏账准备余额为 0 元。

年末估计坏账损失为：4 340 000×2‰＝86 800（元）

借：信用减值损失——计提的坏账准备   86 800

  贷：坏账准备   86 800

4. 个别认定法

个别认定法是指根据单笔应收款项的可回收性估计坏账准备的方法，如果某项应收款项的可回收性和其他各项应收款项有明显差别（如债务单位所处的特定地区等），导致该项应收账款如果按照其他各项应收账款同样的方法计提坏账准备，将无法准确反映其可回收金额，则可对该项应收款项采用个别认定法计提坏账准备。

第 5 章
存　货

　　存货涉及具体的会计科目一般包括：原材料、物资采购、在途物资、周转材料、材料成本差异、库存商品、存货跌价准备等。本章主要介绍存货的计量与减值准备，原材料科目设置及按计划成本与实际成本的核算，工业、商业、房地产、建筑施工企业库存商品的设置与核算，委托加工物资、周转材料科目设置及核算。

5.1 存货概述

存货是指企业在日常活动中持有以备出售的产成品或商品、处在生产过程中的在产品、在生产过程或提供劳务过程中耗用的材料、物料等。

存货区别于固定资产等非流动资产的最基本特征是，企业持有存货的最终目的是出售，包括可供直接出售的产成品、商品以及需进一步加工后出售的原材料等。

5.1.1 存货的确认和计量

存货包括各类原材料、在产品、半成品、商品以及包装物、低值易耗品、委托代销商品等。

$$存货的账面余额 = 账户余额$$
$$存货的账面价值 = 账户余额 - 存货跌价准备余额$$

1. 存货的确认条件

存货同时满足下列条件的，才能予以确认。

（1）与该存货有关的经济利益很可能流入企业。

①企业在确认存货时，需要判断与该项存货相关的经济利益是否很可能流入企业。在实务中，主要通过判断与该项存货所有权相关的风险和报酬是否转移到了企业来确定。其中，与存货所有权相关的风险，是指由于经营情况发生变化造成的相关收益的变动，以及由于存货滞销、毁损等原因造成的损失；与存货所有权相关的报酬，是指在初步取得该项存货或其经过进一步加工取得的其他存货时获得的收入，以及处置该项存货实现的利润等。

②通常情况下，是否取得存货的所有权是存货相关的经济利益很可能流入本企业的一个重要标志。

（2）该存货的成本能可靠地计量。

作为企业资产的组成部分，要确认存货，企业必须能够对其成本进行可靠的计量。存货的成本能够可靠地计量必须以取得确凿、可靠的证据为依据，并且具有可验证性。如果存货成本不能可靠地计量，则不能确认为一项存货。例如，企业承诺的订货合同，由于并未实际发生，不能可靠确定其成本，因此就不能确认为购买企业的存货。又如，企业预计发生的制造费用，由于并未实际发生，不能可靠地确定其成本，因此不能计入产品成本。

2. 存货的初始计量

存货应当按照成本进行初始计量。存货成本包括采购成本、加工成本和其他成本。

不同存货的成本构成内容不同。原材料、商品、低值易耗品等通过购买而取得的存货的初始成本由采购成本构成；产成品、在产品、半成品、委托加工物资等通过进一步加工而取得的存货的初始成本由采购成本、加工成本以及使存货达到目前场所和状态所发生的其他成本构成。

存货成本的构成，见表5-1。

表 5-1　　　　　　　　　　　　存货成本的构成

采购成本	购买价款、进口关税及相关税费、运输费、装卸费、保险费以及其他可归属于存货采购成本的费用
加工成本	直接人工以及按照一定方法分配的制造费用
其他成本	指除采购成本、加工成本以外的，使存货达到目前场所和状态所发生的其他支出

5.1.2　存货计价方法

企业在确定发出存货的成本时，可以采用先进先出法、移动加权平均法、月末一次加权平均法和个别计价法等方法。企业不得采用后进先出法确定发出存货的成本。

1. 先进先出法

先进先出法是以先购入的存货应先发出（销售或耗用）这样一种存货实物流转假设为前提，对发出存货进行计价。采用这种方法，先购入的存货成本在后购入存货成本之前转出，据此确定发出存货和期末存货的成本。

【例 5-1】精石制造有限公司 2020 年 9 月 1 日购入 Z 型仪表 50 个，单价为 600 元；9 月 4 日购入 Z 型仪表 65 件，单价 650 元；9 月 6 日领用 Z 型仪表 80 件；9 月 15 日购入 Z 型仪表 40 件，单价 550 元；9 月 28 日领用 Z 型仪表 60 件。假设领用 A 产品全部为生产成本，按照先进先出法核算，填制存货明细账见表 5-2。

表 5-2　　　　　　　　　　　　　存货明细账

存货名称：Z 型仪表　　　　　　　　　　　　　　　　计量单位：件　　金额单位：元

2020年		摘 要	收入			支出			结存		
月	日		数量	单价	金额	数量	单价	金额	数量	单价	金额
9	1	购入	50	600	30 000				50	600	30 000
9	4	购入							50	600	30 000
			65	650	42 250				65	650	42 250
9	6	领用				50	600	30 000			
						30	650	19 500	35	650	22 750
9	15	购入							35	650	22 750
			40	550	22 000				40	550	22 000
9	28	领用				35	650	22 750			
						25	550	13 750	15	550	8 250

9 月 6 日领用时，编制会计分录。

借：生产成本　　　　　　　　　　　　　　　　　　　49 500

　　贷：原材料——Z 型仪表　　　　　　　　　　　　　　　49 500

9 月 28 日领用时，编制会计分录。

借：生产成本　　　　　　　　　　　　　　　　　　　36 500

　　贷：原材料——Z 型仪表　　　　　　　　　　　　　　　36 500

2. 月末一次加权平均法

月末一次加权平均法，是指以当月全部进货数量加上月初存货数量作为权数，除以当月全部进货成本加上月初存货成本，计算出存货的加权平均单位成本，以此为基础计算当月发出存货的成本和期末存货成本的一种方法。

存货加权平均单价＝（期初库存存货的实际成本＋本期进货的实际

成本）÷（期初库存存货数量＋本期进货数量）

本月发出存货成本＝本月发货数量×存货加权平均单价

期末结存存货成本＝期末结存存货数量×加权平均单价

本期发出存货成本＝期初结存存货成本＋本期收入存货成本－期末

结存存货成本

【例5-2】精石制造有限公司2020年9月初库存Z型仪表15件，单价680元；9月1日购入Z型仪表50件，单价为720元；9月4日购入Z型仪表60件，单价630元；9月6日领用Z型仪表80件；9月15日购入Z型仪表55件，单价640元；9月28日领用Z型仪表60件。假设领用Z型仪表全部为生产成本，按月末一次加权平均法核算，填制存货明细账见表5-3。

表5-3 存货明细账

计量单位：件　金额单位：元

2020年		摘要	收　入			支　出			结　存		
月	日		数量	单价	金额	数量	单价	金额	数量	单价	金额
		本月月初							15	680	10 200
9	1	购入	50	720	36 000						
9	4	购入	60	630	37 800						
9	6	领用				80	662.22	52 977.60			
9	15	购入	55	640	35 200						
9	28	领用				60	662.22	39 733.20			
		本月月末	165		109 000	140		92 710.80	40	662.23	26 489.20

月末编制发出存货会计分录。

存货加权平均单价＝（10 200＋36 000＋37 800＋35 200）÷（15＋50＋

60＋55）

＝662.22（元）

借：生产成本   92 710.8

  贷：原材料——Z 型仪表   92 710.8

3. 移动加权平均法

移动加权平均法，是指以每次进货的成本加上原有库存存货的成本，除以每次进货数量与原有库存存货的数量之和，据以计算加权平均单位成本，作为在下次进货前计算各次发出存货成本的依据。计算公式如下：

$$存货移动平均单价＝（原有库存存货的实际成本＋本次进货的实际$$
$$成本）÷（原有库存存货数量＋本次进货数量）$$

$$本次发出存货成本＝本次发货数量×存货移动平均单价$$

【例 5-3】 精石制造有限公司 2020 年 9 月初库存 Z 型仪表 15 件，单价 680 元；9 月 1 日购入 Z 型仪表 50 件，单价为 720 元；9 月 4 日购入 Z 型仪表 60 件，单价 630 元；9 月 6 日领用 Z 型仪表 80 件；9 月 15 日购入 Z 型仪表 55 件，单价 640 元；9 月 28 日领用 Z 型仪表 60 件。假设领用 Z 型仪表全部为生产成本，按移动加权平均法核算，填制存货明细账见表 5-4。

表 5-4   存货明细账

计量单位：件 金额单位：元

日期 月 日	摘要	收入			支出			结存		
		数量	单价	金额	数量	单价	金额	数量	单价	金额
本月月初								15	680	10 200
9 1	购入	50	720	36 000				65	710.77	46 200
9 4	购入	60	630	37 800				125	672	84 000
9 6	领用				80	672	53 760	45	672	30 240
9 15	购入	55	640	35 200				100	654.4	65 440
9 28	领用				60	654.4	39 264	40	654.4	26 176

9 月 6 日领用时，编制会计分录。

借：生产成本   53 760

  贷：原材料——Z 型仪表   53 760

9 月 28 日领用时，编制会计分录。

借：生产成本　　　　　　　　　　　　　　　　　39 264
　　贷：原材料——Z 型仪表　　　　　　　　　　　　39 264

4. 个别计价法

个别计价法，亦称个别认定法、具体辨认法、分批实际法，即逐一辨认各批发出存货和期末存货所属的购进批别或生产批别，分别按其购入或生产时所确定的单位成本计算各批发出存货和期末存货的成本。对于不能替代使用的存货、为特定项目专门购入或制造的存货以及提供的劳务，通常采用个别计价法确定发出存货的成本。在实际工作中，越来越多的企业采用计算机信息系统进行会计处理，个别计价法可以广泛应用于发出存货的计价，并且该方法确定的存货成本最为准确。

【例 5-4】精石制造有限公司在 9 月 1 日购入钢材 140 吨，其中有 40 吨单价为 2 500 元，有 100 吨单价为 2 150 元。9 月 9 日领用钢材 120 吨，其中单价为 2 500 元的 30 吨，单价为 2 150 元的 90 吨。假设精石制造有限公司使用个别计价法核算，存货明细账见表 5-5。

表 5-5　　　　　　　　　　　　　　　存货明细账

计量单位：件　　金额单位：元

2020年		收　入			支　出			结　存		
月	日	数量	单价	金额	数量	单价	金额	数量	单价	金额
9	1	40	2 500	10 000				40	2 500	10 000
	1	100	2 150	215 000				100	2 150	215 000
9	9				30	2 500	75 000	10	2 500	25 000
	9				90	2 150	193 500	10	2 150	21 500

9 月 9 日，编制会计分录。

借：生产成本（75 000＋193 500）　　　　　　　　268 500
　　贷：原材料——钢材　　　　　　　　　　　　　268 500

5.2　原材料

原材料是指企业在生产过程中经加工改变其形态或性质并构成主要实体

的各类原料及主要材料、辅助材料、外购半成品（外购件）、修理用备件（备品备件），包装材料、燃料等。

为建造固定资产等各项工程而储备的各种材料，虽然同属于材料，但是由于用于建造固定资产各项工程，不符合存货的定义，因此不能作为企业存货核算。

5.2.1 原材料的分类与核算

1. 原材料的分类与科目设置

原材料按其在特定企业的主要用途可分为：原材料及主要材料、辅助材料、外购半成品、修理用备件、包装材料、燃料。

原材料按其存放地点可分三类：在途物资、库存材料、委托加工物资。

原材料科目核算企业库存的各种材料，包括原料及主要材料、辅助材料、外购半成品（外购件）、修理用备件（备品备件）、包装材料、燃料等的计划成本或实际成本。收到来料加工装配业务的原料、零件等，应当设置备查簿进行登记。本科目可按材料的保管地点（仓库）、材料的类别、品种和规格等进行明细核算，见表5-6。

表 5-6 原材料会计科目编码的设置

科目代码	总分类科目（一级科目）	明细分类科目		是否辅助核算	辅助核算类别
		二级科目	三级科目		
1403	原材料				
140301	原材料	原料及主要材料	品种和规格	是	按存放地点
140302	原材料	辅助材料	品种和规格	是	按存放地点
140303	原材料	外购半成品	品种和规格	是	按存放地点
140304	原材料	包装材料	品种和规格	是	按存放地点
140305	原材料	备件	品种和规格	是	按存放地点
140306	原材料	燃料	品种和规格	是	按存放地点

2. 原材料的核算方法

原材料在日常收发与结存过程中，其核算方法可以选择下列两者之一：实际成本法核算与计划成本法核算。而对于材料收发业务较多且计划成本资料较为健全、准确的企业，一般都采用计划成本进行材料收发核算。

原材料按实际成本计价的核算是指每种材料的日常收、发、存核算都采用实际成本计价。核算时，重点要掌握支出材料的成本计价。该方法一般只适用于材料收发业务比较少的中小型企业。发出材料和出售时，如图 5-1 所示。

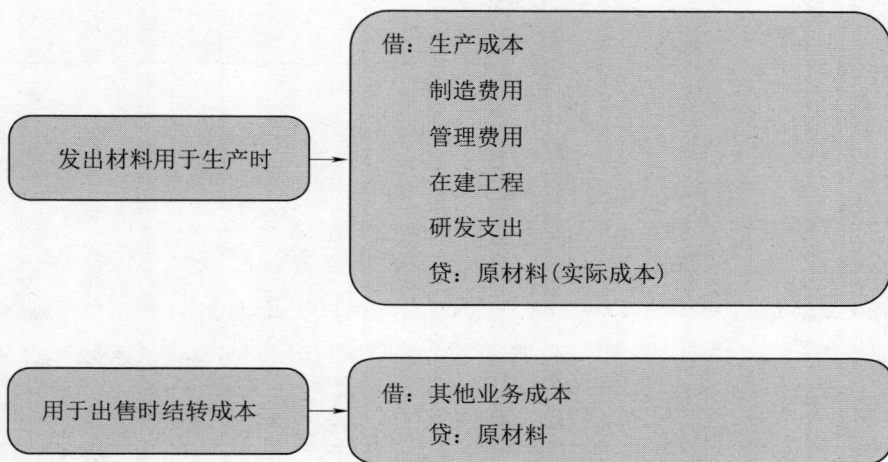

発出材料用于生产时 → 借：生产成本
　　　　　　　　　　　制造费用
　　　　　　　　　　　管理费用
　　　　　　　　　　　在建工程
　　　　　　　　　　　研发支出
　　　　　　　　　贷：原材料（实际成本）

用于出售时结转成本 → 借：其他业务成本
　　　　　　　　　贷：原材料

图 5-1　一般采购方式的账务处理

5.2.2　采用实际成本法核算的账务处理

材料按实际成本法核算时，材料的收发与结存，均按实际成本计价。应设置"原材料""在途物资"会计科目。

"原材料"科目的借方用于核算已办验收入库材料的实际成本；贷方用于核算发出材料的实际成本；期末借方余额为库存原材料的实际成本。

"在途物资"科目的借方用于核算在途物料的实际成本；贷方用于核算验收入库材料的实际成本；期末借方余额为期末在途物资的实际成本。

1. 单货同到

单货同到是指发票已到，材料验收入库。

【例5-5】2019年4月9日，精石制造有限公司从三石公司购入50吨材料，增值税专用发票注明原料价款48 000元，增值税6 240元，精石制造有限公司收到物资并验收入库，由于银行存款不足而暂未支付货款。增值税专用发票见表5-7。

表5-7

442018240

深圳增值税专用发票　　No：01092749

发　票　联

开票日期：2019年4月9日

购货单位	名　　称：精石制造有限公司							密码区	略
	统一社会信用代码：651101400355123								
	地址、电话：深圳市龙岗区解放路234号　0755-69796590								
	开户行及账号：工商银行深圳龙岗支行　3289001909234211231								

货物或应税劳务名称	规格型号	单位	数量	单价	金额	税率（%）	税额
材料		吨	50	960.00	￥48 000	13%	￥6 240

价税合计（大写）	⊗伍万肆仟贰佰肆拾元整	（小写）￥54 240

销货单位	名　　称：三石公司	备注
	统一社会信用代码：432134134971532	
	地址、电话：佛山北路70号　0757-87651349	
	开户行及账号：中行佛山北路分理处　066180360010776	

收款人：钟鸣　　　复核：田芬玉　　　开票人：李珍珍　　　销货单位

借：原材料　　　　　　　　　　　　　　　　　　　　48 000
　　应交税费——应交增值税（进项税额）　　　　　 6 240
　　贷：应付账款　　　　　　　　　　　　　　　　　　　54 240

2. 单到货未到

单到货未到指发票已到，材料未验收入库。如货款已经支付，借方记入"在途物资""应交税费"等账户，贷方记入"银行存款"账户；如货款尚未支付，则暂不需处理，待支付货款或收到材料时进行处理。

【例5-6】承上例，企业通过银行进行结算，但到月末尚未收到材料。转账支票存根如图5-2所示。

中国工商银行
转账支票存根（深）
IV V001235

科　　目：＿＿＿＿＿＿＿＿＿
对方科目：＿＿＿＿＿＿＿＿＿
出票日期：2019年4月9日

收款人：三石公司

金　　额：￥54 240

用　　途：购买原材料

单位主管　张雪　　会计　程博

图 5-2　转账支票存根

借：在途物资　　　　　　　　　　　　　　　　　　　　　48 000
　　应交税费——应交增值税（进项税额）　　　　　　　　 6 240
　　贷：银行存款　　　　　　　　　　　　　　　　　　　　54 240

若2019年4月16日，上述材料到达验收入库，见表5-8，编制会计分录。

借：原材料　　　　　　　　　　　　　　　　　　　　　　48 000
　　贷：在途物资　　　　　　　　　　　　　　　　　　　　48 000

表 5-8　　　　　　　　　　　　　　　材料入库单

供应单位：三石公司
发票号码：01092781　　　　　2019年4月16日　　　　　　　第 004 号

月	日	材料名称	规格型号	数量		单位（吨）	单价（元）	金额（元）	备注
				交库	实收				
1	16	材料		50	50		960	48 000	
		合　计		50	50		960	48 000	

3. 货到单未到

货到单未到是指发票未到，材料已验收入库。在月份内，一般暂不进行处理，待有关发票到达、支付货款时，再按正常程序进行处理。如果到月末发票还未到达，为了使账实相符，应按材料的暂估价款入账，下月初用红字冲回，以便下个月收到发票时按正常处理。

【例 5-7】 2019 年 4 月 26 日，华阳集团有限公司收到从乙公司购入材料一批，但因发票未到没有支付货款。月末，暂估该批物资价值 27 000 元。

2019 年 4 月末，材料暂估入账时编制会计分录。

借：原材料　　　　　　　　　　　　　　　　27 000
　　贷：应付账款——暂估应付账款　　　　　　　　27 000

2019 年 5 月初，编制红字冲回分录。

借：原材料　　　　　　　　　　　　　　　（27 000）
　　贷：应付账款——暂估应付账款　　　　　　　（27 000）

假设 2019 年 5 月 13 日收到发票，增值税专用发票注明原料价款 20 000 元，增值税 2 600 元，乙公司代垫运费 300 元。

借：原材料　　　　　　　　　　　　　　　　20 300
　　应交税费——应交增值税（进项税额）　　　 2 600
　　贷：银行存款　　　　　　　　　　　　　　　22 900

5.2.3　采用计划成本法核算的账务处理

材料按计划成本法核算时，材料的收发与结存，均按计划成本计价。应设置"材料采购""材料成本差异"会计科目。

1. "材料采购"科目的设置

"材料采购"科目，属资产类科目，核算企业采用计划成本进行材料日常核算而购入材料的采购成本。企业从国内采购或国外进口的各种商品，不论是否进入本企业仓库，凡是通过本企业结算货款的，都在本科目进行核算。

材料采购科目应当按照供应单位和物资品种进行明细核算。按照供货单位、商品类别等设置明细账，企业经营进出口商品的，可根据需要分别按进口材料采购和出口材料采购进行明细核算，见表 5-9。

表 5-9　　　　　　　　　　　　　　　　　　材料采购会计科目编码的设置

科目代码	总分类科目（一级科目）	明细分类科目		是否辅助核算	辅助核算类别
		二级科目	三级科目		
1401	材料采购				
140101	材料采购	材料品种	材料名称	是	部门
140102	材料采购	材料品种	材料名称	是	部门
140103	材料采购	材料品种	材料名称	是	部门
140104	材料采购	材料品种	材料名称	是	部门

2. "材料成本差异"科目的设置

"材料成本差异"科目的明细分类核算，可按材料类别进行，也可按全部材料合并进行。按材料类别进行明细分类核算，可使成本中材料费的计算比较精确，但要相应多设材料成本差异明细分类账，增加核算工作量。如果将全部材料合并一起核算，虽可简化核算工作，但会影响成本计算的正确性。因此在决定材料成本差异的明细分类核算时，既要考虑到成本计算的正确性，又要考虑核算时人力上的可能性。材料成本差异的分配，根据发出耗用材料的计划价格成本和材料成本差异分配率进行计算。企业也可以在"原材料""周转材料"等科目设置"材料成本差异"明细科目。按照类别或品种进行明细核算。材料成本差异科目设置，见表 5-10。

表 5-10　　　　　　　　　　　　　　　材料成本差异会计科目编码的设置

科目代码	总分类科目（一级科目）	明细分类科目		是否辅助核算	辅助核算类别
		二级科目	三级科目		
1404	材料成本差异				
140401	材料成本差异	原材料	材料类别	是	部门
140402	材料成本差异	周转材料	材料类别	是	部门
140403	材料成本差异	其他	材料类别	是	部门

3. 采用计划成本法核算的账务处理

购入材料时，按实际成本通过"材料采购"科目核算，材料的实际成本与计划成本的差异，通过"材料成本差异"科目核算。月末，计算本月发出材料应负担的成本差异并进行分摊。根据领用材料的用途计入相关资产的成本或当期损益，从而将发出材料的计划成本调整为实际成本。如图5-3所示。

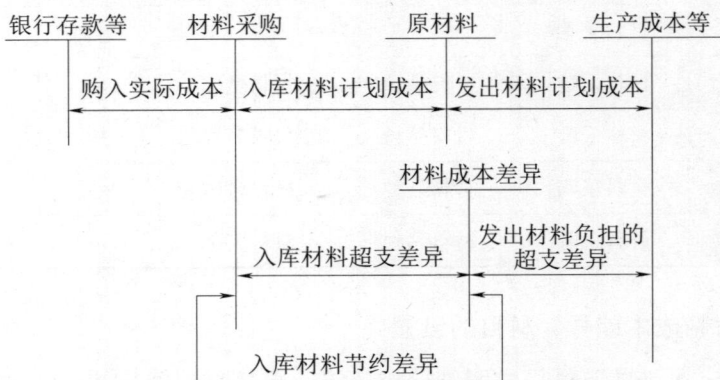

图 5-3　计划成本示意图

采用计划成本核算时的账务处理，如图5-4所示。

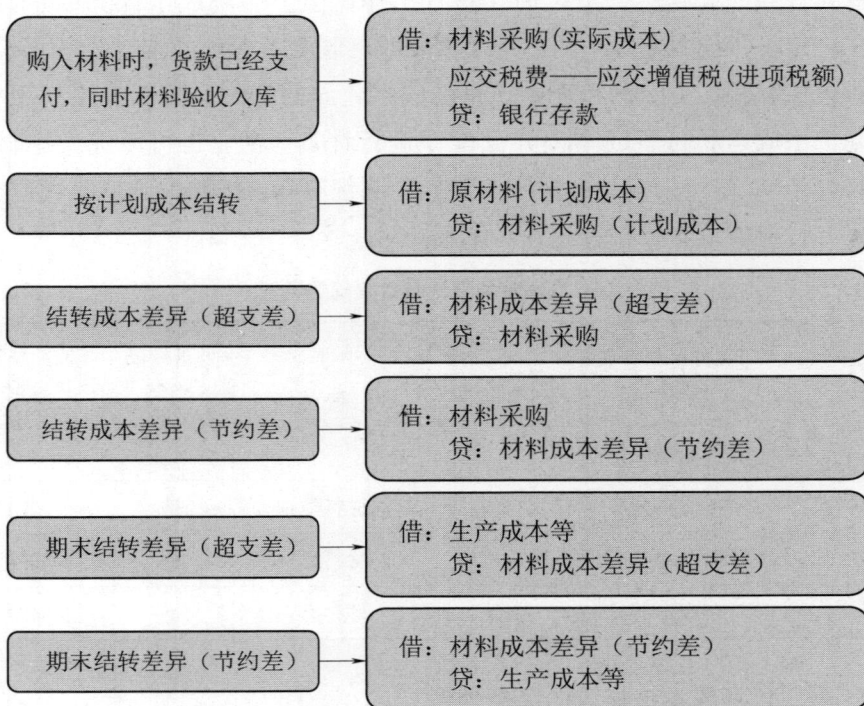

购入材料时，货款已经支付，同时材料验收入库	借：材料采购(实际成本) 应交税费——应交增值税(进项税额) 贷：银行存款
按计划成本结转	借：原材料(计划成本) 贷：材料采购（计划成本）
结转成本差异（超支差）	借：材料成本差异（超支差） 贷：材料采购
结转成本差异（节约差）	借：材料采购 贷：材料成本差异（节约差）
期末结转差异（超支差）	借：生产成本等 贷：材料成本差异（超支差）
期末结转差异（节约差）	借：材料成本差异（节约差） 贷：生产成本等

图 5-4　采用计划成本核算时的账务处理

计划成本法下的购入核算，主要包括三个方面：一是反映物资采购成本的发生；二是按计划成本反映材料验收入库；三是结转入库材料成本差异。

【例5-8】汇通制造有限公司从乙公司购入一批材料，增值税专用发票注明价款36 000元，增值税4 680元，乙公司代垫运费200元。企业收到物资并验收入库。计划成本34 000元，货款通过银行进行结算。

（1）支付货款时，根据发票、银行结算单据编制分录。

借：材料采购　　　　　　　　　　　　　　　　36 200

应交税费——应交增值税（进项税额）　　　　4 680

贷：银行存款　　　　　　　　　　　　　　　40 880

（2）材料入库时，根据收料单编制分录。

借：原材料　　　　　　　　　　　　　　　　　34 000

材料成本差异　　　　　　　　　　　　　　2 200

贷：材料采购　　　　　　　　　　　　　　36 200

计划成本法下，相关的计算公式如下：

本期材料成本差异率＝（期初材料成本差异＋本期入库材料成本差异）÷（期初原材料计划成本＋本期入库材料计划成本）×100%

本月发出材料应负担的成本差异＝本月发出材料的计划成本×材料成本差异率

本月发出材料的实际成本＝本月发出材料的计划成本＋本月发出材料应负担的成本差异

本月结存材料的实际成本＝本月结存材料的计划成本＋本月结存材料应负担的成本差异

本月结存材料的实际成本＝（月初结存材料的计划成本＋本月增加材料的计划成本－本月发出材料的计划成本）×（1＋材料成本差异率）

说明：结存材料的计划成本＝期初计划成本＋本期入库计划成本－发出材料计划成本

①对于购入的材料只有在实际成本、计划成本已定并已验收入库的条件下计算购入材料的成本差异，材料成本差异的结转可在入库时结转，也可以在月末汇总时结转。

②材料成本差异率的计算中超支或借方余额用"正号"表示，节约或贷方余额用"负号"表示；发出材料承担的成本差异，始终计入材料成本差异的贷方，只不过超支差异用蓝字表示，节约用红字表示，最终计入成本费用的材料还是实际成本。

【例5-9】月末，精石制造有限公司财务部门根据领用材料的计划成本和应分摊的材料成本差异，合并编制"发料凭证汇总表"进行账务处理，见表5-11。

表 5-11 　　　　　　　　　　　　发料凭证汇总表

单位：元

材料类别 受益对象	主要材料		结构件		机械配件		其他材料		合　计	
	计划成本	差异率1%	计划成本	差异率2%	计划成本	差异率1.2%	计划成本	差异率1.5%	计划成本	差异额
生产成本（车间）	488 000	4 880	25 500	510					513 500	5 390
第一车间	450 000	4 500	18 000	360					468 000	4 860
第二车间	38 000	380	7 500	150					45 500	530
制造费用					8 400	100.80	4 400	66	12 800	166.80
销售费用	15 600	156							15 600	156
管理费用							9 650	144.75	9 650	144.75
合计	503 600	5 036	25 500	510	8 400	100.80	14 050	210.75	551 550	5 857.55

根据表中的计划成本，编制会计分录。

借：生产成本——第一车间　　　　　　　　　　468 000

　　　　　　——第二车间　　　　　　　　　　 45 500

　　制造费用　　　　　　　　　　　　　　　　 12 800

　　销售费用　　　　　　　　　　　　　　　　 15 600

　　管理费用　　　　　　　　　　　　　　　　　9 650

　　贷：原材料——主要材料　　　　　　　　　 503 600

　　　　　　　——结构件　　　　　　　　　　　25 500

　　　　　　　——机械配件　　　　　　　　　　 8 400

　　　　　　　——其他材料　　　　　　　　　　14 050

结转发出材料应负担的材料成本差异，编制会计分录如下：

借：生产成本——第一车间   4 860

            ——第二车间   530

    制造费用   166.80

    销售费用   156

    管理费用   144.75

    贷：材料成本差异——主要材料   5 036

               ——结构件   510

               ——机械配件   100.80

               ——其他材料   210.75

5.2.4 原材料支出的汇总核算

企业由于材料的日常领发业务频繁，一般只登记材料明细分类账，反映各种材料的收发和结存金额，月末根据实际发料记录等，依照材料和受益对象，并按实际成本计价，汇总编制"发料凭证汇总表"，填制记账凭证。

根据不同用途，对发出的原材料借记不同的账户，贷记"原材料"账户。

【例 5-10】精石制造有限公司 2020 年 1 月末根据领发料凭证，汇总编制"领发料单汇总表"，见表 5-12。

表 5-12   领发料单汇总表

2020 年 1 月   单位：元

用途 \ 材料类别	钢材	轮胎	电动机	轴承	合计
生产成本——装载机	142 000	2 120	5 470	4 870	154 460
生产成本——铲车	60 240	5 690	1 630		67 560
管理部门				2 950	2 950
合　计	202 240	7 810	7 100	7 820	224 970

借：生产成本——装载机	154 460
——铲车	67 560
管理费用	2 950
贷：原材料——钢材	202 240
——轮胎	7 810
——电动机	7 100
——轴承	7 820

5.3　库存商品

　　库存商品是指企业已完成全部生产过程并已验收入库，合乎标准规格和技术条件，可以按照合同规定的条件送交订货单位，或可以作为商品对外销售的产品以及外购或委托加工完成验收入库用于销售的各种商品。

5.3.1　库存商品科目的具体运用

　　从事工业生产的一般纳税人企业，其库存商品主要指产成品。产成品是指已经完成全部生产过程并已验收入库达到质量标准，可以作为商品对外销售的产品。

　　为了反映和监督库存商品的收发和结存情况，企业应设置"库存商品"账户，并按库存商品的种类、品种和规格设置明细账户进行明细核算。具体账户结构如图 5-5 所示。

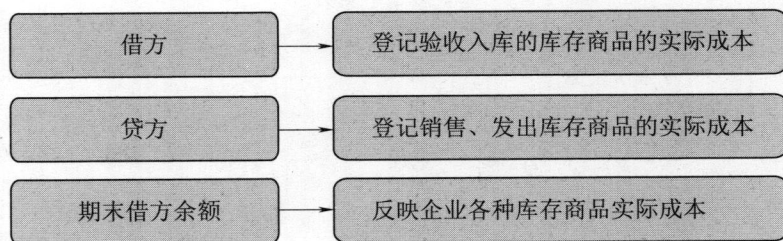

借方	登记验收入库的库存商品的实际成本
贷方	登记销售、发出库存商品的实际成本
期末借方余额	反映企业各种库存商品实际成本

图 5-5　"库存商品"账户结构

　　库存商品科目可按库存商品的种类、品种和规格等进行明细核算，见表 5-13。

表 5-13　　　　　　　库存商品会计科目编码的设置

科目代码	总分类科目（一级科目）	明细分类科目		是否辅助核算	辅助核算类别
		二级科目	三级科目		
1405	库存商品				
140501	库存商品	产成品	按库存商品的种类、品种和规格	是	按存放地点
140502	库存商品	外购商品	按库存商品的种类、品种和规格	是	按存放地点
140503	库存商品	接受来料加工的代制品和为外单位加工修理的代修品	按库存商品的种类、品种和规格	是	按存放地点
140504	库存商品	发出展览的商品以及寄存在外的商品	按库存商品的种类、品种和规格	是	按存放地点
140505	库存商品	备件	按库存商品的种类、品种和规格	是	按存放地点
140506	库存商品	燃料	按库存商品的种类、品种和规格	是	按存放地点

5.3.2　库存商品的核算

　　企业接受外来原材料加工制造的代制品和为外单位加工修理的代修品，制造和修理完成验收入库后，视同本企业的产成品，所发生的支出，也在本科目核算。委托外单位加工的商品及委托其他单位代销的商品，不作为库存商品核算。

　　企业的产成品一般应按实际成本进行核算。在这种情况下，产成品的收入、发出和销售，平时只记数量不记金额。月度终了，计算入库产成品的实际成本。库存商品的具体账务处理，见表 5-14。

表 5-14　　　　　　　　　　工业企业库存商品的账务处理

财务情景	账务处理
生产完成验收入库的产成品	借：库存商品（按实际成本） 　贷：生产成本
对外销售产成品	借：主营业务成本 　贷：库存商品

【例 5-11】2020 年 1 月，某工业企业发生的库存商品经济业务及所做的相应的会计处理如下。

（1）验收入库甲产品 1 100 件，实际单位成本 560 元，共计 616 000 元；乙产品 1 500 件，实际单位成本 340 元，共计 510 000 元。

借：库存商品——甲产品　　　　　　　　　　616 000
　　　　　　——乙产品　　　　　　　　　　510 000
　　贷：生产成本——甲产品　　　　　　　　　　616 000
　　　　　　——乙产品　　　　　　　　　　510 000

（2）销售甲产品 700 件，销售乙产品 690 件。

借：主营业务成本　　　　　　　　　　　　626 600
　　贷：库存商品——甲产品　　　　　　　　　392 000
　　　　　　——乙产品　　　　　　　　　234 600

对发出和销售的产成品，可以采用先进先出法、加权平均法、移动平均法或者个别计价法等方法确定其实际成本。核算方法一经确定，不得随意变更。如需变更，应在会计报表附注中予以说明。

5.4　周转材料

周转材料主要包括企业能够多次使用，逐渐转移其价值但仍保持原有形态不确认为固定资产的包装物和低值易耗品等，以及建筑承包企业的钢模板、木模板、脚手架和其他周转使用的材料等。

5.4.1　周转材料科目的具体运用

企业周转材料采用计划成本或实际成本核算的，包括包装物、低值易耗品等，可按照周转材料的种类，分别以"在库""在用"和"摊销"进行明细核算。企业的包装物、低值易耗品，也可以单独设置"包装物""低值易耗品"科目。具体设置，见表 5-15。

表 5-15　　　　　　　　　　周转材料会计科目编码的设置

科目代码	总分类科目（一级科目）	明细分类科目		是否辅助核算	辅助核算类别
		二级科目	三级科目		
1411	周转材料				
141101	周转材料	包装物		是	部门
14110101	周转材料	包装物	在库	是	部门
14110102	周转材料	包装物	在用	是	部门
14110103	周转材料	包装物	摊销	是	部门
141102	周转材料	低值易耗品		是	部门
14110201	周转材料	低值易耗品	在库	是	部门
14110202	周转材料	低值易耗品	在用	是	部门
14110203	周转材料	低值易耗品	摊销	是	部门
141103	周转材料	钢模板、木模板、脚手架等		是	部门
14110301	周转材料	钢模板、木模板、脚手架等	在库	是	部门
14110302	周转材料	钢模板、木模板、脚手架等	在用	是	部门
14110303	周转材料	钢模板、木模板、脚手架等	摊销	是	部门

5.4.2　周转材料的账务处理

周转材料可以采用一次转销法、五五摊销法、分次摊销法进行摊销，计入相关资产的成本或当期损益。但在实际操作中，由于周转材料价值较小，一般企业均采用一次转销法进行摊销。账务处理如图 5-6 所示。

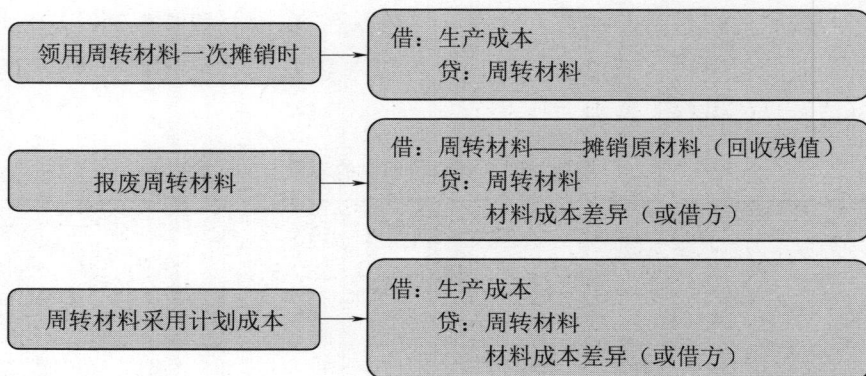

图 5-6 周转材料的账务处理

（1）购入低值易耗品时，借记"周转材料——低值易耗品"账户，贷记"银行存款""应付账款"等账户。

【例 5-12】精石制造有限公司本月购进工具一批，增值税发票注明价款 9 700 元，增值税 1 261 元，开出转账支票支付。转账支票存根如图 5-7 所示。

图 5-7 转账支票存根

借：周转材料——低值易耗品	9 700
应交税费——应交增值税（进项税额）	1 261
贷：银行存款	10 961

（2）领用低值易耗品时。借记"工程施工""管理费用"等账户，贷记"周转材料——低值易耗品"。

【例 5-13】 2020 年 1 月 4 日，精石制造有限公司生产车间领用工具一套，实际成本 24 000 元，管理部门领用办公用具 7 200 元。采用一次摊销法，见表 5-16。

表 5-16

材料出库单

2018 年 1 月 4 日   单位：元

用　途	类　别	材　料		
		生产工具（元）	办公用具（元）	合　计
生产成本		24 000		24 000
管理费用			7 200	7 200
合　计				31 200

借：生产成本——车间　　　　　　　　　　　　　24 000
　　管理费用　　　　　　　　　　　　　　　　　7 200
　　贷：周转材料——低值易耗品　　　　　　　　　31 200

5.5　委托加工物资

委托加工物资是指企业委托外单位加工成新的材料或包装物、低值易耗品、商品等物资。

5.5.1　委托加工物资的成本与税务处理

对于发生委托加工物资的一方为委托方，收到委托加工物资并按委托方的要求进一步加工的一方为受托方。

1. 委托加工物资的成本确定

委托加工物资的成本应当包括：①加工中实际耗用物资的成本；②支付的加工费用；③支付的税金（根据委托加工物资的具体情况，可能涉及增值税和消费税）；④委托加工物资的往返运杂费、保险费等。

2. 委托加工物资的税务处理

（1）增值税的处理。

①对于一般纳税人收回委托加工物资时，对于支付的受托方的增值税，如果取得了增值税专用发票，应计入"应交税费——应交增值税（进项税额）"科目，不计入委托加工物资的成本。如果未取得增值税专用发票，如取得增值税普通发票，则将支付增值税的部分，同样计入委托加工物资的成本。

②对于小规模纳税人，即使取得增值税专用发票，也不得抵扣增值税进项税额，对于支付增值税的部分，计入委托加工物资的成本。

③关于凡属于加工物资用于非纳增值税项目、免征增值税项目、未取得增值税专用发票的一般及小规模纳税企业的加工物资，应将这部分增值税计入加工物资成本。

（2）消费税的处理。

①对于委托方收回委托加工物资，如果委托加工物资收回后直接销售的，关于支付给受托方的消费税部分，直接计入委托加工物资的成本。

②对于委托方收回委托加工物资，如果委托加工物资收回后连续加工成应税消费品再出售的，关于支付给受托方的消费税部分，直接计入"应交税费——应交消费税"科目的借方，不计入委托加工物资的成本。

如果采用计划成本法核算，在发出委托加工物资时，应同时结转发出材料应负担的材料成本差异。收回委托加工物资时，应视同材料购入应结转采购形成的材料成本差异。

5.5.2 委托加工物资科目的具体运用

1. 委托加工物资科目的设置

委托加工物资科目核算企业委托外单位加工的各种物资的实际成本。该科目应按加工合同和委托加工单位设置明细科目，反映加工单位名称、加工合同号数、发出加工物资的名称、数量、发生的加工费用和运杂费，退回剩余物资的数量、实际成本，以及加工完成物资的实际成本等资料。

"委托加工物资"借方登记的是：领用加工物资的实际成本；支付的加工费用应负担的运杂费、保险费以及支付的税金（包括应负担的增值税）。

"委托加工物资"贷方登记的是：加工完成验收入库的物资的实际成本。

"委托加工物资"科目的期末借方余额，反映企业尚未完成委托加工物资的实际成本。委托加工物资科目设置，见表5-17。

表5-17 委托加工物资会计科目编码的设置

科目代码	总分类科目（一级科目）	明细分类科目		是否辅助核算	辅助核算类别
		二级科目	三级科目		
1408	委托加工物资				
140801	委托加工物资	加工物资的品种	物资明细	是	按加工合同、受托加工单位设置
140802	委托加工物资	加工物资的品种	物资明细	是	按加工合同、受托加工单位设置

2. 委托加工物资的账务处理

为了反映和监督委托加工物资的增减变动及其结存情况，企业应设置"委托加工物资"科目。委托加工物资可以采用计划成本或售价进行核算。账务处理如图5-8所示。

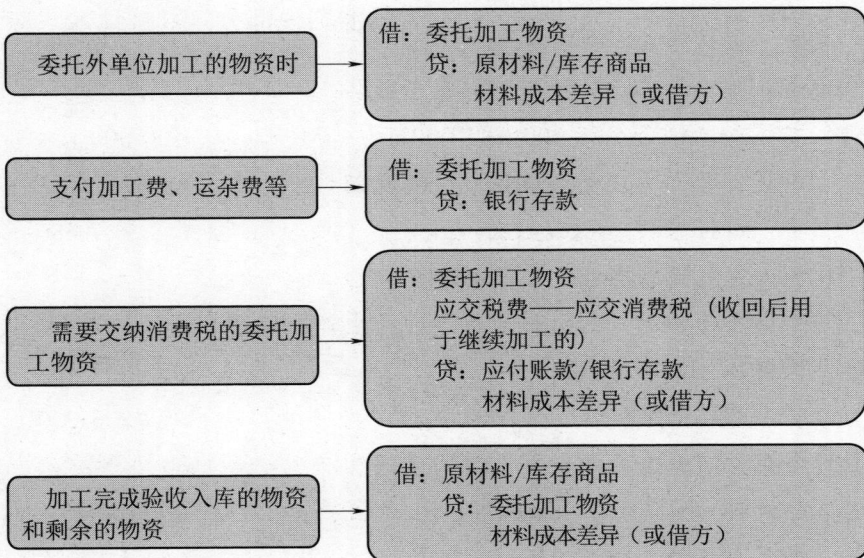

委托外单位加工的物资时	→	借：委托加工物资　贷：原材料/库存商品　　材料成本差异（或借方）
支付加工费、运杂费等	→	借：委托加工物资　贷：银行存款
需要交纳消费税的委托加工物资	→	借：委托加工物资　　应交税费——应交消费税（收回后用于继续加工的）　贷：应付账款/银行存款　　材料成本差异（或借方）
加工完成验收入库的物资和剩余的物资	→	借：原材料/库存商品　贷：委托加工物资　　材料成本差异（或借方）

图 5-8 委托加工物资的账务处理

【例 5-14】甲企业委托乙企业加工一批 A 材料（属于应税消费品），成本为 340 000 元，支付加工费为 56 000 元（不含增值税），消费税税率为 10%。加工完毕验收入库，加工费用等尚未支付。双方适用的增值税税率均为 13%。甲企业的有关会计处理如下：

（1）发出委托加工材料：

借：委托加工物资 340 000
    贷：原材料——A 材料 340 000

（2）支付加工费用：

消费税的组成计税价格＝（340 000＋56 000）÷（1－10%）＝440 000（元）

（受托方）代收代缴的消费税：440 000×10%＝44 000（元）

应纳增值税＝56 000×13%＝7 280（元）

根据计算结果，甲企业编制会计分录如下。

①甲企业收回加工后的材料用于继续生产应税消费品。

借：委托加工物资 56 000
    应交税费——应交增值税（进项税额） 7 280
          ——应交消费税 44 000
    贷：应付账款——乙企业 107 280

②甲企业收回加工后的材料直接用于销售。

借：委托加工物资（56 000＋44 000） 100 000
    应交税费——应交增值税（进项税额） 7 280
    贷：应付账款——乙企业 107 280

（3）加工完成收回委托加工 A 材料。

①若甲企业收回加工的材料后用于继续生产应税消费品：

借：原材料——甲材料 396 000
    贷：委托加工物资 396 000

②甲企业收回加工后的材料直接用于销售：

借：原材料——甲材料（340 000＋56 000＋44 000） 440 000
    贷：委托加工物资 440 000

第 6 章
固定资产

本章主要介绍固定资产科目设置、初始计量、折旧方法、后续支出、期末计量及处置的账务处理。

6.1 固定资产

1. 固定资产的定义

固定资产是企业生产经营过程中的重要生产资料。固定资产，是指同时具有下列特征的有形资产。

（1）为生产商品，提供劳务，出租或经营管理而持有的。

（2）使用寿命超过一个会计年度。

（3）固定资产为有形资产。

2. 固定资产的判定条件

（1）使用期限超过一年的房屋、建筑物、机器、机械运输工具以及其他与生产、经营有关的设备、器具、工具等；

（2）不属于生产、经营主要设备的物品，单位价值在 2 000 元以上，并且使用期限超过 2 年的，也作为固定资产。

固定资产同时满足下列条件的，才能予以确认：

01 与该固定资产有关的经济利益很可能流入企业

02 该固定资产的成本能够可靠地计量

03 固定资产的各组成部分具有不同使用寿命或者以不同方式为企业提供经济利益，适用不同折旧率或折旧方法的，应当分别将各组成部分确认为单项固定资产

3. 建立固定资产管理台账

企业应当建立固定资产台账，列明固定资产类别、购入时间、入账金额、使用部门、折旧费的提取等，比会计的明细账更全面、更详细。财务部门和使

用部门都要建立台账，这样能让使用部门与财务部门管理固定资产数据一致。

固定资产管理台账见表 6-1。

表 6-1　　　　　　　　　　　　　固定资产管理台账

单位名称：　　　　　　　　部门：　　　　　　　　单位：人民币元

序号	类别	资产编码	资产名称	购置日期	使用年限	存放地点	使用部门	计量单位	资产原值			年折旧率		月折旧额	入账日期	使用状态	
									数量	单价	金额	年限	折旧率			在用	停用

4. 固定资产科目的设置

为了对固定资产进行会计核算，企业一般需要设置"固定资产""累计折旧""工程物资""在建工程""固定资产清理"等科目，核算固定资产取得、计提折旧、处置等情况。

固定资产科目借方登记企业增加的固定资产原价，贷方登记企业减少的固定资产原价，期末借方余额，反映企业期末固定资产的账面原价。"固定资产"科目一般分为三级，企业除了应设置"固定资产"总账科目，还应设置"固定资产登记簿"和"固定资产卡片"，按固定资产类别、使用部门和每项固定资产进行明细核算。见表 6-2。

表 6-2　　　　　　　　　　　固定资产会计科目编码的设置

科目代码	总分类科目（一级科目）	明细分类科目		是否辅助核算	辅助核算类别
		二级科目	三级科目		
1601	固定资产				
160101	固定资产	房屋及建筑物	项目	是	部门

科目代码	总分类科目 （一级科目）	明细分类科目		是否辅 助核算	辅助核算类别
		二级科目	三级科目		
160102	固定资产	机器设备	项目	是	部门
160103	固定资产	运输设备	项目	是	部门
160104	固定资产	办公设备	项目	是	部门
160105	固定资产	电子设备	项目	是	部门
160106	固定资产	融资租入固定资产	项目	是	部门

6.2 固定资产初始计量

固定资产应当按照取得时成本进行初始计量。对于特定行业的特定固定资产（如核工业反应堆），确定其初始入账成本时还应考虑弃置费用。

6.2.1 外购固定资产的账务处理

1. 固定资产初始计量

企业外购固定资产的成本，包括购买价款、相关税费和使固定资产达到预定可使用状态前所发生的可归属于该项资产的运输费、装卸费、安装费和专业人员服务费（不含可抵扣的增值税进项税额）等。

固定资产入账成本＝买价＋装卸费＋运输费＋安装费＋专业人员服务费等

提示：一般纳税人购入固定资产支付的增值税，可以作为进项税抵扣。小规模纳税人购入固定资产支付的增值税不可以抵扣，直接计入固定资产的成本。账务处理如图6-1所示。

【例6-1】2019年4月1日，精石制造有限公司从鑫诚机械厂购入一台需要安装的甲设备，设备买价454 000元，增值税59 020元，运杂费1 090元（运输公司增值税率为9％）。按合同约定，设备由供货方安装，安装费6 700元。全部款项中买价和增值税尚未支付，其余用银行存款付讫，设备安装并交付使用。见表6-3。

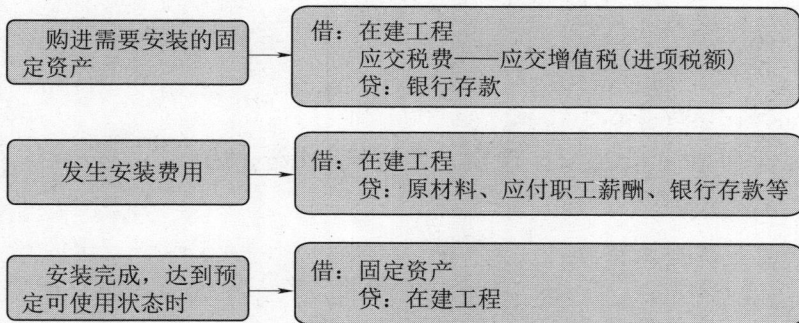

图 6-1 外购固定资产账务处理

表 6-3					精石制造有限公司					
					固定资产（设备）验收交付使用交接单					
编号：NO.00433					2019 年 4 月 26 日					单位：元
供货商	鑫诚机械厂	合同科目代码		GT098	发票科目代码		略		收货日期	2019 年 2 月 26 日
资金来源	银行存款	用途			车间使用					
序号	固定资产（设备）名称	设备类别	设备科目代码	规格型号	单位	数量	单价	安装费	运费	总计
1	设备				台	1	454 000	6 700	1 000	461 700
2										
3										
4										
5										
合计										
	部门		部门负责人		经办人		部门		经办人	
	采购部门		采购部				使用部门		建筑一队	
	验收部门		质检部				财务部门			

（1）购入设备时，采购成本＝454 000＋1 090÷（1＋9％）＝455 000（元）；运费的进项增值税额＝1 000×9％＝90（元）。

借：在建工程 455 000

应交税费——应交增值税（进项税额）（59 020＋90）59 110

贷：应付账款 513 020

银行存款 1 090

（2）支付安装费用时。

借：在建工程   6 700

　　贷：银行存款   6 700

（3）2019 年 4 月 26 日，设备安装完毕并交付使用时。

借：固定资产   461 700

　　贷：在建工程   461 700

6.2.2　自行建造固定资产的账务处理

自行建造固定资产的成本，由建造该项资产达到预定可使用状态前所发生的必要支出构成，包括直接材料、直接人工、直接机械施工费等。在建造时，通过"在建工程"科目进行归集，自行建造固定资产完工时，借记"固定资产"科目，贷记"在建工程"科目。自行建造固定资产分为：自营方式建造固定资产，出包方式建造固定资产。账务处理如图 6-2 的所示。

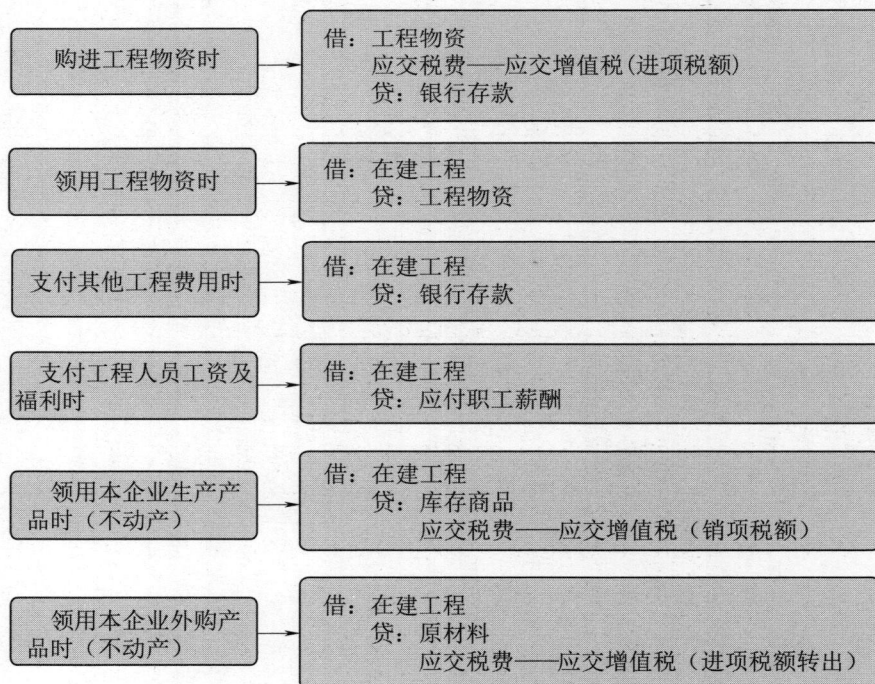

购进工程物资时	→	借：工程物资 　　应交税费——应交增值税(进项税额) 贷：银行存款
领用工程物资时	→	借：在建工程 　　贷：工程物资
支付其他工程费用时	→	借：在建工程 　　贷：银行存款
支付工程人员工资及福利时	→	借：在建工程 　　贷：应付职工薪酬
领用本企业生产产品时（不动产）	→	借：在建工程 　　贷：库存商品 　　　　应交税费——应交增值税（销项税额）
领用本企业外购产品时（不动产）	→	借：在建工程 　　贷：原材料 　　　　应交税费——应交增值税（进项税额转出）

图 6-2　自行建造固定资产账务处理

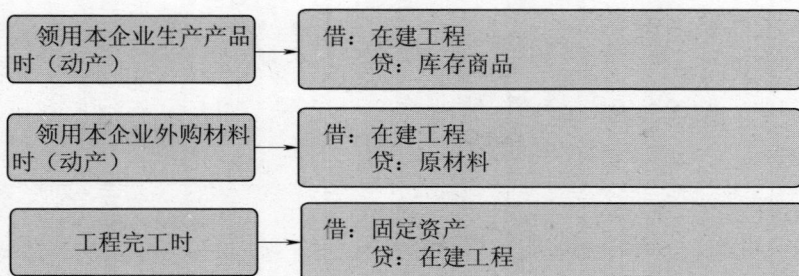

图 6-2　自行建造固定资产

【例 6-2】2019 年 4 月 15 日，乐金电子有限公司采用自营方式建造厂房一座，发生如下有关业务：以银行存款 590 990 元购入工程专用物资一批，增值税专用发票上注明的买价为 523 000 元，增值税税额为 67 990 元。所购入物资全部投入工程建设，分配工程建设人员的职工薪酬 34 000 元。以银行存款支付工程管理费用 8 130 元，应由工程成本负担的分期制长期借款利息 69 000元（假定按合同利率当利息计算）。工程完工，经验收交付使用。

（1）购入工程物资时：

借：工程物资　　　　　　　　　　　　　　　　　　　523 000

　　应交税费——应交增值税（进项税额）　　　　　　 67 990

　　　贷：银行存款　　　　　　　　　　　　　　　　　　590 990

（2）领用工程物资时：

借：在建工程——厂房　　　　　　　　　　　　　　　523 000

　　　贷：工程物资　　　　　　　　　　　　　　　　　　523 000

（3）分配工程建设人员的职工薪酬时：

借：在建工程——厂房　　　　　　　　　　　　　　　 34 000

　　　贷：应付职工薪酬　　　　　　　　　　　　　　　　 34 000

（4）支付工程管理费时：

借：在建工程——厂房　　　　　　　　　　　　　　　　8 130

　　　贷：银行存款　　　　　　　　　　　　　　　　　　　8 130

（5）计算应由工程成本负担的借款利息时：

借：在建工程——厂房　　　　　　　　　　　　　　　 69 000

　　　贷：应付利息　　　　　　　　　　　　　　　　　　 69 000

（6）工程完工使用时：

借：固定资产   634 130

    贷：在建工程——厂房   634 130

税收优惠政策

根据《关于深化增值税改革有关政策的公告》（财政部 税务总局 海关总署公告2019年第39号）的规定，自2019年4月1日起，纳税人取得不动产或者不动产在建工程的进项税额不再分2年抵扣。此前按照上述规定尚未抵扣完毕的待抵扣进项税额，可自2019年4月税款所属期起从销项税额中抵扣。

6.2.3　出包方式建造固定资产的账务处理

在出包方式下，工程项目在建造中所发生的具体支出由承包单位核算，企业（发包单位）只需按照工程价款对工程项目进行计价，作为固定资产的入账价值，如图 6-3 所示。

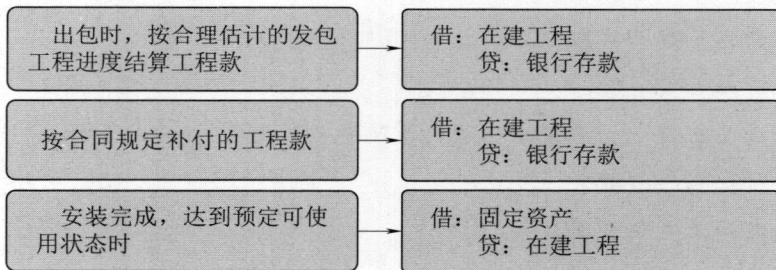

图 6-3　出包方式建造固定资产账务处理

【例 6-3】华普科技有限公司采用出包方式建造厂房一座。按合同规定，工程造价 940 000 元，工程开始时，预付工程款的 40%，其余 60% 在工程完工时根据工程决算予以补付。工程完工，经验收交付使用。

（1）预付工程价款时：

借：合同资产   376 000

    贷：银行存款   376 000

（2）按合同规定结算工程价款时：

借：在建工程——厂房   940 000

    贷：合同资产   376 000

        银行存款   564 000

（3）工程完工交付使用时：

借：固定资产   940 000

  贷：在建工程——厂房   940 000

6.3　固定资产折旧方法

固定资产折旧方法可以采用年限平均法、工作量法、双倍余额递减法、年数总和法等。固定资产折旧方法一经确定，不得随意变更。

6.3.1　年限平均法

年限平均法又称直线法，是将固定资产的应计折旧额在固定资产使用寿命内平均分摊到各期的一种方法。采用这种方法各期计算的折旧额相等。年限平均法的计算公式如下：

$$年折旧率＝（1－预计净残值率）÷预计使用年限$$

$$月折旧率＝年折旧率÷12$$

$$月折旧额＝固定资产原价×月折旧率$$

6.3.2　工作量法

工作量法是将固定资产的应计提折旧额，在固定资产的使用寿命内按各期完成的工作量进行分摊的一种方法。工作量法的计算公式如下：

$$单位工作量折旧额＝固定资产原价×（1－预计净残值率）÷预计总工作量$$

$$某项固定资产月折旧额＝该项固定资产当月工作量×单位工作量折旧率$$

【例6-4】精石制造有限公司购入一辆汽车，原值800 000元，预计总行驶400 000千米，预计净残值率为5％。该汽车本月实际行驶8 900千米，本月折旧计算如下：

$$每公里折旧率＝800 000×（1－5％）÷400 000＝1.9（元/千米）$$

$$本月折旧额＝8 900×1.9＝16 910（元）$$

6.3.3　双倍余额递减法

双倍余额递减法是指在不考虑固定资产预计净残值的情况下，根据每期期初固定资产原价减去累计折旧后的金额和双倍的直线法折旧率计算固定资产折旧的一种方法。计算公式如下：

$$年折旧率＝2÷预计使用年限×100\%$$

$$月折旧率＝年折旧率÷12$$

$$月折旧额＝每月月初固定资产账面净值×月折旧率$$

【例 6-5】精石制造有限公司的生产设备固定资产原值为 400 000 元，预计使用年限为 5 年，预计净残值 8 000 元，采用双倍余额递减法计提折旧。

年折旧率＝2÷5×100%＝40%

第一年折旧额＝400 000×40%＝160 000（元）

第二年折旧额＝（400 000－160 000）×40%＝96 000（元）

第三年折旧额＝（400 000－160 000－96 000）×40%＝57 600（元）

第四年折旧额＝（400 000－160 000－96 000－57 600－8 000）÷2＝39 200（元）

第五年折旧额＝（400 000－160 000－96 000－57 600－8 000）÷2＝39 200（元）

注意：为简化计算，每年各月折旧额可根据年折旧额除以 12 个月计算。

6.3.4　年数总和法

年数总和法又称年限合计法，是指将固定资产的原值减去预计净残值后的余额，乘以一个以固定资产尚可使用寿命为分子、以预计使用寿命逐年数字之和为分母的逐年递减的分数计算每年的折旧额。计算公式如下：

$$年折旧率＝尚可使用年限÷预计使用寿命的年数总和×100\%$$

$$月折旧率＝年折旧率÷12$$

$$月折旧额＝（固定资产原价－预计净残值）×月折旧率$$

【例 6-6】精石制造有限公司的一项机器设备原值为 240 000 元，预计使用年限为 4 年，预计净残值 4 000 元，采用年数总和法计提折旧。

第一年折旧额＝（240 000－4 000）×4÷10＝94 400（元）

第二年折旧额＝（240 000－4 000）×3÷10＝70 800（元）

第三年折旧额＝（240 000－4 000）×2÷10＝47 200（元）

第四年折旧额＝（240 000－4 000）×1÷10＝23 600（元）

关于固定资产折旧的优惠政策，有两个重要文件：一是《国家税务总局关于固定资产加速折旧税收政策有关问题的公告》（国家税务总局公告〔2014〕64号）；二是《财政部税务总局关于设备器具扣除有关企业所得税政策的通知》(财税〔2018〕54号)。

国家税务总局公告〔2014〕64号文件对行业和固定资产用途是有限制条件的，但（财税〔2018〕54号清除了这些限制：

一是适用于所有企业，不再指定行业；二是设备、器具没有规定用途，即使不是用于研发的设备、器具，也可以一次性扣除；三是扩大设备、器具范围，除房屋、建筑物以外的固定资产，汽车、家具等固定资产，只要单位价值不超过500万元，都可以一次性扣除。

6.3.5　固定资产折旧的核算

固定资产按月计提折旧，企业通过编制"固定资产折旧计算表"作为固定资产折旧账务处理的依据，每月计提折旧时，可以在上月计提的折旧额的基础上，根据上月固定资产的增减变动情况调整计算出当月应计提的折旧额，计算方法如下：

当月应计提折旧额＝上月计提的折旧额＋上月增加固定资产应计提的折旧额－上月减少固定资产应计提的折旧额

每月计提的折旧额应按固定资产用途计入相关资产的成本或者当期损益费用。

【例 6-7】2020 年 2 月 28 日，精石制造有限公司编制的固定资产折旧计算表，见表 6-4。

表 6-4 固定资产折旧计算表

使用部门	上月折旧额	上月增加固定资产应提折旧额	上月减少固定资产应提折旧额	本月折旧额
第一生产车间	146 000	4 340	7 200	143 140
第二生产车间	152 000	3 540	44 300	111 240
行政管理部门	32 000	2 860	5 090	29 770
经营性租出	19 760	—	—	19 760
合计	349 760	10 740	56 590	303 910

借：制造费用——第一生产车间　　　　　　　　　　143 140
　　　　　　——第二生产车间　　　　　　　　　　111 240
　　管理费用　　　　　　　　　　　　　　　　　　29 770
　　其他业务成本　　　　　　　　　　　　　　　　19 760
　　贷：累计折旧　　　　　　　　　　　　　　　　　　　303 910

固定资产应当按月计提折旧，计提的折旧应通过"累计折旧"科目核算，并根据用途计入相关资产的成本或者当期损益。见表 6-5。

表 6-5 固定资产折旧

形　式	记入科目
企业自行建造固定资产过程中使用的固定资产	计提的折旧计入在建工程成本
基本生产车间	计提的折旧应计入制造费用
管理部门	计提的折旧应计入管理费用
销售部门	计提的折旧应计入销售费用
经营租出的固定资产	计提的折旧应计入其他业务成本

6.4　固定资产的后续支出

固定资产后续支出，是指固定资产在使用过程中发生的更新改造支出、修理费用等。基本账务处理如图 6-4 所示。

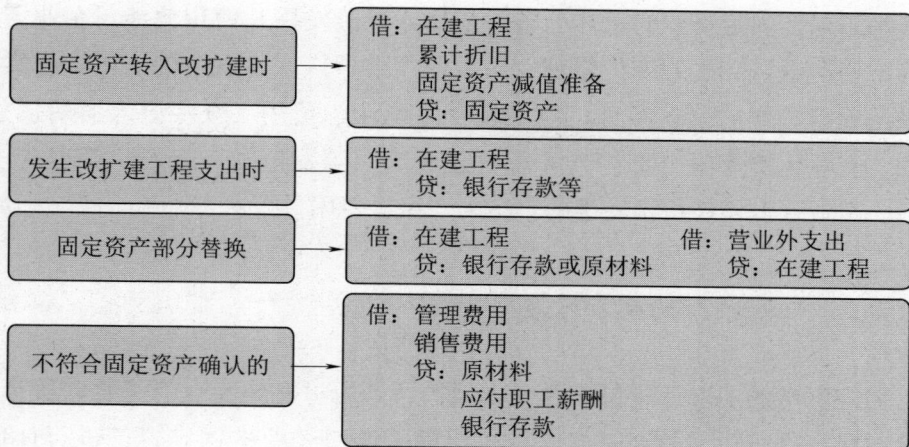

图 6-4　固定资产的后续支出账务处理

【例 6-8】精石制造有限公司对某项固定资产进行改扩建，会计资料如下：

①2020 年 1 月 3 日，该公司自行建成一条生产线，成本 590 000 元，预计使用 10 年，预计净残值率为 4％，累计折旧 145 000 元，未发生减值。

②2020 年 4 月 30 日，完成了改扩建工程。共发生支出 187 000 元，全部以银行存款支付。改建中废弃的原有部件变卖收入 23 200 元已存入银行。

③该生产线达到预定使用状态后，预计使用年限延长 4 年，残值率仍为的 4％，折旧方法仍使用年限平均法。

（1）2020 年 1 月 3 日，结转生产线原账面价值：

借：在建工程——生产线改造　　　　　　　　　445 000
　　累计折旧　　　　　　　　　　　　　　　　145 000
　　　贷：固定资产　　　　　　　　　　　　　　　　590 000

（2）2020 年 4 月 5 日，支付工程款：

借：在建工程——生产线改造　　　　　　　　　187 000
　　　贷：银行存款　　　　　　　　　　　　　　　　187 000

（3）2020 年 4 月 5 日，改建中被废弃部件的变价收入：

借：银行存款　　　　　　　　　　　　　　　　23 200
　　　贷：在建工程——生产线改造　　　　　　　　　23 200

（4）2020 年 4 月 30 日，工程完工交付使用，改造后的固定资产账面价值＝445 000＋187 000－23 200＝608 800（元）。

借：固定资产　　　　　　　　　　　　　　　　608 800
　　　贷：在建工程——生产线改造　　　　　　　　　608 800

为了保证固定资产的正常运转和使用，充分发挥其使用效能，企业需要对固定资产进行必要的维护修理。固定资产维护修理所发生的支出，通常不能满足固定资产的确认条件，应在发生时确认为费用，直接记入当期损益。其中，企业生产车间（部门）和行政管理部门等发生的，记入"管理费用"账户，企业专设销售机构发生的，记入"销售费用"账户。

6.5 固定资产的期末计量

固定资产的期末计量包括两个方面，一是通过实地盘点清查反映资产的实有数量，进行账实核对；二是按一定的方法对企业的固定资产进行计价，以反映其期末价值。

6.5.1 固定资产清查的核算

企业对固定资产清查过程中盘盈、盘亏的固定资产，应填制固定资产盘盈、盘亏报告表，并及时查明原因，分清责任，按规定程序报批处理。

（1）固定资产盘盈。

企业在清查中盘盈的固定资产，作为前期差错处理。盘盈的固定资产通过"以前年度损益调整"科目核算。

【例 6-9】2019 年年底，精石制造有限公司在财产清查中发现 2015 年未入账的不需要安装的甲设备一台，估计该设备八成新，同类设备的市场价格为 243 200 元（假定其价值与计税基础不存在差异）。

借：固定资产 243 200

　　贷：以前年度损益调整 243 200

（2）固定资产盘亏。

企业在清查中盘亏的固定资产，通过"待处理财产损益——待处理固定资产损溢"科目核算，盘亏造成损失的，通过"营业外支出——盘亏损失"科目核算，计入当期损益。

【例 6-10】2019 年年底，精石制造有限公司在财产清查中盘亏乙设备一台，该设备账面原价 1 267 000 元，已提折旧 987 000 元，未计提减值准备。

①盘亏固定资产时：

借：待处理财产损溢——待处理固定资产损溢　　　　280 000

　　累计折旧　　　　　　　　　　　　　　　　　　987 000

　　贷：固定资产　　　　　　　　　　　　　　　　　　　　1 267 000

②经批准转销盘亏损失时：

借：营业外支出——固定资产盘亏损失　　　　　　280 000

　　贷：待处理财产损溢——待处理固定资产损溢　　　　280 000

固定资产盘盈、盘亏报告表，见表6-6。

表6-6　　　　　　　　　　　固定资产盘盈、盘亏报告表

单位名称：精石制造有限公司　　　　2019 年 12 月 31 日　　　第 001 号　　　单位：元

固定资产科目代码	固定资产名称	计量单位	盘　盈				盘亏或毁损					理由书编号	附注
			数量	市场价	成新率	入账价值	数量	固定资产入账价值	已提折旧	已计提减值	账面价值		
001	甲设备	台	1	243 200	80%	243 200							
002	乙设备	台					1	1 267 000	987 000	0	280 000		

单位领导：　　　技术（设备）主管：　　　会计机构负责人：　　　制表人：

6.5.2　固定资产减值的核算

资产负债表日，固定资产可收回金额低于其账面价值的，企业应将该固定资产的账面价值减记至可收回金额，同时确认为资产减值损失，计提固定资产减值准备。固定资产减值损失一经确认，在以后会计期间不得转回。账务处理如图6-5所示。

账面净值＝固定资产的折余价值＝固定资产原价－计提的累计折旧

账面价值＝固定资产的账面原价－计提的累计折旧－计提的减值准备

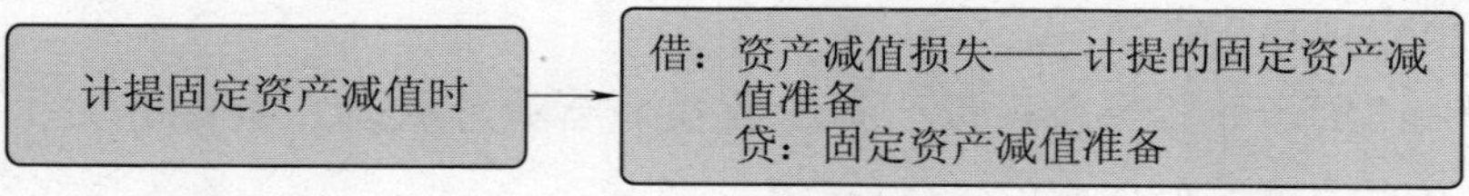

图6-5　固定资产减值的账务处理

【例 6-11】 甲公司 2017 年 12 月购入设备价值 860 000 元，预计使用 5 年，预计净残值 2 200 元，采用年限平均法计提折旧。2019 年年末清查时发现，该设备市价大幅度下跌且近期内无望恢复。经计算该设备可回收金额为 340 000 元，此前未计提过减值准备。

已计提折旧额＝（860 000－2 200）÷5×2＝343 120（元）

2019 年末应计提固定资产减值准备＝（860 000－343 120）－340 000＝176 880（元）

借：资产减值损失——固定资产减值损失   176 880

  贷：固定资产减值准备   176 880

自 2020 年起，每年计提折旧额应调整为（340 000－2 200）÷3＝112 600（元）。

6.6　固定资产的处置

（1）固定资产的处置及其终止确认。

所谓固定资产处置，通常就是指企业固定资产的出售和对报废、毁损固定资产的处理。此外，企业因对外投资、非货币性资产交换、债务重组等原因转出固定资产，也属于固定资产处置。

（2）固定资产报废或毁损的核算。

企业对报废或毁损的固定资产，应设置"固定资产清理"账户进行核算。报废和毁损固定资产所得净收益，应计入营业外收入"非流动资产处置利得"项目，如为净损失应计入营业外支出，属于正常的处理损失，计入"非流动资产处置损失"项目。如果企业在筹建期间发生出售、报废和毁损固定资产处置业务，其净损益应计入或冲减管理费用。

（3）固定资产出售在"资产处置损益"科目核算。

2017 年 12 月财政部发布了《关于修订印发一般企业财务报表格式的通知》（财会〔2017〕30 号）新增了"资产处置损益"会计科目和"资产处置收益"报表项目。

那么"资产处置损益、资产处置收益、营业外收入、营业外支出"这四个科目之间的关系如何呢？

资产处置损益	资产处置收益
如果资产处置后还有使用价值，则计入"资产处置损益"科目	持有待售的非流动资产或处置组时确认的处置利得或损失，以及处置未划分为持有待售的固定资产、在建工程等产生的处置利得或损失
(1) 债务重组中处置流动资产损失 (2) 公益性捐赠支出、非常损失、盘亏损失、非流动资产毁损报废损失等	(1) 债务重组中处置流动资产利得 (2) 与企业日常活动无关的政府补助、盘盈利得、捐赠利得等
营业外支出	营业外收入

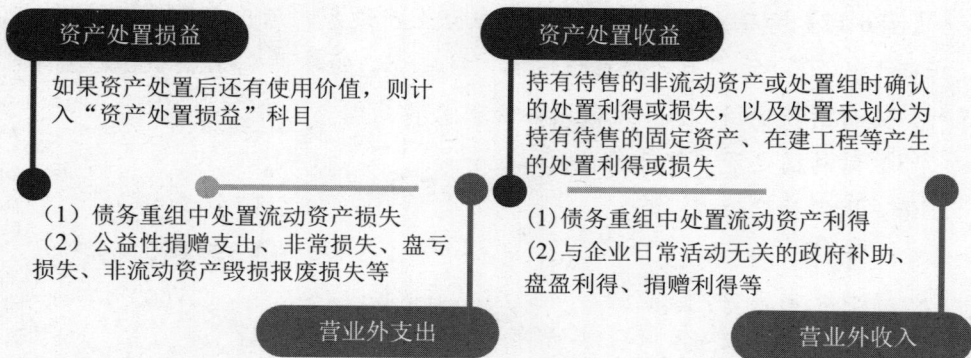

"资产处置收益"报表项目根据在损益类科目新设置的"资产处置损益"科目的发生额分析填列；如为处置损失，以"一"号填列。

资产处置收益项目不包括以下资产的处置：①存货、消耗性生物资产、应收账款等流动性资产处置；②金融工具、长期股权投资处置；③投资性房地产处置；④债务重组中处置流动资产的利得或损失和非货币性资产交换利得或损失；⑤子公司和业务的处置。

资产处置损益财务处理如下：

第一步：转入固定资产清理

借：固定资产清理
　　累计折旧
　　固定资产减值准备
　　贷：固定资产

第二步：产生清理费用时

借：固定资产清理
　　贷：银行存款

第三步：对外销售或取得补偿等

借：应收账款或银行存款
　　贷：固定资产清理

第四步：缴纳增值税

借：固定资产清理
　　贷：应交税费——应交增值税（销项税额）（一般纳税人）
　　　　应交税费——简易计税（一般纳税人）
　　　　应交税费——应交增值税（小规模纳税人）

第五步：结转净损益

(1) 净损失：
借：资产处置损益
　　贷：固定资产清理
(2) 净收益
借：固定资产清理
　　贷：资产处置损益

（4）企业因对外投资、非货币性资产交换、债务重组等原因转出的固定资产，一般也通过"固定资产清理"账户进行核算，具体处理应按有关会计准则的规定进行处理。

【例 6-12】 精石制造有限公司报废一台生产设备，原价 2 760 000 元，已提折旧 1 390 000 元，未计提减值准备，报废资产的残料变价 22 000 元已存入银行，支付清理费用 7 900 元，设备清理完毕。

（1）结转固定资产账面价值。

借：固定资产清理   1 370 000

     累计折旧   1 390 000

      贷：固定资产   2 760 000

（2）支付清理费用。

借：固定资产清理   7 900

      贷：银行存款   7 900

（3）残料变价收入存入银行。

借：银行存款   22 000

      贷：固定资产清理   22 000

（4）结转固定资产清理。

借：营业外支出——非流动资产处置损失   1 355 900

      贷：固定资产清理   1 355 900

假如该设备不是报废，而是出售给其他公司，其他条件不变，由于出售是为了换取对价，该资产处置后还有使用价值，因此相关净损益需要结转至资产处置损益科目，并反应在利润表的资产处置收益项目。则会计处理与上述（1）（2）相同。

编制清理净损益结转会计分录。

借：资产处置损益——非流动资产损失   1 355 900

      贷：固定资产清理   1 355 900

第 7 章
无形资产

本章主要介绍无形资产科目的设置、自制与外购无形资产的入账价值的核算，持有期间无形资产的摊销，出售时无形资产的结转。

7.1 无形资产科目的具体运用

无形资产，是指企业为生产商品或者提供劳务、出租给他人，或为管理目的而持有的、没有实物形态的非货币性长期资产。企业设置无形资产科目以核算企业持有的无形资产成本，包括专利权、非专利技术、商标权、著作权、土地使用权等。本科目可按无形资产项目进行明细核算，期末借方余额，反映企业无形资产的成本。

无形资产同时满足下列条件的，才能予以确认。

（1）与该无形资产有关的经济利益很可能流入企业。

（2）该无形资产的成本能够可靠地计量。

无形资产科目的设置，见表7-1。

表7-1　　　　　　　　　　无形资产会计科目编码的设置

科目代码	总分类科目（一级科目）	明细分类科目		是否辅助核算	辅助核算类别
		二级科目	三级科目		
1701	无形资产				
170101	无形资产	土地使用权	项目	是	部门
170102	无形资产	著作权	项目	是	部门
170103	无形资产	商标权	项目	是	部门
170104	无形资产	非专利技术	项目	是	部门
170105	无形资产	特许使用权	项目	是	部门
170106	无形资产	其他	项目	是	部门

【例7-1】2019年1月1日，精石制造有限公司开始自行研究开发一项新技术，截至当年年末该项目研究各项工作已经完成，共发生262 400元（假

定均以银行存款支付）。2020 年 1 月进入开发阶段，共发生 651 000 元，并符合开发支出予以资本化的条件，其中材料费用 350 000 元、研发人员薪酬 209 000 元、以银行存款支付相关费用 92 000 元。2020 年 3 月末，研发的新技术达到预定使用用途，形成一项非专利技术，确认为企业的无形资产。

（1）2019 年，项目研发阶段发生的支出。

借：研发支出——费用化支出　　　　　　　　　262 400

　　贷：银行存款　　　　　　　　　　　　　　　　　262 400

（2）2019 年，结转项目费用化支出。

借：管理费用　　　　　　　　　　　　　　　　262 400

　　贷：研发支出——费用化支出　　　　　　　　　262 400

（3）2020 年，项目开发阶段发生的、符合资本化条件的支出。

借：研发支出——资本化支出　　　　　　　　　651 000

　　贷：原材料　　　　　　　　　　　　　　　　350 000

　　　　应付职工薪酬　　　　　　　　　　　　　209 000

　　　　银行存款　　　　　　　　　　　　　　　　92 000

（4）2020 年 3 月末，研究开发的新技术达到预定用途。

借：无形资产——非专利技术　　　　　　　　　651 000

　　贷：研发支出——资本化支出　　　　　　　　　651 000

7.2　无形资产的摊销

　　企业应当按月对无形资产进行摊销。无形资产的摊销额一般应当计入当期损益。企业自用的无形资产，其摊销金额计入管理费用。出租的无形资产，其摊销金额计入其他业务成本，某项无形资产包含的经济利益通过所生产的产品或其他资产实现的，其摊销金额应当计入相关资产成本。如图 7-1 所示。

账面净值＝账面余额－累计摊销

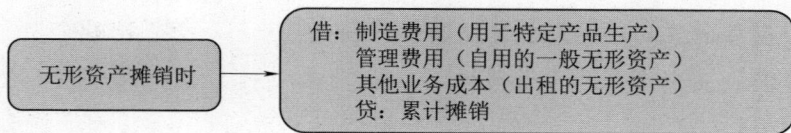

|无形资产摊销时| → |借：制造费用（用于特定产品生产）
　　管理费用（自用的一般无形资产）
　　其他业务成本（出租的无形资产）
　　贷：累计摊销|

图 7-1　无形资产的摊销账务处理

【例 7-2】2020 年 1 月 26 日，皇冠有限公司从其他公司购入一项商标权，以银行存款支付买价和有关费用合计 334 500 元。估计该项商标权的使用寿命为 10 年。假定这项无形资产的净残值均为零，并按直线法摊销。

假定按年进行摊销时：

借：管理费用　　　　　　　　　　　　　　　　　　　33 450
　　贷：累计摊销　　　　　　　　　　　　　　　　　　33 450

7.3　无形资产的处置

企业出售无形资产，应将所得价款与该项无形资产的账面价值之间的差额，计入当期损益（无使用价值记入营业外收入或营业外支出；有使用价值记入资产处置收益），如图 7-2 所示。

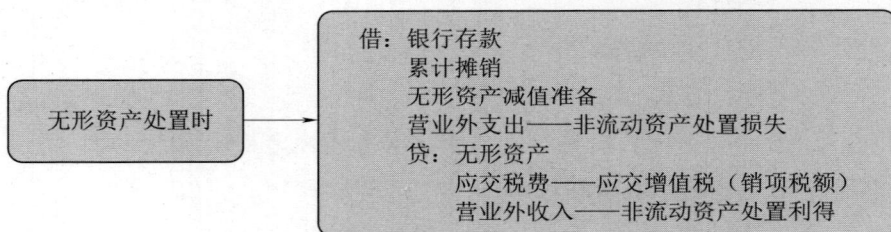

借：银行存款
　　累计摊销
　　无形资产减值准备
　　营业外支出——非流动资产处置损失
　　贷：无形资产
　　　　应交税费——应交增值税（销项税额）
　　　　营业外收入——非流动资产处置利得

图 7-2　无形资产的处置账务处理

【例 7-3】皇冠制造有限公司拥有 A 专利技术，根据市场调查，用其生产的产品已没有市场，决定应予转销。转销时，该项专利技术的账面余额为734 800 元，摊销期限为 10 年，采用直线法进行摊销，已累计摊销 497 200 元，假定该项专利权的残值为零，已累计计提的减值准备为 224 000 元，假定不考虑其他相关因素。

借：累计摊销　　　　　　　　　　　　　　　　　　497 200
　　无形资产减值准备　　　　　　　　　　　　　　224 000
　　营业外支出——处置非流动资产损失　　　　　　　13 600
　　贷：无形资产——专利权　　　　　　　　　　　734 800

第 8 章
流动负债的核算

　　流动负债是指在一年或超过一年的一个营业周期内，需要用流动资产归还或者以新的融资所获得的资金来抵偿的各种债务，如短期借款、应付票据、应付账款、预收账款、应付职工薪酬、应交税费、应付利息、应付股利、其他应付款等。

8.1 短期借款

短期借款是企业向银行或其他金融机构等借入的期限在 1 年以下（含 1 年）的各种借款，通常是为了满足正常生产经营的需要。

8.1.1 取得短期借款

企业应通过"短期借款"科目，核算短期借款的取得及偿还情况。账务处理如图 8-1 所示。

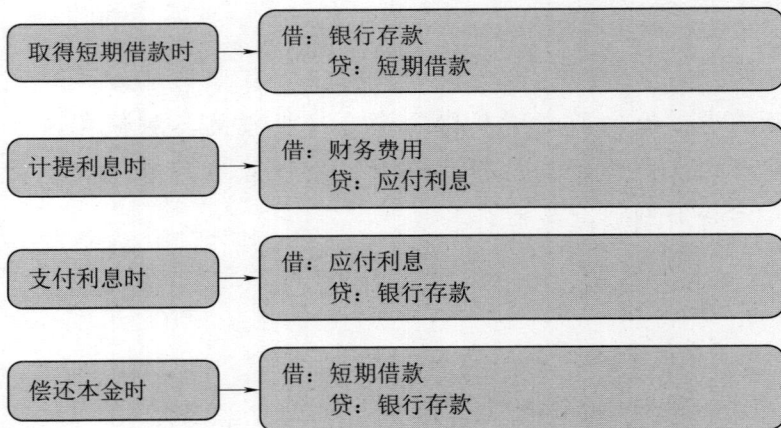

取得短期借款时	借：银行存款 贷：短期借款
计提利息时	借：财务费用 贷：应付利息
支付利息时	借：应付利息 贷：银行存款
偿还本金时	借：短期借款 贷：银行存款

图 8-1　短期借款的账务处理

8.1.2 短期借款科目的具体运用

企业的短期借款主要有：经营周转借款、临时借款、结算借款、票据贴现借款、卖方信贷、预购定金借款和专项储备借款等。见表 8-1。

表 8-1 短期借款会计科目编码的设置

科目代码	总分类科目 （一级科目）	明细分类科目		是否辅助 核算	辅助核 算项目
		二级科目	三级科目		
2001					
200101	短期借款	人民币	经营周转借款	是	贷款人
200102	短期借款	人民币	临时借款	是	贷款人
200103	短期借款	人民币	结算借款	是	贷款人
200104	短期借款	人民币	票据贴现借款	是	贷款人
200105	短期借款	人民币	卖方信贷	是	贷款人
200106	短期借款	人民币	预购定金借款	是	贷款人
200107	短期借款	人民币	专项储备借款	是	贷款人
200108	短期借款	外币	美元	是	贷款人
200109	短期借款	外币	欧元	是	贷款人
200110	短期借款	外币	其他	是	贷款人

短期借款利息较大需要计提的，在资产负债表日，按照应计的金额，借记"财务费用"账户，贷记"应付利息"账户；若利息不大无须计提，在支付利息时记入"财务费用"账户。

【例 8-1】精石制造有限公司取得短期借款 968 000 元，年利率 8%，借款期限 6 个月。利息数额较少，不进行计提，一直到期还本付息。

6 个月的利息＝968 000×8%÷12×6＝38 720（元）

（1）2020 年 1 月 1 日，取得借款时，见表 8-2。

借：银行存款　　　　　　　　　　　　　　968 000

　　贷：短期借款　　　　　　　　　　　　　　　968 000

表 8-2

中国工商银行流动资金借款收据（回单）

2020 年 1 月 1 日

借款单位全称		精石制造有限公司		存款账号		3289001909234211231							
贷款种类	短期借款	年利率	8%	贷款户账号		2237001909234217834							
贷款金额	人民币⊗（大写）玖拾陆万捌仟元整			百	十	万	千	百	十	元	角	分	
				￥ 9	6	8	0	0	0	0	0	0	
借款原因或用途：流动资金				约定还款期限		2020 年 6 月 30 日							
备注：				上列贷款已转入你单位存款户									

（工行深圳宝安支行 2020.01.01 转讫）

（2）2020 年 6 月 30 日，还本付息时，见表 8-3、表 8-4。

　　借：短期借款　　　　　　　　　　　　　　　968 000
　　　　财务费用　　　　　　　　　　　　　　　 38 720
　　　　贷：银行存款　　　　　　　　　　　　　　　1 006 720

表 8-3

存（贷）款利息传票

2020 年 6 月

借方	户名	精石制造有限公司		贷方	户名	精石制造有限公司	
	账号	3289001909234211231			账号	3289001909234211231	
备注	起息日期	止息日期	积数		利率		利息
	2020.01.01	2020.06.30			8%		38720
	调整利息：		冲正利息：				
应收（付）利息合计：叁万捌仟柒佰贰拾元整							

表 8-4

中国工商银行
转账支票存根
Ⅳ V003421

科　　目：＿＿＿＿＿＿＿
对方科目：＿＿＿＿＿＿＿
出票日期：2020 年 7 月 1 日

收款人：中国工商银行深圳宝安支行
金　额：1 006 720 元
用　途：短期借款

单位主管　张雪　　　　会计　程博

应付票据是由出票人出票,委托付款人在指定日期无条件支付特定的金额给收款人或者持票人的票据,包括商业承兑汇票和银行承兑汇票。应付票据按是否带息分为不带息应付票据和带息应付票据两种。

企业应通过"应付票据"科目核算应付票据的发生、偿付等情况。

8.2.1 应付票据科目的具体运用

企业应设置"应付票据备查簿",详细登记每一笔应付票据的种类、号码、出票日期、到期日、票面金额、交易合同号、收款单位名称等详细资料。应付票据到期付清时,应在备查簿内逐笔注销。企业支付的银行承兑汇票手续费应计入当期财务费用。具体科目设置,见表8-5。

表8-5 应付票据会计科目编码的设置

科目代码	总分类科目 (一级科目)	明细分类科目		是否辅助核算	辅助核算类别
		二级科目	三级科目		
2201	应付票据				
220101	应付票据	银行承兑汇票	种类	是	客户往来
220102	应付票据	商业承兑汇票	种类	是	客户往来

应付票据的核算主要包括开出并承兑商业汇票、期末计提票据利息、到期支付票款。企业因购买材料、商品和接受劳务供应等而开出、承兑的商业汇票,应当按其票面金额作为应付票据的入账金额。企业开出、承兑的带息票据,通常应在期末对尚未支付的应付票据计提利息,计入当期财务费用。

应付票据的主要账务处理如图8-2所示。

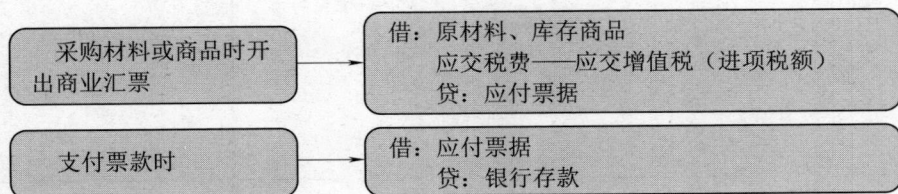

图 8-2 应付票据的账务处理

8.2.2　应付票据的核算

1. 不带息应付票据的账务处理

不带息票据是指债务人到期还款时，只偿还面值金额，即票据到期值等于面值，应按其面额记账，借记"材料采购""库存商品""应交税费"等账户，贷记"应付票据"账户。

【例 8-2】2019 年 4 月 16 日，精石制造有限公司开出期限为 3 个月、票面金额为 63 619 元的不带息商业承兑汇票支付绿地公司货款，增值税专用发票上列明价款 56 300 元，增值税额 7 319 元，商品验收入库。见表 8-6。

表 8-6　　　　　　　　　　　　**商业承兑汇票**

出票日期（大写）：贰零壹玖年零肆月壹拾陆日　　汇票号码×××

付款人	全称	精石制造有限公司		收款人	全称	绿地公司											
	账号	3289001909234211231			账号	1023451909234287453											
	开户银行	工商银行深圳龙岗支行	行号 123		开户银行	深圳宝山路支行	行号 234										
出票金额		人民币（大写）⊗陆万叁仟陆佰壹拾玖元整				千	百	十	万	千	百	十	元	角	分		
								¥	6	3	6	1	9	0	0		
汇票到期日（大写）		贰零壹玖年零柒月壹拾伍日		款人开户行	行号	123											
交易合同号码					地址	深圳市宝安区龙华宝山路 123 号											

本汇票已经承兑，到期无条件支付票款。	本汇票予以承兑，于到期日付款。
承兑人签章　袁枚 承兑日期　2019 年 7 月 15 日	出票人签章　贾林

2019 年 4 月 16 日开出不带息商业汇票时。

借：库存商品　　　　　　　　　　　　　　　　　　56 300

　　　应交税费——应交增值税（进项税额）　　　7 319

　　　　贷：应付票据——商业承兑汇票——绿地公司　　　63 619

2019 年 7 月 15 日，支付票款时。

借：应付票据——商业承兑汇票——绿地公司　　　63 619

　　　贷：银行存款　　　　　　　　　　　　　　　　　63 619

2. 带息票据的账务处理

带息票据是指债务人到期还款时，除了偿还面值金额外，同时要偿还票据利息，即票据到期值等于面值加利息。利息为债务人由于延期支付款项所付出的代价，记入"财务费用"账户。

【例 8-3】 精石制造有限公司 2019 年 5 月 1 日从乙公司购进一批原材料，不含税价格 912 000 元，增值税率 13%，开出一张期限 4 个月等值的带息商业汇票，年利率为 8%。

（1）2019 年 5 月 1 日，开出商业汇票时。

借：原材料　　　　　　　　　　　　　　　　　　912 000

　　　应交税费——应交增值税（进项税额）　　　118 560

　　　　贷：应付票据——商业承兑汇票——乙公司　　　1 030 560

（2）2019 年 5 月 31 日，计提 1 个月应计利息。

应计利息＝1 030 560×1×8%÷12＝6 870.40（元）

借：财务费用　　　　　　　　　　　　　　　　　6 870.40

　　　贷：应付票据——商业承兑汇票——乙公司　　　6 870.40

6—8 月末同样计提，4 个月合计计提 27 481.60 元。

（3）2019 年 8 月 31 日到期付款时。

借：应付票据——商业承兑汇票——乙公司　　　1 058 041.60

　　　贷：银行存款　　　　　　　　　　　　　　　　1 058 041.60

8.3　合同负债

合同负债是指企业已收或应收客户对价而应向客户转让商品的义务。如企业在转让承诺的商品之前已收取的款项。本科目应按合同进行明细核算。

8.3.1　合同负债科目的具体运用

合同负债科目应按合同进行明细核算。见表 8-7。

表 8-7　　　　　　　　　　　合同负债会计科目编码的设置

总分类科目（一级科目）	明细分类科目		是否辅助核算	辅助核算类别
	二级明细科目	三级明细科目		
合同负债				
合同负债	预收的账款	商品、劳务类别	是	购货单位名称
合同负债	预收的定金	商品、劳务类别	是	购货单位名称
合同负债	预收原料款	商品、劳务类别	是	购货单位名称
合同负债	预收工程款	商品、劳务类别	是	购货单位名称

8.3.2　合同负债的核算

合同负债的主要账务处理，具体如图 8-3 所示。

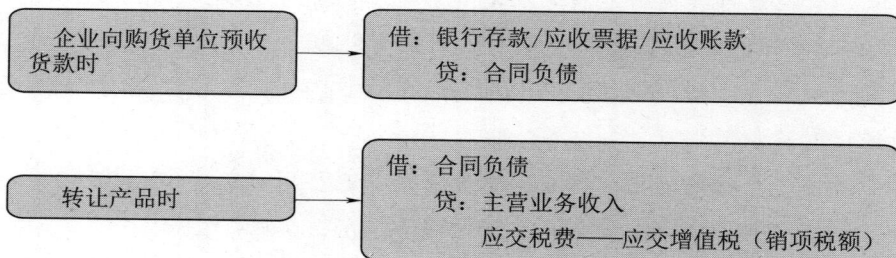

图 8-3　合同负债的账务处理

【**例 8-4**】2020 年 4 月 3 日，精石制造有限公司与乙企业签订供货合同，向其出售一批设备，货款金额共计 178 000 元，应交纳的增值税 23 140 元。根据购货合同规定，购货合同签订一周内，乙企业向精石制造有限公司预付货款 89 200 元，剩余货款在交货后付清。4 月 18 日，精石制造有限公司将货物发到乙企业并开出增值税发票，4 月 20 日乙企业验收合格后付清了剩余货款。

（1）4 月 18 日，收到预付款。

借：银行存款   89 200

    贷：合同负债   89 200

（2）4 月 20 日，收到剩余货款。

借：合同负债   89 200

    银行存款   111 940

    贷：主营业务收入   178 000

        应交税费——应交增值税（销项税额）   23 140

8.4 应付职工薪酬

职工薪酬，是指企业为获得职工提供的服务或解除劳动关系而给予的各种形式的报酬或补偿。职工薪酬包括短期薪酬、离职后福利、辞退福利和其他长期职工福利。企业提供给职工配偶、子女、受赡养人、已故员工遗属及其他受益人等的福利，也属于职工薪酬。

8.4.1 应付职工薪酬的具体运用

职工薪酬的内容如图 8-4 所示。

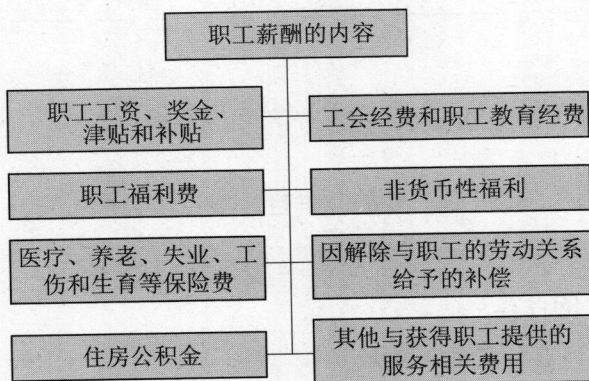

图 8-4　职工薪酬的内容

为了核算应付给职工的各种薪酬，企业应设置"应付职工薪酬"科目。本科目应当按照"工资""职工福利""社会保险费""非货币性福利""住房公积金""工会经费""职工教育经费""解除职工劳动关系补偿"等应付职工薪酬项目进行明细核算。见表8-8。

表8-8 应付职工薪酬会计科目编码的设置

科目代码	总分类科目（一级科目）	明细分类科目		是否辅助核算	辅助核算类别
		二级科目	三级科目		
2211	应付职工薪酬				
221101	应付职工薪酬	工资、奖金、津贴、补贴	项目	是	部门
221102	应付职工薪酬	职工福利	项目	是	部门
221103	应付职工薪酬	社会保险费	项目	是	部门
221104	应付职工薪酬	非货币性福利	项目	是	部门
221105	应付职工薪酬	住房公积金	项目	是	部门
221106	应付职工薪酬	工会经费	项目	是	部门
221107	应付职工薪酬	职工教育经费	项目	是	部门
221108	应付职工薪酬	解除职工劳动关系补偿	项目	是	部门
221109	应付职工薪酬	其他	项目	是	部门

8.4.2 应付职工薪酬的核算

企业应当通过"应付职工薪酬"科目，核算应付职工薪酬的提取、结算、使用等情况。

1. 计时工资的计算

计时工资的计算公式如下所示：

计时工资＝（岗位工资÷月平均天数）×出勤天数

通常来讲，由于计算时采用的时间单位不同，计时工资可分为三种具体形式：小时工资制、日工资制以及月工资制。以月工资制为例来讲，采用月薪制计时工资时，其计算公式如下所示：

$$应付计时工资＝日工资额×出勤天数$$

$$＝月标准工资－日工资额×缺勤天数$$

其中，月标准工资可以根据工资卡片的记录取得，缺勤记录可以根据考勤记录取得，日工资率的计算方法有如下两种。

（1）月固定按 30 天计算，日工资率为每月标准工资除以 30 天，即：

$$日工资率＝月标准工资÷30 日$$

采用这种方法计算日工资率时，缺勤期间的节假日也视为缺勤，照样要扣工资。

（2）每月按 21 天计算（全年 365 天扣除法定节假日 11 天及 104 个公休日，再用 12 个月平均），日工资率为全月标准工资除以 21 天，即：

$$日工资率＝月标准工资÷21 日$$

采用这种方法计算日工资率时，缺勤期间的节假日、星期天不算缺勤，不扣工资。

2. 计件工资的计算

所谓计件工资制，是按照工人生产的合格产品的数量或完成的一定作业量，根据一定的计件单价计算劳动报酬的一种工资形式。

一般来讲，计件工资是根据工长开具的施工任务完成单和工种综合单价，先计算出整个班组的劳动报酬，再根据职工个人工作时数计算出职工个人的劳动报酬。

计件工资的计算公式如下所示：

班组计件工资＝班组实际完成合格工程量×计件单价

个人计件工资＝该职工工作时数×（班组计件工资÷班组总工作时数）

事实上，在具体的应用中，计件工资还可以按完成定额工时乘以工时单价（经测算确定的小时工资率）计算。首先，计算月份内完成的各种产品的定额工时数，公式为：

完成定额工时数＝∑（每种产品完成数量×该种产品单位定额工时）

其中，产品完成数包括合格产品数量和料废品数量。

其次，根据定额工时数和小时工资率计算应付计件工资，公式为：

应付计件工资＝完成定额工时数×应付计件工资

$$＝完成定额工时数×工时单价$$

3. 工资单的编制

在工资结算表中，要根据工资卡、考勤记录、产量记录及代扣款项等资料按人名填列"应付工资""代扣款项""实发金额"三大部分。一般情况下，工资结算表一般应编制一式三份：一份由劳动工资部门存查；一份裁成"工资条"，连同工资一起发给职工；一份在发放工资时由职工签章后交财会部门作为工资核算的凭证，并用以代替工资的明细核算。由于工资结算表是按各个车间、部门分别编制的，因此，只能反映各个车间、部门工资结算和支付的情况。

企业工资的账务处理，如图 8-5 所示。

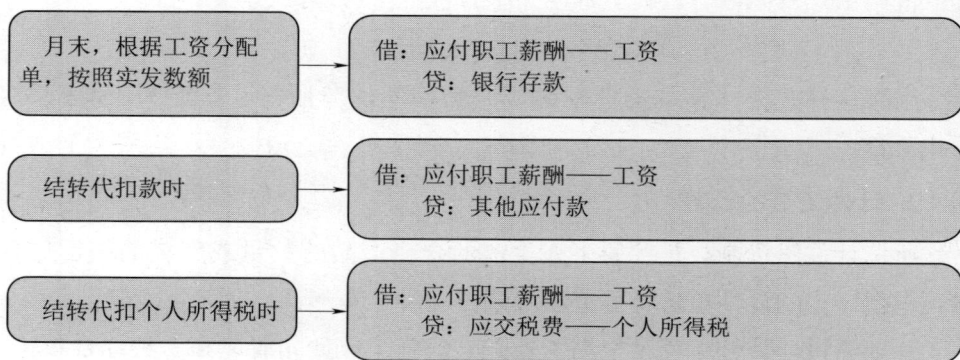

图 8-5 应付职工薪酬的账务处理

【**例 8-5**】精石制造有限公司 2020 年 5 月工资结算表，见表 8-9。

表 8-9

工资结算汇总表

2020 年 5 月

单位：元

人员类别	计时工资	计件工资	奖金	津贴和补贴	加班加点工资	其他工资	合计	代扣款项	代扣个人所得税	实发工资
生产工人	340 000	80 000	10 200	8 000	8 000	2 200	448 400	27 900	12 000	408 500
机械作业人员	20 000		1 000	700			21 700	450	1 800	19 450
企业管理人员	112 000		7 800	12 500			132 300	2 000	10 800	119 500
合计	472 000	80 000	19 000	21 200	8 000	2 200	602 400	30 350	24 600	547 450

根据工资结算业务，编制会计分录如下。

（1）通过银行转账方式，实际发放工资 547 450 元。

借：应付职工薪酬——工资　　　　　　　　　　　　547 450

　　贷：银行存款　　　　　　　　　　　　　　　　　　547 450

（2）结转代扣款 30 350 元。

借：应付职工薪酬——工资　　　　　　　　　　　　30 350

　　贷：其他应付款　　　　　　　　　　　　　　　　　30 350

（3）结转代扣个人所得税 24 600 元。

借：应付职工薪酬——工资　　　　　　　　　　　　24 600

　　贷：应交税费——应交个人所得税　　　　　　　　24 600

4. 工资分配

"应付职工薪酬——工资"科目月末有余额，贷方余额为累计应付未付工资，借方余额为累计多付工资。在企业各月工资总额相差不多的情况下，按照重要性要求，也可以按照当月实际支付的工资额进行分配，采用这种方法，"应付职工薪酬——工资"科目月末没有余额。账务处理如图 8-6 所示。

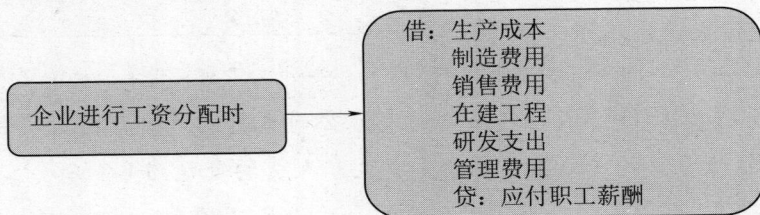

图 8-6　分配工资时的账务处理

【例 8-6】5 月末，精石制造有限公司根据"工资结算汇总表"，结算本月应付工资总额 495 000 元，其中生产人员工资 280 000 元，销售人员 120 000 元，企业行政人员工资为 95 000 元。编制工资分配汇总表，见表 8-10。

表 8-10　　　　　　　　　　　　编制工资分配汇总表

单位：元

应借科目	生产工人	销售人员	企业管理人员	合计
生产成本	280 000			280 000
销售费用		120 000		120 000
管理费用			95 000	95 000
合计	280 000	120 000	95 000	495 000

借：生产成本——基本生产成本   280 000

  销售费用   120 000

  管理费用   95 000

  贷：应付职工薪酬——工资   495 000

5. 应付社会保险费和住房公积金

应由职工个人负担的社会保险费和住房公积金，属于职工工资的组成部分应根据职工工资的一定比例计算，应由企业负担的社会保险费和住房公积金，应在职工为其提供服务的会计期间，根据职工工资的一定比例计算。账务处理如图 8-7 所示。

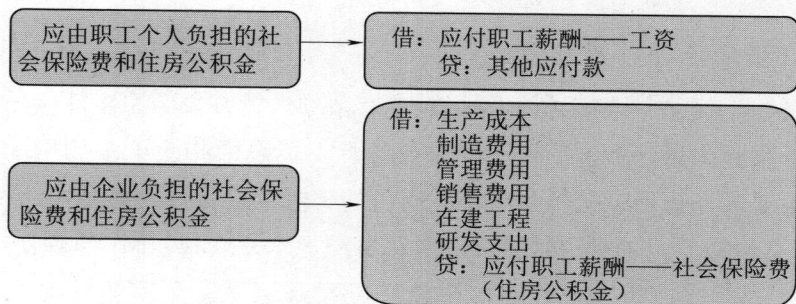

图 8-7 应付社会保险费和住房公积金的账务处理

【例 8-7】2018 年 1 月，精石制造有限公司本月向社会保险经办机构缴纳职工医疗保险费共计 140 260 元，其中生产人员的金额为 67 500 元，销售人员的金额为 44 800 元，企业管理人员的金额为 27 960 元。会计分录如下：

借：生产成本——基本生产成本   67 500

  销售费用   44 800

  管理费用   27 960

  贷：应付职工薪酬——社会保险费（医疗保险费） 140 260

6. 应付工会经费和职工教育经费的计提与使用

工会经费是按照国家规定由企业负担的用于工会活动方面的经费（2%），职工教育经费是按国家规定由企业负担的用于职工教育方面的经费（8%）。

为了反映工会经费和职工教育经费的提取和使用情况，应在"应付职工薪酬"科目下设"工会经费"和"职工教育经费"明细科目。账务处理如图 8-8 所示。

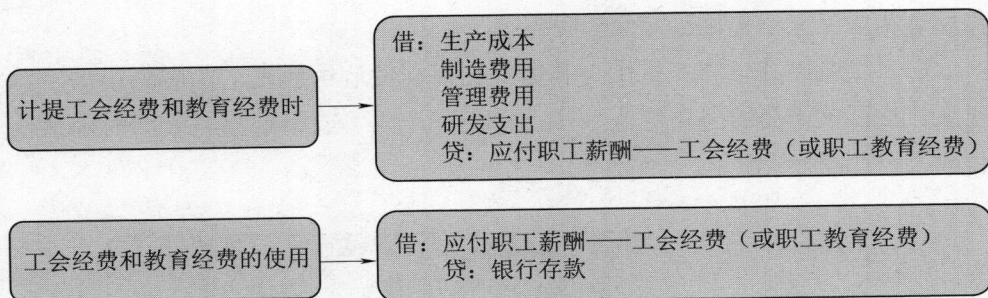

图 8-8　应付工会经费和职工教育经费的账务处理

　　职工教育经费的扣除范围：根据财政部、中华全国总工会、中华人民共和国国家发展和改革委员会、国家税务总局等 11 个部委联合印发《关于企业职工教育经费提取与使用管理的意见》（财建〔2006〕317 号文件）明确规定，企业的职工教育经费的列支范围包括以下几项：①上岗和转岗培训；②各类岗位适应性培训；③岗位培训、职业技术等级培训、高技能人才培训；④专业技术人员继续教育；⑤特种作业人员培训；⑥企业组织的职工外送培训的经费支出；⑦职工参加的职业技能鉴定、职业资格认证等经费支出；⑧购置教学设备与设施；⑨职工岗位自学成才奖励费用；⑩职工教育培训管理费用；⑪有关职工教育的其他开支。

8.4.3　非货币性职工薪酬的核算

　　非货币性职工薪酬是指企业以非货币性资产支付给职工的薪酬，主要包括企业以自产产品发放给职工作为福利、将企业拥有的资产无偿提供给职工使用、为职工无偿提供医疗保健服务等。

（1）企业以其自产产品作为非货币性福利发放给职工的，应当根据受益对象，按照该产品的公允价值，计入相关资产成本或当期损益，同时确认销售收入，如图 8-9 所示。

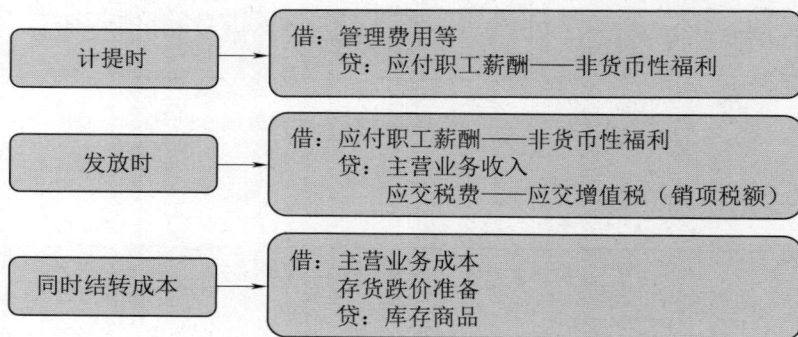

图 8-9　非货币性职工薪酬的账务处理

（2）企业将拥有的房屋等资产无偿提供给职工使用的，应当根据受益对象，将该住房每期应计提的折旧计入相关资产成本或当期损益，同时确认应付职工薪酬。租赁住房等资产供职工无偿使用的，应当根据受益对象，将每期应付的租金计入相关资产成本或当期损益，并确认应付职工薪酬。基本账务处理如图 8-10 所示。

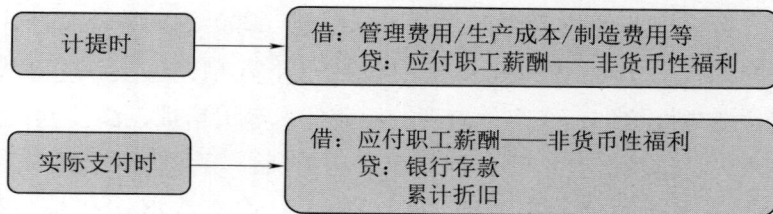

图 8-10　非货币性福利费的账务处理

【例 8-8】精石制造有限公司为部分单身员工租用宿舍，每月租金 49 800 元，编制会计分录如下。

①确认非货币性福利。

借：管理费用　　　　　　　　　　　　　　　　　　　49 800
　　贷：应付职工薪酬——非货币性福利　　　　　　　　　　49 800

②支付租金时。

借：应付职工薪酬——非货币性福利　　　　　　　　　49 800

　　贷：银行存款　　　　　　　　　　　　　　　　　　49 800

（3）企业在职工劳动合同到期之前解除与职工的劳动关系，或者为鼓励职工自愿接受裁减而提出给予补偿的建议，同时满足下列条件的，应当确认因解除与职工的劳动关系给予补偿而产生的应付职工薪酬，同时计入当期损益。

①企业已制定正式的解除劳动关系计划或提出自愿裁减建议，并即将实施。该计划或建议应当包括拟解除劳动关系或裁减的职工所在部门、职位及数量；根据有关规定按工作类别或职位确定的解除劳动关系或裁减补偿金额；拟解除劳动关系或裁减的时间。

②企业不能单方面撤回解除劳动关系计划或裁减建议。为了反映解除劳动关系补偿的提取和支付情况，应在"应付职工薪酬"科目下设置"辞退福利"明细科目。

由于被辞退职工不能再给企业带来任何经济利益，辞退福利应当计入当期费用而不是资产成本。借记"管理费用"科目，贷记"应付职工薪酬——辞退福利"科目。账务处理如图8-11所示。

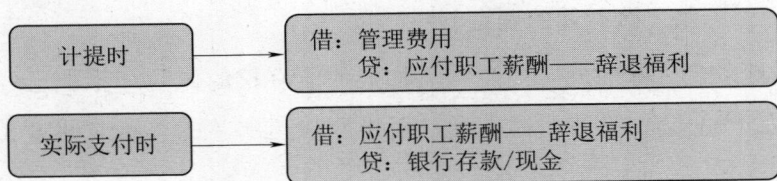

图8-11　因解除与职工劳动关系给予的补偿账务处理

8.5　应付账款核算

应付账款是指一般纳税人企业因购买材料、商品或接受劳务供应等业务应支付给供应者的账款。应付账款是由于在购销活动中买卖双方取得物资与支付货款在时间上的不一致而产生的负债。企业的其他应付款项，如应付赔偿款、应付租金、存入保证金等，不属于应付账款的核算内容。其具体账户结构如图8-12所示。

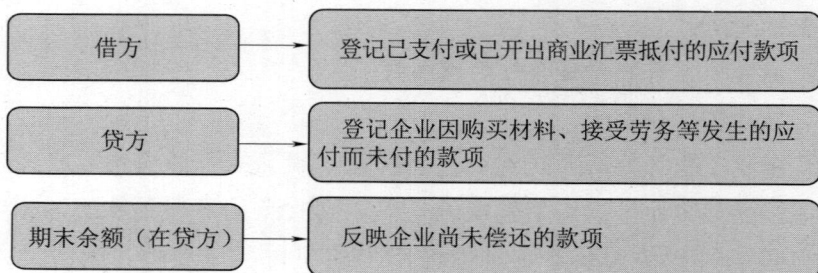

图 8-12 应付账款的账户结构

应付账款会计科目编码的设置，见表 8-11。

表 8-11   **应付账款会计科目编码的设置**

科目代码	总分类科目（一级科目）	明细分类科目		是否辅助核算	辅助核算类别
		二级科目	三级科目		
2202	应付账款				
220201	应付账款	××公司			
22020101	应付账款	××公司	应付商品款	是	客户/债务人
22020102	应付账款	××公司	应付工程款	是	客户/债务人
22020103	应付账款	××公司	应付质保金	是	客户/债务人

1. 应付账款入账时间的确定

应付账款的入账时间，应以购买物资的所有权的风险和报酬已经转移或劳务已接受为标志。在现行企业会计制度对应付账款的入账时间做了以下两种情况的规定。

（1）在货物与发票账单同时到达的情况下，应付账款一般待货物验收入库后，才按发票账单所记载的实际价款入账。这样，确认所购货物的质量、品种及数量是否与合同条款相符，可以避免因先入账再行调账的情况。

（2）在货物与发票账单非同时到达，且两者间隔较长时间的情况下，应付账款的入账时间以收到发票账单为准。对于货到未付款的情况，由于该笔负债已经成立，月末编制资产负债表时，企业应将所购货物及应付债务暂估价入账，以使在月末编报的资产负债表中客观地反映企业所拥有的资产和应承担的债务。

2. 应付账款入账金额的确定

应付账款的入账金额通常按发票账单等凭证上记载的实际发生额登记入账；当购货附有现金折扣条件时，应付账款的入账金额一般采用总价法核算。在总价法下，应付账款发生时，直接按发票上的应付金额的总额记账。如果在折扣期内付款，所取得的现金折扣收入作为理财收益处理。

3. 应付账款的核算

为了核算企业因购买材料、接受劳务等而应向供应方支付的款项，企业应当设置"应付账款"账户。"应付账款"属于负债类账户，一般按供应单位设置明细账进行明细核算。

企业应付账款的发生有两种情况，应分别根据不同情形给予不同的会计处理。具体见表 8-11。

表 8-11　　　　　　　　　　　应付账款的账务处理

业务情景		账务处理
采购的材料已入库，但货款尚未支付，则根据发票所记载已到的收料凭证入账		借：原材料、库存商品（按实际应付金额） 　　应交税费——应交增值税（进项税额） 　贷：应付账款
所购材料已到，但月终发票单据未到，货款尚未支付	月终暂估计所购材料的成本和增值税	借：材料采购（按暂估价） 　　应交税费——应交增值税（进项税额） 　贷：应付账款
	下月初用红字予以冲销，待发票单据到达后再付款	借：材料采购（按实际支付额） 　　应交税费——应交增值税（进项税额） 　贷：银行存款

【例 8-9】2019 年，某企业发生的应付账款业务如下。

（1）4 月 1 日，从 A 公司购入一批材料，货款为 653 000 元，增值税为 84 890 元。材料已运达企业并已验收入库（公司材料采用实际成本计价核算），款项尚未支付。

①应付账款发生时。

借：原材料　　　　　　　　　　　　　　　　　　653 000

　　应交税费——应交增值税（进项税额）　　　　 84 890

　　贷：应付账款——A 公司　　　　　　　　　　　　　737 890

②支付应付账款时。

借：应付账款   737 890

    贷：银行存款   737 890

（2）5 月 30 日，根据用电部门通知，该企业本月应支付的电费为 95 800 元。其中生产车间电费 65 000 元，管理部门电费 30 800 元，款项尚未支付。

①应付账款发生时。

借：制造费用   65 000

    管理费用   30 800

    贷：应付账款 ——供电公司   95 800

②6 月 1 日，通过银行存款支付应付账款款项时。

借：应付账款   95 800

    贷：银行存款   95 800

（3）12 月 31 日，经企业调查取证，原欠 B 公司的应付账款 42 330 元，因 B 公司的注销无法支付，予以转销。

借：应付账款——B公司   42 330

    贷：营业外收入   42 330

第 9 章
非流动性负债的核算

　　非流动性负债又称为长期负债，是指偿还期在一年或者超过一年的一个营业周期以上的债务。非流动性负债的主要项目有长期借款和应付债券。非流动性负债主要是企业为筹集长期投资项目所需资金而发生的，比如企业为购买大型设备而向银行借入的中长期贷款等。本章主要介绍长期借款、长期应付款、应付债券的科目设置及账务处理。

9.1 长期借款

长期借款是指一般纳税人企业向银行或其他经营机构借入的期限在一年以上（不含一年）的各种借款。

9.1.1 长期借款科目的具体运用

为了核算借入的长期借款，一般纳税人企业应设置"长期借款"科目，该科目应按借款单位和借款种类设明细账，分别以"本金""利息调整"等进行明细核算。长期借款科目的具体结构如图 9-1 所示。

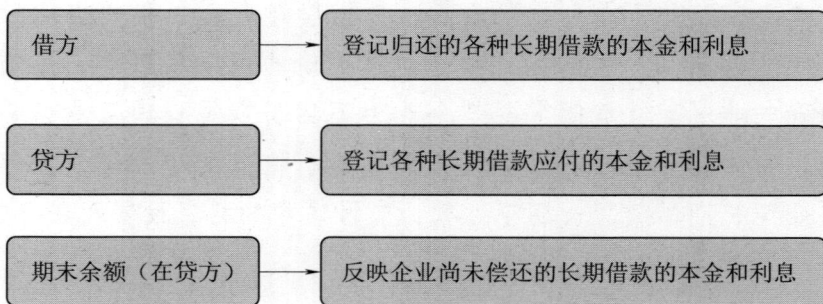

借方	→	登记归还的各种长期借款的本金和利息
贷方	→	登记各种长期借款应付的本金和利息
期末余额（在贷方）	→	反映企业尚未偿还的长期借款的本金和利息

图 9-1　长期借款科目结构

企业应通过"长期借款"科目，核算长期借款的借入、归还等情况。

企业应通过"长期借款"科目核算长期借款的取得和偿还情况，并分别设置"本金""应计利息""利息调整"等二级科目进行明细核算。本科目期末贷方余额，反映企业尚未偿还的长期借款的摊余成本。见表 9-1。

表 9-1 长期借款会计科目编码的设置

科目代码	总分类科目 (一级科目)	明细分类科目		是否辅助 核算	辅助核算 类别
		二级科目	三级科目		
2501	长期借款				
250101	长期借款	本金	贷款种类	是	贷款单位
250102	长期借款	利息调整	贷款种类	是	贷款单位
250103	长期借款	应计利息	贷款种类	是	贷款单位
250104	长期借款	交易费用	贷款种类	是	贷款单位
250105	长期借款	其他	贷款种类	是	贷款单位

9.1.2 长期借款的核算

长期借款的账务处理，如图 9-2 所示。

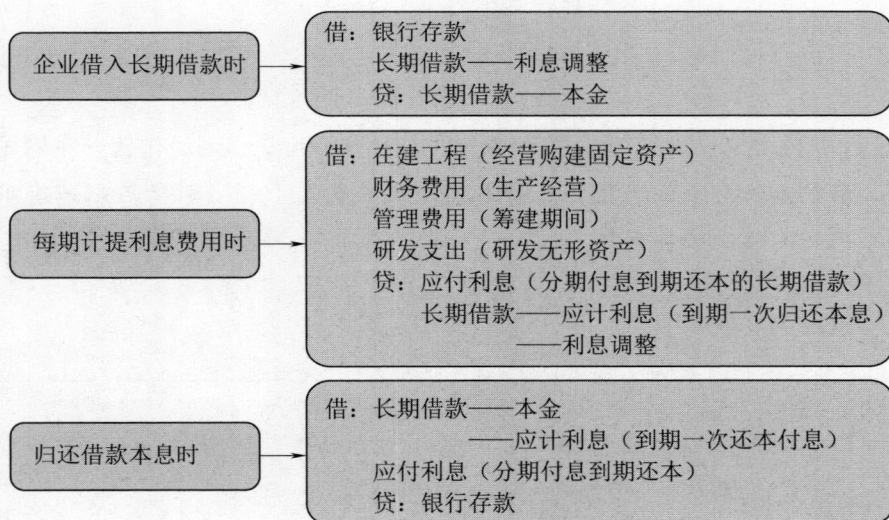

图 9-2 长期借款的账务处理

长期借款利息的计算有两种方式，即单利计算法和复利计算法两种。

（1）单利。

单利计算法是指只按本金计算利息，其所生成利息不再加入本金重复计算利息。其计算公式为：

$$借款本利和＝本金＋利息$$
$$＝本金＋本金×利率×期数$$

【**例 9-1**】精石制造有限公司向银行借入一笔 3 490 000 元的借款，银行借款利率为 8％，借款期限为 4 年，采用单利方式计息。则精石制造有限公司每年应付的长期借款利息为：

每年的利息＝本金×利率×期数＝3 490 000×8％×1＝279 200（元）

4 年利息总额＝279 200×4＝1 116 800（元）

4 年到期时，该公司需偿还银行的资金总额为：

本利和＝3 490 000＋1 116 800＝4 606 800（元）

（2）复利。

复利是指不仅对借款的本金计算利息，其前期所发生的利息也要加入本金重复计算利息，也就是根据本金和前期利息之和计算各期利息，俗称"利滚利"。

其计算公式为：

$$本利和＝本金×（1＋利率）^{期数}$$
$$利息＝本利和－本金$$
$$＝本金×［（1＋利率）^{期数}－1］$$

【**例 9-2**】精石制造有限公司向银行借入一笔 500 000 元的借款，年利率为 10％，借款期限为 5 年，采用复利方式计息。见表 10-2。则精石制造有限公司每年应付的长期借款利息为：

表 9-2

<table>
<tr><td colspan="2" align="center">中国银行　借款凭证
日期：2018 年 1 月 1 日</td></tr>
<tr><td>借款人：精石制造有限公司</td><td>贷款账号：</td></tr>
<tr><td>借款种类：一般企业流动性资金贷款</td><td>利率：10％</td></tr>
<tr><td>借款用途：材料款
借款合同科目代码：No45653
担保合同科目代码：No9436
借款日期：2018 年 1 月 1 日
金额：人民币伍拾万元整</td><td>到期日：2022 年 12 月 31 日

存款账号</td></tr>
<tr><td colspan="2">上述贷款已入借款人账户　　中国人民银行深圳市支行
2018.1.01　业务办讫章</td></tr>
<tr><td>制单：　　　　复核：</td><td></td></tr>
</table>

第一年的利息＝500 000×10％＝50 000（元）

第二年的利息＝（500 000＋50 000）×10％＝55 000（元）

第三年的利息＝（500 000＋50 000＋55 000）×10％＝60 500（元）

第四年的利息＝（500 000＋50 000＋55 000＋60 500）×10％＝66 550（元）

第五年的利息＝（500 000＋50 000＋55 000＋60 500＋66 550）×10％＝73 205（元）

编制计提利息表，见表9-3。

表9-3 借款利息计提表

单位：元

序号	贷款银行	借款金额	年利率	年利息金额
1	中国银行	500 000	10％	50 000
2			10％	55 000
3			10％	60 500
4			10％	66 550
5			10％	73 205
合计		500 000		305 255

审核　　　　制单

5 年到期时精石制造有限公司需偿还银行的资金总额为：

本利和＝500 000×（1＋10％）^{5}＝500 000×1.610 51＝805 255（元）

五年利息总额＝805 255－500 000＝305 255（元）

还款付息凭证，见表9-4。

表9-4 中国银行存（贷）款利息凭证

币种：人民币（本位币）　　　2022 年 12 月 31 日　　　单位：元

付款人	户名	精石制造有限公司		收款人	户名	普通长期贷款利息收入
	账号	3289001909234211231			账号	211565435678512341
金额（大写）					计息账号	211565435678517621
借据科目代码					借据序号	
备注	起息日	止息日	积数	利率	利息	
	2018.1.1	2022.12.31		10 ％	305 255	
	调整利息：	冲正利息：				
银行章		经办人				

长期应付款是企业除长期借款和应付债券以外的其他各种长期应付款项，包括应付融资租入固定资产的租赁费、以分期付款方式购入固定资产等发生的应付款项等。

9.2.1 长期应付款科目的具体运用

企业应设置"长期应付款"科目，用以核算企业融资租入固定资产和以分期付款方式购入固定资产时应付的款项及偿还情况。

长期应付款科目的具体设置，见表 9-5。

表 9-5　　　　　　　　　　长期应付款会计科目编码的设置

科目代码	总分类科目（一级科目）	明细分类科目		是否辅助核算	辅助核算类别
		二级科目	三级科目		
2701	长期应付款				
270101	长期应付款	人民币			
27010101	长期应付款	人民币	融资租入固定资产	是	债权人
27010102	长期应付款	人民币	分期付款购入固定资产	是	债权人
27010103	长期应付款	人民币	补偿贸易	是	债权人
270102	长期应付款	外币			
27010201	长期应付款	外币	融资租入固定资产	是	债权人
27010202	长期应付款	外币	分期付款购入固定资产	是	债权人
27010203	长期应付款	外币	补偿贸易	是	债权人

9.2.2 长期应付款的核算

《企业会计准则第 21 号——租赁》修订版规范租赁的确认、计量和相关信息列报。租赁是指在一定期间内，出租人将资产的使用权与承租人以获取对价的合同。与原准则相比，承租人会计处理不再区分经营租赁与融资租赁，而是采用单一的会计处理方式。除了采用简化处理的短期租赁和低价值资产租赁外，对所租赁均确认使用权资产和租赁负债。在境内外同时上市的企业以及在境外上市并采用《国际财务报告准则》或《企业会计准则》编制财务报表的企业，自 2019 年 1 月 1 日起实施。

1. 承租人账务处理

（1）一般融资租赁承租方账务处理，见表 9-6。

表 9-6　　　　　　　　　　　一般融资租赁承租方账务处理

业务情形	账务处理
租赁期开始日	借：融资租赁资产（租赁开始日资产公允价值与最低租赁付款额现值较低者） 　　未确认融资费用 贷：长期应付款
付款时	借：长期应付款 贷：银行存款
同时分摊未确认融资费用	借：财务费用 贷：未确认融资费用（以实际利率计算确认）

需要注意的是，承租人在租赁过程中发生的手续费、差旅费、律师费和印花税，计入租入资产价值；租赁期开始日为承租方有权行使使用租入资产的权利的开始日期；承租人在计算最低租赁付款额时，能取得出租方的租赁内含利率的，以租赁内含利率作为折现率；否则，以合同约定的利率为折现率；合同也没有约定的，以同期银行贷款利率为折现率。

①租赁内含利率是指租赁开始日，使最低租赁收款额现值与未担保余值的现值之和等于固定资产公允价值与出租人初始出租费用之和的折现率。

②未担保余值，是就出租人而言的担保余值之外的资产余值。

③未确认融资费用在租赁期内分摊确认。以实际利率法计算确认当期的融资费用。

④或有租金在实际发生时计入当期损益。

（2）融资性售后回租业务承租方账务处理见表 9-7。

表 9-7　　　　　　　　　　　融资性售后回租业务承租方账务处理

业务情形	账务处理
出售资产时	借：应收账款（银行存款） 　　累计折旧 　贷：固定资产 　　　递延收益
租入资产时	借：融资租赁资产 　贷：长期应付款 　　未确认融资费用
付款时	借：长期应付款 　贷：银行存款
同时分摊未确认融资费用	借：财务费用 　贷：未确认融资费用（按实际利率确认）
租入资产折旧	借：管理费用 　贷：累计折旧
分摊递延收益	借：递延收益 　贷：管理费用

【例 9-3】向阳机械厂以 3 600 000 元的价格向永晖设备厂出售一套不需要安装的设备，原价 3 000 000 元，已提折旧 800 000 元。双方签订合同，取得 3 年使用权，从 2017 年 1 月 1 日开始，每年年末支付租金 900 000 元。合同约定利率为 6％，该资产公允价格为 3 200 000 元，采用年限平均法计提折旧。

计算相关数据如下。

年租赁付款额的现值＝900 000×（P/A，6％，3）＝900 000×2.673 0
＝2 405 700（元）

额外融资年付款额＝（3 600 000－3 200 000）÷2 405 700×900 000
＝149 644.59（元）

租赁相关年付款额＝900 000－149 644.59＝750 355.41（元）

在租赁开始日，向阳机械厂会计处理如下：

（1）计算使用权资产

使用权资产＝（设备账面价值－累计折旧）×（年租赁付款额现值÷该资产公允价格）

$\quad$＝（3 000 000－800 000）×（2 405 700÷3 200 000）

$\quad$＝2 200 000×0.751 8

$\quad$＝1 653 960（元）

（2）计算转让利得

出售该设备的全部利得＝3 200 000－2 200 000＝1 000 000（元）

其中，与设备使用权相关的利得＝1 000 000×2 405 700÷3 200 000

$\quad\quad\quad\quad\quad\quad\quad$＝751 800（元）

与转让至永晖设备厂权利相关的利得＝1 000 000－751 800＝248 200（元）

根据上述资料，编制会计分录：

①与额外融资相关

借：货币资金　　　　　　　（3 600 000－3 200 000）400 000

　　贷：长期应付款　　　　　　　　　　　　400 000

②与租赁相关

借：货币资金　　　　　　　　　　　　　3 200 000

　　使用权资产　　　　　　　　　　　　1 653 960

　　固定资产——设备——累计折旧　　　　800 000

　　贷：固定资产——设备——原值　　　　　3 000 000

　　租赁负债——租赁付款额（750 355.41×3）2 251 066.23

　　资产处置损益　　　　　　　　　　　　248 200

　　租赁负债——未确认融资费用　　　　　154 693.77

③后续会计处理：

向阳机械厂支付的年付款额900 000元中的750 355.41元作为租赁付款额处理。

第一年年末会计处理。

利息费用＝2 405 700×6％＋400 000×6％＝144 342＋24 000＝168 342（元）

长期应付款减少额＝149 644.59－400 000×6％＝125 644.60（元）

2. 融资租赁业务特殊涉税处理

（1）增值税。融资租赁服务按贷款服务缴纳增值税；以收取的价款和价外费用扣除对外支付的借款或债券利息作为计税销售额；融资性售后回租的业务，承租人支付的本金部分不得开具增值税专用发票，可以开增值税普通发票；融资性售后回租业务，承租方在销售资产的环节不交增值税；经中国人民银行、中国银行业监督管理委员会或者中华人民共和国商务部批准从事融资租赁业务的试点纳税人中的一般纳税人，提供有形动产融资租赁服务和有形动产融资性售后回租服务，对其增值税实际税负超过3%的部分实行增值税即征即退政策。

（2）企业所得税。融资性售后回租业务在承租方出售资产环节不交企业所得税；

（3）印花税。融资租赁合同按"借款合同"缴纳印花税；融资性售后回租业务中，承租人及出租人出售、购买资产签订的合同不缴印花税。

（4）契税。融资性售后回租，租赁资产为不动产的，承受承租方资产的金融租赁公司要交契税，承租方回购时不交契税。

第 10 章
应交税费的核算

目前，企业涉及的应纳税种较多，主要有增值税、消费税、城市维护建设税、教育费附加、房产税、城镇土地使用税、耕地占用税、印花税、土地增值税和企业所得税。

本章主要介绍这些税种的科目设置及账务处理。

10.1 应交增值税的核算

增值税是指对从事销售货物或者加工、修理修配劳务以及进口货物的单位和个人取得的增值额为计税依据征收的一种流转税。

10.1.1 增值税税率

根据财政部、国家税务总局公布的《中华人民共和国增值税法（征求意见稿）》，增值税维持了 13％、9％和 6％三档税率。

根据《关于深化增值税改革有关政策的公告》（财政部 税务总局 海关总署公告 2019 年第 39 号）的规定：

（1）增值税一般纳税人（以下称纳税人）发生增值税应税销售行为或者进口货物，原适用 16％税率的，税率调整为 13％；原适用 10％税率的，税率调整为 9％。

（2）纳税人购进农产品，原适用 10％扣除率的，扣除率调整为 9％。纳税人购进用于生产或者委托加工 13％税率货物的农产品，按照 10％的扣除率计算进项税额。

（3）原适用 16％税率且出口退税率为 16％的出口货物劳务，出口退税率调整为 13％；原适用 10％税率且出口退税率为 10％的出口货物、跨境应税行为，出口退税率调整为 9％。

（4）适用 13％税率的境外旅客购物离境退税物品，退税率为 11％；适用 9％税率的境外旅客购物离境退税物品，退税率为 8％。

最新增值税税率表，见表 10-1。

表 10-1   最新增值税税率表

	范围	税率	征收项目	征收率
一般纳税人	销售或者进口货物（另有列举的货物除外）；提供加工、修理修配劳务	13%	一般纳税人销售自己使用过的固定资产（符合简易计税方法条件的）	按照简易办法依照3%征收率，减按2%征收增值税。计算：含税卖价÷（1+3%）×2%
			纳税人销售旧货	
	1. 粮食、食用植物油、鲜奶	9%	县级及县级以下小型水力发电单位生产的电力	依照3%征收率
	2. 自来水、暖气、冷气、热气、煤气、石油液化气、天然气、沼气，居民用煤炭制品		建筑用和生产建筑材料所用的砂、土、石料	
			以自己采掘的砂、土、石料或其他矿物连续生产的砖、瓦、石灰（不含黏土实心砖、瓦）	
	3. 图书、报纸、杂志		用微生物、微生物代谢产物、动物毒素、人或动物的血液或组织制成的生物制品	
	4. 饲料、化肥、农药、农机（整机）、农膜		自来水	
			商品混凝土（仅限于以水泥为原料生产的水泥混凝土）	
			寄售商店代销寄售物品（包括居民个人寄售的物品在内）	依照3%征收率
	5. 农产品（指各种动、植物初级产品）；音像制品；电子出版物；二甲醛； 6. 国务院规定的其他货物		典当业销售死当物品	
			经国务院或国务院授权机关批准的免税商店零售的免税品	
			销售其按照规定不得抵扣且未抵扣进项税额的固定资产	征收率3%，减按2%征收
			2008年12月31日以前未纳入扩大增值税抵扣范围试点的纳税人，销售自己使用过的2008年12月31日以前购进或者自制的固定资产	
	出口货物	0%		
	交通运输业	9%	陆路（含铁路）运输、水路运输、航空运输和管道运输服务	3%
	邮政业	9%	邮政普遍服务	3%
		9%	邮政特殊服务	3%
		9%	其他邮政服务	3%

	范围	税率	详细内容	征收率
一般纳税人	邮政业	9%	基础电信服务	3%
		6%	增值电信服务	3%
	建筑服务	9%	安装、修缮、装饰、其他建筑服务	3%
	金融服务	6%	贷款服务	3%
		6%	直接收费金融服务	3%
		6%	保险服务	3%
		6%	金融商品转让	3%
	现代服务业	6%	研发和技术服务、信息技术服务、文化创意服务、物流辅助服务、鉴证咨询服务、广播影视服务、有形动产租赁服务	
	租赁服务	9%	不动产融资租赁（1）	5%（小规模）
		9%	不动产融资租赁（2）	5%（一般老项目）
		9%	不动产经营租赁（1）	5%（一般老项目）
		9%	不动产经营租赁（2）	5%（小规模）
		13%	有形动产融资租赁	3%
		13%	有形动产经营租赁	3%
	物流辅助服务	6%	航空服务 港口码头服务 货运客运场站服务 打捞救助服务 装卸搬运服务 仓储服务 收派服务	3%
	鉴证咨询服务	6%	认证服务 鉴证服务 咨询服务	3%
	生活服务	6%	文化体育服务 教育医疗服务 旅游娱乐服务 餐饮住宿服务 居民日常服务 其他生活服务	3%

	征收项目	税率	详细内容		征收率
一般纳税人	销售无形资产	6%	专利或非专利技术		3%
		6% 9%	商标和著作权 土地使用权		3% 5%（一般老项目或小规模）
		6%	其他自然资源使用权		3%
		6%	其他权益性无形资产		3%
	销售不动产	9%	建筑物	建筑物（1）	5%（小规模）
		9%		建筑物（2）	5%（一般老项目）
		9%	构筑物	构筑物（1）	5%（小规模）
		9%		构筑物（2）	5%（一般老项目）
		0%	财政部和国家税务总局规定的应税服务		
特殊纳税人	境内单位和个人提供的往返中国香港、澳门、台湾的交通运输服务 境内单位和个人在中国香港、澳门、台湾提供的交通运输服务				0%
	境内单位和个人提供的国际运输服务、向境外单位提供的研发服务和设计服务				0%
	境内单位和个人提供的规定的涉外应税服务				免税

10.1.2　增值税发票管理

目前我国税制体系是以增值税为主体税种，实行以专用发票为主要扣税凭证的增值税征管制度。

1. 使用税控设备开具发票

使用税控设备开具发票，信息会通过网络自动上传至税务机关，进行全国联网。开具发票很简单，打开电脑，双击增值税发票税控开票软件：单击"发票管理"→"发票填开"→"增值税专用发票填开"→号码确认窗口点击确认，进入发票填开界面，输入购方信息和货物或应税劳务、服务信息，填写好发票，点击"打印"即可（打印正式发票前，请先进行发票定位，位置严重偏移票面的增值税专用发票会影响认证结果）。

根据国税发〔2006〕156 号《国家税务总局关于修订〈增值税专用发票使用规定〉的通知》，增值税专用发票应按下列要求开具，对于不符合上述要求开具的增值税专用发票，购买方有权拒收：

（1）项目齐全，与实际交易相符；

（2）字迹清楚，不得压线、错格；

（3）发票联和抵扣联加盖财务专用章或者发票专用章；

（4）按照增值税纳税义务的发生时间开具。

2. 如何开具增值税红字专用发票

一般纳税人（包括自开专用发票的小规模纳税人）开具增值税专用发票，发生销货退回、开票有误、应税行为中止以及发票抵扣联、发票联均无法认证等情形但不符合作废条件，或者因销货部分退回及发生销售折让情形的，可以开具增值税红字专用发票。

（1）购买方取得专用发票已用于申报抵扣的，购买方可在增值税发票管理新系统中填开并上传开具红字增值税专用发票信息表，在填写信息表时不填写相对应的蓝字专用发票信息，应暂依信息表所列增值税税额从当期进项税额中转出，待取得销售方开具的红字专用发票后，与信息表一并作为记账凭证。

（2）购买方取得专用发票未用于申报抵扣、但发票联或抵扣联无法退回的，购买方填写信息表时应填写相对应的蓝字专用发票信息。

销售方开具专用发票尚未交付购买方，以及购买方未用于申报抵扣并将发票联及抵扣联退回的，销售方可在新系统中填开并上传信息表。销售方填开信息表时应填写相对应的蓝字专用发票信息。

主管税务机关通过网络接收纳税人上传的信息表，系统自动校验通过后，生成带有"红字发票信息表编号"的信息表，并将信息同步至纳税人端系统中。

销售方凭税务机关系统校验通过的信息表开具红字专用发票，在新系统中以销项负数开具。红字专用发票应与信息表一一对应。

纳税人也可凭信息表电子信息或纸质资料到税务机关对信息表内容进行系统校验。

3. 税务机关为小规模纳税人代开红字专用发票如何处理

税务机关为小规模纳税人代开专用发票，需要开具红字专用发票的，按照一般纳税人开具红字专用发票的方法处理。

4. "三流一致"的具体含义

增值税实务中所说的"三流",是指货物流、资金流、发票流。"三流一致"是指货物（或提供劳务的单位）、资金（所支付款项的单位）、发票（开具抵扣凭证的销货单位）的流向必须一致，否则不得抵扣增值税进项税额。在涉及增值税应税劳务、应税服务的情况下，货物流可能会被解释成劳务流、服务流。

在日常的购销业务活动中，一般情况下，交易过程中的货物流、资金流、发票流三者是一致的，这种常规业务的财务处理相对简单，也不涉及税务上的风险。但在实际交易中，常常会出现发票流、货物流、资金流三流不一致的情况。比如：开票后长期不付款、大量现金假付款开票、委托第三方付款、总公司统一开票而分公司收款、集中支付以及债务代偿等情况，都存在三流不一致的现状，这种情况给会计处理和税务处理带来了一定的难度，也带来了一定的税务风险。

企业在增值税专用发票管控中，对"三流一致"的经济业务真实性要严格要求。当取得增值税专用发票不符合"三流一致"的时候，特别是大额支出的成本费用，必须严格审核业务发生的真实性，尤其是在三方支付的新型支付模式下，要求提供相应的证明文件。

5. 增值税专用发票的认证

实务中，发票认证主要有以下几种方式：

（1）网上"勾选认证"。网上认证比较方便，效率较高，但并非所有企业都允许适用这种方式。

（2）自购终端"扫描认证"。企业可购买增值税专用发票认证专用设备，每年有服务费，相对便利一些。自行认证通不过的，可以去办税大厅通过税务机关工作人员认证。

（3）去办税大厅"扫描认证"。不具备上述条件的纳税人可以选择去国税局大厅进行"扫描认证"，一般通过办税大厅的自助认证终端进行，也可以通过大厅前台工作人员认证。经常需要排队，时间成本较高。

10.1.3　一般纳税人增值税进项税额

纳税人购进货物或者接受应税劳务，所支付或者负担的增值税为进项税额。需要注意的是，并不是纳税人支付的所有进项税额都可以从销项税额中抵扣，下面分别介绍哪些应税项目是可以抵扣的，哪些应税项目是不可以抵扣的。

1. 准予抵扣的进项税额

准予抵扣的进项税额如下。

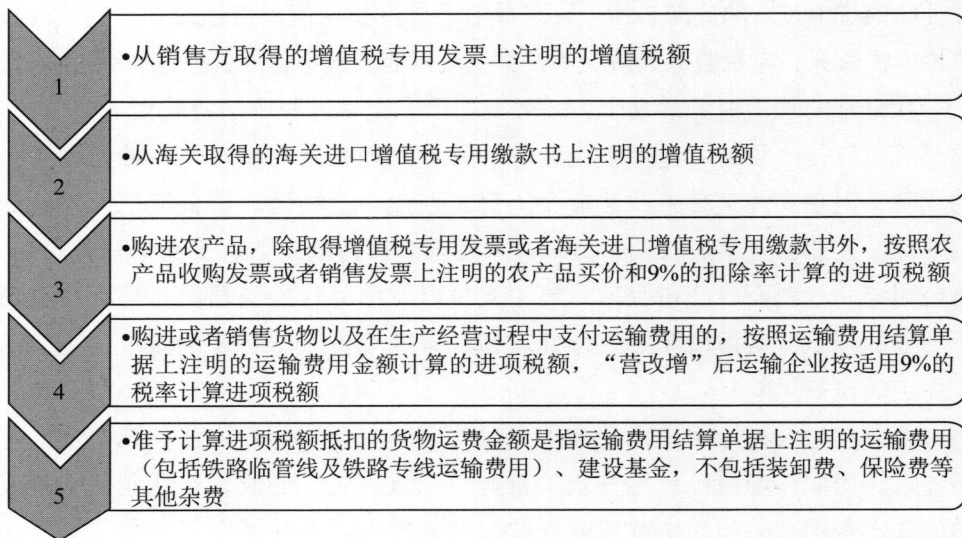

1 • 从销售方取得的增值税专用发票上注明的增值税额

2 • 从海关取得的海关进口增值税专用缴款书上注明的增值税额

3 • 购进农产品，除取得增值税专用发票或者海关进口增值税专用缴款书外，按照农产品收购发票或者销售发票上注明的农产品买价和9%的扣除率计算的进项税额

4 • 购进或者销售货物以及在生产经营过程中支付运输费用的，按照运输费用结算单据上注明的运输费用金额计算的进项税额，"营改增"后运输企业按适用9%的税率计算进项税额

5 • 准予计算进项税额抵扣的货物运费金额是指运输费用结算单据上注明的运输费用（包括铁路临管线及铁路专线运输费用）、建设基金，不包括装卸费、保险费等其他杂费

2. 可抵扣进项税额凭证

全面营业税改征增值税后，可以认证抵扣或者计算抵扣的凭证大致有 8 种，分别是一般纳税人常用的"增值税专用发票"、即将退出历史舞台的"货物运输业增值税专用发票""机动车销售统一发票"、进口环节取得的"海关进口增值税缴款书""中华人民共和国税收缴款凭证""农产品销售发票""农产品收购发票"以及道路、桥、闸通行费"××地方税务机关监制发票"。具体见表 10-2。

表 10-2

	抵扣凭证种类	出具方	抵扣金额	备　　注
1	增值税专用发票	销售方或通过税务机关代开	注明的增值税税额	
2	机动车销售统一发票	销售方	注明的增值税税额	
3	海关进口增值税缴款书	海关	注明的增值税税额	进口环节的增值税是由海关代征的
4	税收缴款凭证	税务机关	注明的增值税税额	预缴税款、代扣代缴税收缴款、接受境外单位或者个人提供的应税服务时适用

	抵扣凭证种类	出具方	抵扣金额	备 注
5	农产品销售发票	销售方	买价×9%	买价，是指纳税人购进农产品在收购发票或者销售发票上注明的价款和按照规定缴纳的烟叶税
6	农产品收购发票	购货方	买价×9%	同上
7	道路、桥、闸通行费	高速公路运营方	发票上注明的金额÷（1＋3%）×3%	
		一级公路、二级公路、桥、闸运营方	发票上注明的金额÷（1＋5%）×5%	
8	土地出让金省级以上（含）财政部门监（印）制的财政票据	政府相关部门	票据上注明的金额÷（1＋9%）×9%	财政票据不是严格意义上的抵扣凭证，是房地产行业销售额的扣除项目

3. 不得抵扣的进项税额

- 1 用于非增值税应税项目、免征增值税项目、集体福利或者个人消费的购进货物或者应税劳务
- 2 非正常损失的购进货物及相关的应税劳务
- 3 非正常损失的在产品、产成品所耗用的购进货物或者应税劳务
- 4 国务院财政、税务主管部门规定的纳税人自用消费品
- 5 以上第1项至第4项规定的货物的运输费用和销售免税货物的运输费用
- 6 小规模纳税人不得抵扣进项税额。但是，一般纳税人取得由税务所为小规模纳税人代开的增值税专用发票，可以将专用发票上填写的税额作为进项税额计算抵扣
- 7 进口货物，在海关计算缴纳进口环节增值税额时，不得抵扣发生在中国境外的各种税金
- 8 因进货退出或折让而收回的进项税额，应从发生进货退出或折让当期的进项税额中扣减
- 9 按简易办法征收增值税的优惠政策，不得抵扣进项税额

4. 当期进项税额的确定

当期进项税额是指纳税人当期购进货物或者应税劳务已缴纳的增值税税额。它主要体现在从销售方取得的增值税专用发票上或海关进口增值税专用缴款书上。

当期进项税额计算公式：

$$当期进项税额＝不含税销售额×适用税率$$

其中，不含税销售额＝含税销售额÷（1＋适用税率）

（1）一般纳税人兼营免税项目或者非增值税应税劳务而无法划分不得抵扣的进项税额的，按下列公式计算不得抵扣的进项税额：

$$不得抵扣的进项税额＝当月无法划分的全部进项税额×当月免税项目销售额、非增值税应税劳务营业额合计÷当月全部销售额、营业额$$

（2）合计购进货物或者应税劳务，取得的增值税扣税凭证不符合法律、行政法规或者国务院税务主管部门有关规定的，其进项税额不得从销项税额中抵扣。

【例 10-1】精石制造有限公司是增值税一般纳税人，适用一般税率17%，2020年1月有关生产经营业务如下：

（1）月初外购货物一批，支付增值税进项税额36万元，中下旬因管理不善，造成该批货物一部分发生霉烂变质，经核实造成1/4损失；

（2）外购的动力燃料支付的增值税进项税额44万元，一部分用于应税项目，另一部分用于免税项目，无法分开核算；

（3）销售应税货物取得不含增值税销售额700万元，销售免税货物取得销售额300万元。

计算精石制造有限公司当月可以抵扣的进项税额。

①外购货物可以抵扣的进项税额：$36-36×1/4＝36-9＝27$（万元）

②外购动力燃料可以抵扣的进项税额：$44-44×300÷（700+300）＝30.80$（万元）

③当月可以抵扣的进项税额：$27+30.80＝57.8$（万元）

5. 增值税进项税额的账务处理

增值税一般纳税人的账务处理，见表10-3。

表 10-3   增值税进项税额的账务处理

财务情景	账务处理
采购物资时	借：原材料（库存商品等） 　　应交税费——应交增值税（进项税额） 　　贷：应付账款（应付票据、银行存款） 注：购入物资发生的退货，作相反会计分录 当月末认证的可抵扣增值税 借：应交税费——待认证进项税额 　　贷：应付账款等
接受投资转入的物资时	借：原材料 　　应交税费——应交增值税（进项税额） 　　贷：实收资本 　　　　资本公积
接受应税劳务时	借：应交税费——应交增值税（进项税额） 　　生产成本（委托加工物资等科目） 　　贷：应付账款（银行存款等科目）
进口物资时	借：原材料（库存商品） 　　应交税费——应交增值税（进项税额） 　　贷：应付账款（银行存款等科目）
不得抵扣进项税额	（1）取得增值税专用发票时，应借记相关成本费用或资产科目 借：应交税费——待认证进项税额 　　贷：银行存款/应付账款等 （2）经税务机关认证后 借：原材料/库存商品等 　　贷：应交税费——应交增值税（进项税额转出）
代扣代缴增值税的处理	按应计入相关成本费用或资产的金额 借：生产成本/无形资产/固定资产/管理费用等 　　应交税费——应交增值税（进项税额） 　　贷：应付账款等 　　　　应交税费——代扣代交增值税 实际缴纳代扣代缴增值税时，按代扣代缴的增值税额 借：应交税费——代扣代交增值税 　　贷：银行存款
购进的物资、在产品、产成品发生非正常损失，以及购进物资改变用途等原因，其进项税额应相应转入有关科目	借：管理费用（在建工程、应付职工薪酬等科目） 　　贷：应交税费——应交增值税（进项税额转出）

　　小规模纳税人购买物资、服务、无形资产或不动产，取得增值税专用发票上注明的增值税应计入相关成本费用或资产，不通过"应交税费——应交增值税"科目核算。

10.1.4 一般业务增值税进项税额的实务操作

按照税法规定，企业购进货物或应税劳务，按照规定取得并保存增值税扣税凭证，其进项税额可以从销项税额中抵扣。

【例 10-2】精石制造有限公司 1 月份从星星耐火材料厂采购一批 A 材料，销售方的增值税专用发票上注明的价款为 84 800 元，增值税额 11 024 元，另支付运费 1 090 元。材料已验收入库，款项已通过银行支付。原始单据见表 10-4、表 10-5、表 10-6。

(1) 进项税额＝11 024＋［1 090÷（1＋9％）］×9％＝11 114（元）

(2) 材料采购成本＝84 800＋1 000＝85 800（元）

借：材料采购　　　　　　　　　　　　　　　　　　　85 800

　　应交税费——应交增值税（进项税额）　　　　　　11 114

　　贷：银行存款　　　　　　　　　　　　　　　　　　96 914

表 10-4

深圳增值税专用发票

442016240　　　　发票联　　　　No：021927432

开票日期：2019 年 4 月 9 日

购货单位	名　　称：精石制造有限公司 统一社会信用代码：651101400355123 地址、电话：深圳市龙岗区解放路 234 号　69796590 开户行及账号：工商银行深圳龙岗支行 3289001909234211231						密码区	略
货物或应税劳务名称	规格型号	单位	数量	单价	金额	税率（％）		税额
A 材料		公斤	1 000	84.80	￥84 800	13％		￥11 024
价税合计（大写）	⊗玖万伍仟捌佰贰拾肆元整					（小写）￥95 824		
销货单位	名　　称：星星耐火材料厂 统一社会信用代码：431134134971789 地址、电话：深圳龙岗区怡花路 21 号 0755-67841212 开户行及账号：中行白石路分理处 066180360010234						备注	星星耐火材料厂 431134134971789 发票专用章

收款人：田怡梦　　　　复核：张楠　　　　开票人：赵丽　　　　销货单位：

170

表 10-5

货物运输业增值税专用发票

（全国统一发票监制章 国家税务总局监制）

开票日期：2019 年 04 月 9 日

承运人及纳税人识别号	博达货物运输有限公司 1234653409243121	密码区	略		
实际受票方及统一社会信用代码	精石制造有限公司 651101400355123				
收货人及统一社会信用代码	精石制造有限公司 651101400355123	发货人及纳税人识别号	顺宇货物运输有限公司 237865340923651		
起运地、经由、到达地					

费用项目及金额	费用项目 运费	金额 1 090	费用项目	金额	运输货物信息	材料

合计金额	1 090	税率	9%	税额	90	机器编号	

价税合计（大写）	⊗壹仟零玖拾元整		小写￥1 090

车种车号		车船吨位		备注	
主管税务机关及代码	前山区税务局				

收款人 ×× 　　复核人 ×× 　　　开票人 ×× 　　　承运人（章）

表 10-6

中国工商银行
现金支票存根
Ⅳ V000321

科　　目：＿＿＿＿＿＿＿
对方科目：＿＿＿＿＿＿＿
出票日期：2019 年 4 月 9 日

收款人：星星耐火材料厂
金　额：96 914
用　途：支付材料款

单位主管　张雪　　会计　程博

10.1.5　购入固定资产的增值税会计处理

【例10-3】精石制造有限公司为增值税一般纳税人，增值税税率为13%。2019年4月，外购生产设备一台，取得专用发票，注明价款460 000元，税额59 800元。货款已付，设备已经安装完毕并交付使用。原始单据见表10-7、表10-8、表10-9。

借：固定资产　　　　　　　　　　　　　　　　　　　　460 000

应交税费——应交增值税（进项税额）　　　　　　　　59 800

贷：银行存款　　　　　　　　　　　　　　　　　　　　　519 800

表 10-7　　　　　　　　　　　　　　　××公司

固定资产（设备）验收交付使用交接单

编号：NO.00001　　　　　　　　2019 年 4 月 8 日　　　　　　　　单位：元

供货商	顺风制造厂	合同编号	××××	发票编号	××××	收货日期	
资金来源		用　途					
序号	固定资产（设备）名称	设备类别	设备编号	规格型号	单位	数量	单价	金额	运费	总计
1	ZX 型发动机					1	460 000	460 000		460 000
2										
部　门	部门负责人	经办人	部　门	部门负责人	经办人		
采购部门			使用部门	第一车间	宋青		
验收部门			财务部门	陈山民			

各联：1联：存根，2联：付款（财务）；3联：增加固定资产（财务）；4联：固定资产管理；

表 10-8

110017240

广州增值税专用发票

发 票 联

No：01092783

开票日期：2019 年 4 月 9 日

购货单位	名　　　称：精石制造有限公司						密码区	略
	统一社会信用代码：651101400355123							
	地址、电话：深圳市龙岗区解放路 234 号　69796590							
	开户行及账号：工商银行深圳龙岗支行 3289001909234211231							

货物或应税劳务名称	规格型号	单位	数量	单价	金额	税率（%）	税额
发动机		台	1		¥460 000	13%	¥59 800

价税合计（大写）	⊗伍拾壹万玖仟捌佰元整	（小写）¥519 800

销货单位	名　　　称：顺风制造厂	备注
	统一社会信用代码：2341134134979067	
	地址、电话：广州中山北路 22 号　020-67851212	
	开户行及账号：中行中山北路分理处 201980360011342	

收款人：××　　　　复核：××　　　　开票人：××　　　　销货单位：

表 10-9

中国工商银行
转账支票存根
IV V000334

科　　目：＿＿＿＿＿＿＿＿

对方科目：＿＿＿＿＿＿＿＿

出票日期：2019 年 4 月 11 日

收款人：顺风制造厂
金　额：519 800
用　途：支付设备款

单位主管　王雄　　会计　丛娜

173

10.1.6 不能直接认定进项税额的实务操作

属于购入货物时不能直接认定其进项税额能否抵扣的，先计入"应交税费——应交增值税（进项税额）"账户，如果这部分购入货物以后用于按规定不得抵扣进项税额项目的，应将原已记入进项税额并已支付的增值税转入有关的承担者予以承担，通过"应交税费——应交增值税（进项税额转出）"账户转入有关资产及劳务成本。

【例10-4】精石制造有限公司8月某在建工程领用甲材料一批，材料实际成本为56 320元，进项税额为7 321.6元。见表10-10。

表10-10

出 库 单

2019 年

单位：元

月	日	品名	规格型号	数量	单位	单价	金额
8	10	甲材料		200	公斤	281.6	56 320
合计							56 320

借：在建工程　　　　　　　　　　　　　　　63 641.6
　　贷：原材料　　　　　　　　　　　　　　　　　56 320
　　　　应交税费——应交增值税（进项税额转出）　　7 321.6

10.1.7 接受投资、捐赠以及债务重组进项税额的会计处理

企业接受投资转入的货物，按照专用发票上注明的增值税额，借记"应交税费——应交增值税（进项税额）"科目，按照确认的投资货物价值（已扣增值税，下同），借记"原材料"等科目，按照增值税额与货物价值的合计数，贷记"实收资本"等科目。如果对方是以固定资产（如机器、设备等）进行投资，进项税额不通过"应交税费——应交增值税（进项税额）"科目核算，而是直接计入"固定资产"科目，贷记"实收资本"等科目。

【例10-5】精石制造有限公司本月接受星星耐火厂捐赠一批耐火材料，增值税专用发票上注明的价款93 400元，增值税12 142元。见表10-11。

表 10-11
442018240

深圳增值税专用发票

发票联

No: 01092768

开票日期：2019 年 5 月 9 日

购货单位	名　　　　称：精石制造有限公司						密码区	略
	统一社会信用代码：651101400355123							
	地　址、电话：深圳市龙岗区解放路 234 号　69796590							
	开户行及账号：工商银行深圳龙岗支行 3289001909234211231							

货物或应税劳务名称	规格型号	单位	数量	单价	金额	税率（%）	税额
材料		吨	100	934	￥93 400	13%	￥12 142

价税合计（大写）	⊗壹拾万伍仟伍佰肆拾贰元整	（小写）￥105 542

销货单位	名　　　　称：星星耐火厂	备注
	统一社会信用代码：112134134975632	
	地　址、电话：广州白云区天山北路 1 号 020-65651200	
	开户行及账号：中行天山北路分理处 066180360010776	

收款人：徐琳　　　　复核：李泊南　　　　开票人：刘扬　　　　销货单位：

借：原材料　　　　　　　　　　　　　　　　　　　　　　93 400

　　应交税费——应交增值税（进项税额）　　　　　　　　12 142

　　贷：营业外收入　　　　　　　　　　　　　　　　　　105 542

10.1.8　接受应税劳务的增值税会计处理

企业接受应税劳务，按照专用发票上注明的增值税额，借记"应交税费——应交增值税（进项税额）"科目，按专用发票上记载的应计入加工、修理修配等货物成本的金额，借记"其他业务成本""制造费用""委托加工物资""销售费用""管理费用"等科目，按应付或实际支付的金额，贷记"应付账款""银行存款"等科目。

【例 10-6】科达公司委托东风木材厂加工一批 B 材料，发出 B 材料实际成本为 79 000 元，支付加工费 1 300 元，支付增值税 169 元。见表 10-12。

表 10-12   委外加工单

No. 5789

日期：2020 年 1 月 20 日

委托厂商				地址	枣阳市郧北区天中街 8 号	
				电话	890723232	
委制编号	品名	数量	需求日期	单价	金额（元）	备注
XY100	B 材料				79 000	
合　计					79 000	
品质要求	加工成品					
提　供						

委托厂商：东风木材厂

（1）发出 B 材料，委托东风木材厂加工 B 材料时。

借：委托加工物资　　　　　　　　　　　　　　　　79 000

　　贷：原材料——B 材料　　　　　　　　　　　　　　79 000

（2）支付加工费和税金时。

借：委托加工物资　　　　　　　　　　　　　　　　 1 300

　　应交税费——应交增值税（进项税额）（1 300×13%）169

　　贷：银行存款　　　　　　　　　　　　　　　　　 1 469

（3）材料加工完成，收回后验收入库时，原材料成本价格＝79 000＋1 300＝80 300（元）。

借：原材料——B 材料　　　　　　　　　　　　　　80 300

　　贷：委托加工物资　　　　　　　　　　　　　　　80 300

10.1.9　货物非正常损失及改变用途的增值税会计处理

企业购进的货物、在产品、产成品发生非正常损失，以及购进货物改变用途等原因，其进项税额，应相应转入有关科目，借记"待处理财产损溢"

"在建工程""应付职工薪酬"等科目，贷记"应交税费——应交增值税（进项税额转出）"科目。属于转做待处理财产损失的部分，应与遭受非正常损失的购进货物、在产品、产成品成本一并处理。

【例10-7】精石制造有限公司8月购进包装物5 000个，每个不含税单价30元，10月份实际验收入库4 700个，该包装物的定额损耗率为5％，包装物已验收入库，取得增值税专用发票且货款已付。见表10-13。

不得抵扣进项税＝（5 000－4 700－5 000×5％）×30×13％＝195（元）

借：待处理财产损溢——待处理流动资产损溢　　　　9 195

贷：应交税费——应交增值税（进项税额转出）　　　195

周转材料——包装物　　　　　　　　　9 000

表10-13　　　　　　　　　　　存货盘存单　　　　　　　　单位：元

存货名称	计量单位	数量		单位成本	盘盈		盘亏	
		实存	账存		数量	金额	数量	金额
包装物	个	4 700	5 000	30			300	9 000
原因	运输途中的不慎丢失。							
处理意见	会计部门	经协商，运输公司赔偿						
	审批部门	同意						

10.1.10　非应税项目或免税项目的增值税会计处理

企业购入货物及接受应税劳务直接用于非应税项目，或直接用于免税项目以及直接用于集体福利和个人消费的，其专用发票上注明的增值税额，计入购入货物及接受劳务的成本。借记"在建工程""应付职工薪酬"等科目，贷记"银行存款"等科目。

若购进货物部分用于免税项目，按免税项目销售额占全部销售额的比例将进项税额应转出。

【例10-8】精石制造有限公司某月全部进项税额为54 000元，销售总额为500 000元，其中应税销售额为350 000元，免税销售额150 000元。

进项税额转出＝54 000×（150 000÷500 000）＝16 200（元）

借：主营业务成本　　　　　　　　　　　　　　　　16 200

　　贷：应交税费——应交增值税（进项税额转出）　　　16 200

10.1.11　兼营进项税额无法划分的

如果购进货物、加工修理修配劳务、服务既用于简易计税，也用于一般计税项目，无法划分清楚。比如企业既有一般计税项目，又有简易计税项目，购进办公用品无法划分不能抵扣的进项税，则按照下列公式计算不得抵扣的进项税额：

不得抵扣的进项税额＝当期无法划分的全部进项税额×（当期简易计税方法计税项目销售额＋免征增值税项目销售额）÷当期全部销售额

主管税务机关可以按照上述公式依据年度数据对不得抵扣的进项税额进行清算。

【例10-9】某企业为一般纳税人，提供货物运输服务和机械包装服务，其中货物运输服务适用一般计税方法，机械包装服务选择适用简易计税方法。该纳税人2020年7月缴纳当月电费101 700元，取得增值税专用发票并于当月认证抵扣，且该进项税额无法在货物运输服务和机械包装服务间划分。该纳税人当月取得货物运输收入8万元，机械包装服务2万元。

纳税人因兼营简易计税项目而无法划分所取得进项税额的，按照下列公式计算应转出的进项税额：

应转出的进项税额＝101 700÷（1＋13%）×13%×80 000÷（80 000＋20 000）＝9 360（元）

会计处理如下：

借：管理费用　　　　　　　　　　　　　　　　　　9 360

　　贷：应交税费——应交增值税（进项税额转出）　　　9 360

10.1.12　超期无法认证抵扣的进项税额

纳税人因故未按照规定取得并保存增值税扣税凭证，其进项税额不得从销项税额中抵扣，按价税合计金额入账。

【例10-10】甲企业2020年4月份从外地购入原材料一批，价款9 040元，税金1 040元，款项已付，取得一张专用发票，超过规定期限，未办理认证手续。

会计处理为：

借：原材料   9 040

    贷：银行存款   9 040

10.2 增值税销项税额

当期销项税额，是指当期销售货物或提供应税劳务的纳税人，依其销售额和法定税率计算并向购买方收取的增值税税款。

10.2.1 当期销项税额的确定

1. 销售额的一般认定

《中华人民共和国增值税暂行条例》规定：销售额为纳税人销售货物或提供应税劳务向购买方收取的全部价款和价外费用。

向购买方收到的各种价外费用包括：手续费、补贴、基金、集资费、返还利润、奖励费、违约金（延期付款利息）、包装费、包装物租金、储备费、优质费、运输装卸费、代收款项、代垫款项及其他各种性质的价外收费。上述价外费用无论其会计制度如何核算，都应并入销售额计税。

但上述价外费用不包括以下各项费用。

1. 向购买方收取的销项税额

2. 受托加工应征消费税的货物，而由受托方向委托方代收代缴的消费税

3. 同时符合以下两个条件的代垫运费：即承运部门的运费发票开具给购货方；并且由纳税人将该项发票转交给购货方的

4. 同时符合以下条件代为收取的政府性基金或者行政事业性收费：由国务院或者财政部批准设立的政府性基金，由国务院或者省级人民政府及其财政、价格主管部门批准设立的行政事业性收费；收取时开具省级以上财政部门印制的财政收据所收款项全额上缴财政

5. 销售货物的同时代办保险等而向购买方收取的保险费，以及向购买方收取的代购方缴纳的车辆购置税、车辆牌照费

2. 销售额的特殊认定

在销售活动中，为了达到促销的目的，有多种销售方式。不同的销售方式下，取得的销售额会有所不同。税法对以下几种销售方式分别做了规定，见表 10-14。

表 10-14 特殊销售行为销售额的认定

销售方式	销项税额的认定
采取折扣方式	（1）销售额和折扣额在同一张发票上分别注明的，可按折扣后的销售额征收增值税； （2）未在同一张发票上分别注明的，以价款为销售额，不得扣减折扣额
以旧换新方式	应按新货物的同期销售价格确定销售额，不得扣减旧货物的收购价格。但对金银首饰以旧换新业务，可以按销售方实际收取的不含增值税的全部价款征收增值税
还本销售方式	其销售额就是货物的销售价格，不得从销售额中减除还本支出
以物易物方式	以物易物双方都应做购销处理，以各自发出的货物核算销售额，以各自收到的货物计算进项税额
直销方式	直销企业的销售额为其向消费者收取的全部价款和价外费用
视同销售货物的方式（包括试点地区纳税人）	（1）按纳税人最近时期同类货物的平均销售价格确定
	（2）按其他纳税人最近时期同类货物的平均销售价格确定
	（3）按组成计税价格确定。公式为： 组成计税价格＝成本×（1＋成本利润率）

3. 混合销售的销售额的认定

根据《中华人民共和国增值税暂行条例实施细则》的规定，混合销售行为如果属于应当征收增值税的，其计税销售额为货物销售额与非应税劳务的营业额的合计。销售货物（包括增值税应税劳务）的销售额根据实际情况来判断含税与否；而非应税劳务的营业额应视为含税销售收入，应换算为不含税销售额后征税。

4. 兼营行为的销售额的认定

兼营行为，是指纳税人的经营中既包括销售货物和应税劳务，又包括提供建筑业等非增值税应税劳务的行为。例如，某大型商场既从事商品销售，又从事餐饮服务，则此商场的经营行为就属于兼营行为。

根据《增值税暂行条例实施细则》的规定，纳税人兼营非增值税应税项目的，应分别核算货物或者应税劳务的销售额和非增值税应税项目的营业额；未分别核算的，由主管税务机关核定货物或者应税劳务的销售额。

混合和兼营销售的区别，见表10-15。

表 10-15　　　　　　　　　　　　混合和兼营销售的区别

情　形	混合销售	兼营销售
是否同时发生	同时发生	不一定同时发生
是否针对同一销售对象	针对同一对象： （1）同一销售行为 （2）价款来自同一买方	不一定针对同一对象 （1）同一纳税人 （2）价款来自不同消费者
税务处理	根据纳税人的主营业务，合并征收一种税	（1）分别核算的：分别适用各自税率 （2）未分别核算：由主管税务机关核定货物或者应税劳务的销售额，适用最高税率

5. 计算公式

其计算公式为：

$$当期销项税额 = 不含税销售额 \times 税率$$

$$或，当期销项税额 = 组成计税价格 \times 税率$$

如果销售收入中包含了销项税额，则应将含税销售额换算成不含税销售额。这是因为增值税是价外税，在计税的销售额中不能含有增值税税款，属于含税销售收入的有普通发票的价款、零售价格、价外收入、非应税劳务征收增值税。

不含税销售额的计算公式为：

$$不含税销售额 = 含税销售额 \div （1 + 增值税税率）$$

按简易办法征收增值税。一般纳税人销售自己使用过的物品和旧货，适用按简易办法依3%征收率减按2%征收增值税政策的，按下列公式确定销售额和应纳税额：

$$销售额 = 含税销售额 \div （1 + 3\%）$$

$$应纳税额 = 销售额 \times 2\%$$

10.2.2 增值税销项税额的账务处理

增值税销项税额的账务处理，见表 10-16。

表 10-16　　　　　　　　　　　增值税销项税额的账务处理

财务情景	会计处理
销售物资或提供应税劳务（包括将自产、委托加工或购买的货物分配给股东等）时	借：应收账款（应收票据、银行存款等科目） 　　贷：应交税费——应交增值税（销项税额） 　　　　主营业务收入
企业将自产或委托加工的货物用于非应税项目、作为投资、集体福利消费、赠送他人等	借：在建工程（长期股权投资、应付职工薪酬、营业外支出等科目） 　　贷：应交税费——应交增值税（销项税额）
随同商品出售单独计价的包装物，按规定收取的增值税	借：库存现金（银行存款、应收账款等科目） 　　贷：应交税费——应交增值税（销项税额）
对于直接减免的增值税	借：应交税费——应交增值税（减免税款） 　　贷：营业外收入
月度终了时	借：应交税费——未交增值税 　　贷：应交税费——应交增值税（转出未交增值税或转出多交增值税） （结转后应交增值税明细科目的期末借方余额，反映尚未抵扣的增值税）

10.3　应交增值税会计科目总账及明细账的设置

根据《中华人民共和国增值税暂行条例》和《关于全面推开营业税改征增值税试点的通知》（财税〔2016〕36 号）等有关规定，本节详细介绍增值税有关会计处理。

10.3.1　应交税费二级会计科目的设置

增值税一般纳税人应当在"应交税费"科目下设置以下二级科目。

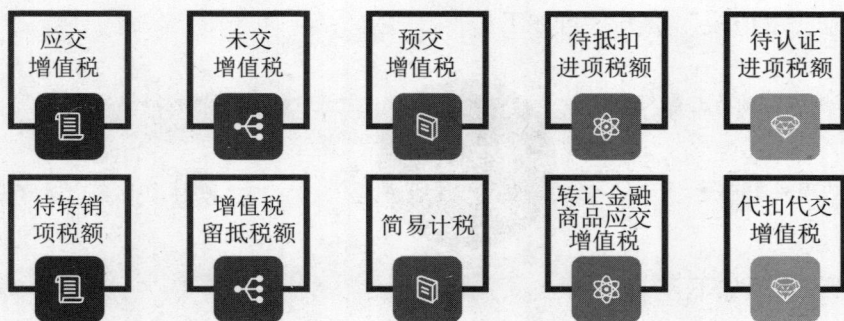

应交 增值税	未交 增值税	预交 增值税	待抵扣 进项税额	待认证 进项税额
待转销 项税额	增值税 留抵税额	简易计税	转让金融 商品应交 增值税	代扣代交 增值税

1. 应交增值税

应交增值税三级科目一般来说有 10 个，有借方科目，也有贷方科目。借方科目永远在借方，贷方科目永远在贷方，也就是借贷不串门。这是应交增值税科目的特别之处。

（1）"应交增值税"借方科目有以下几个。

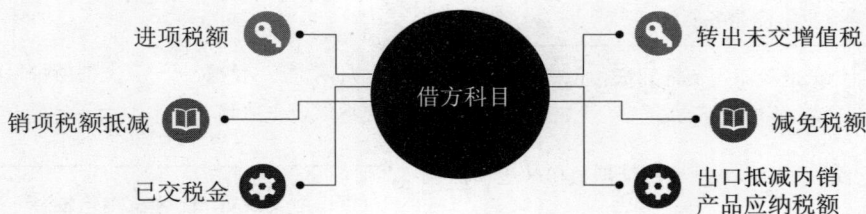

进项税额　　销项税额抵减　　已交税金　　借方科目　　转出未交增值税　　减免税额　　出口抵减内销产品应纳税额

账务处理如下：

一般购入材料或商品业务

借：材料采购/库存商品等
　　应交税费——应交增值税（进项税额）
　　贷：银行存款

差额计税的会计处理

借：银行存款
　　贷：主营业务收入
　　　　应交税费——应交增值税（销项税额）
借：主营业务成本（可以扣除的）
　　应交税费——应交增值税（销项税额抵减）
　　贷：应付账款等

缴纳增值税

借：应交税费——应交增值税（已交税金）
　　贷：银行存款

月末"应交税费——应交增值税"出现贷方余额时的会计处理

借：应交税费——应交增值税（转出未交增值税）
　　贷：应交税费——未交增值税

收到减免或优惠退回的税款时

借：应交税费——应交增值税（减免税额）
　　贷：营业外收入

"应交增值税"贷方科目如下：

进项税额转出 🔑 ● ━━━━━━┓   ┏━━━━━━ ● 🔑 销项税额
              ┏━━━━━━━━━━━━━━━┓
              ┃   贷方科目   ┃
              ┗━━━━━━━━━━━━━━━┛
出口退税 📖 ● ━━━━━┛   ┗━━━━━ ● 📖 转出多交增值税

账务处理如下：

一般销售商品业务的会计处理

借：应收账款/银行存款

　　贷：主营业务收入

　　　　应交税费——应交增值税（销项税额）

生产企业出口业务的处理

当期免抵退税不得免征和抵扣税额：

借：主营业务成本

　　贷：应交税费——应交增值税（进项税额
　　　　转出）

出口抵减内销：

借：应交税费——应交增值税（出口抵减内销
　　产品应纳税额）

　　贷：应交税费——应交增值税（出口退税）

按规定计算的当期应退税额：

借：应收出口退税款（增值税）

　　贷：应交税费——应交增值税（出口退税）

借：银行存款

　　贷：应收出口退税款（增值税）

不符合进项税抵扣的业务

借：库存商品(在建工程、原材料、
　　销售费用)

　　贷：应交税金——应交增值税
　　　　（进项税转出）

月末"应交税费——应交增值税"出
现借方余额时

借：应交税费——未交增值税

　　贷：应交税费——应交增值税（转
　　　　出多交增值税）

2. "应交增值税"明细科目释义

关于增值税的核算，22 号文设置了 10 个二级科目，见表 10-17。

表 10-17 　　　　　　　　　　　　"应交税费"二级明细科目释义

二级科目	释义
未交增值税	核算一般纳税人月度终了从"应交增值税"或"预交增值税"明细科目转入当月应交未交、多交或预缴的增值税额，以及当月交纳以前期间未交的增值税额
预交增值税	核算一般纳税人转让不动产、提供不动产经营租赁服务、提供建筑服务、采用预收款方式销售自行开发的房地产项目等，以及其他按现行增值税制度规定应预缴的增值税额
待抵扣进项税额	核算一般纳税人已取得增值税扣税凭证并经税务机关认证，按照现行增值税制度规定准予以后期间从销项税额中抵扣的进项税额
待认证进项税额	核算一般纳税人由于未经税务机关认证而不得从当期销项税额中抵扣的进项税额
待转销项税额	核算一般纳税人销售货物、加工修理修配劳务、服务、无形资产或不动产，已确认相关收入（或利得）但尚未发生增值税纳税义务而需要以后期间确认为销项税额的增值税额
增值税留抵税额	核算兼有销售服务、无形资产或者不动产的原增值税一般纳税人，截止到纳入营改增试点之日前的增值税期末留抵税额按照现行增值税制度规定不得从销售服务、无形资产或不动产的销项税额中抵扣的增值税留抵税额
简易计税	核算一般纳税人采用简易计税方法发生的增值税计提、扣减、预缴、缴纳等业务
转让金融商品应交增值税	核算增值税纳税人转让金融商品发生的增值税额
代扣代交增值税	核转让金融商品应交增值税算纳税人购进在境内未设经营机构的境外单位或个人在境内的应税行为代扣代缴的增值税
增值税检查调整	税务机关对增值税一般纳税人纳税情况进行检查后，凡涉及增值税涉税账务调整的，企业应设立"应交税费——增值税检查调整"明细科目

<table>
<tr><td colspan="1" align="center">增值税检查调整</td></tr>
</table>

（1）检查后应调减账面进项税额或调增销项税额和进项税额转出的数额时。

借：有关科目

　　贷：应交税费——增值税检查调整

（2）检查后应调增账面进项税额或调减销项税额和进项税额转出的数额时。

借：应交税费——增值税检查调整

　　贷：有关科目

（3）全部调账事项入账后，应结出本账户的余额，并将该余额转入"应交税费——未交增值税"。处理之后，本账户无余额。

注意：如果是集团企业纳税申报较为复杂的，可以采取总分机构汇总纳税的方式。汇总纳税的具体科目设置会更加烦琐，在应交税费科目下可能要设立更多符合企业业务需要的二级或三级科目，也可以通过"往来科目"记录总部机构及分支机构的增值税汇缴或清算。

10.3.2　增值税检查调整的会计处置

增值税检查后的账务调整，应设立"应交税费——增值税检查调整"专门账户。凡检查后应调减账面进项税额或调增销项税额和进项税额转出的数额，借记有关科目，贷记本科目；凡检查后应调增账面进项税额或调减销项税额和进项税额转出的数额，借记本科目，贷记有关科目；全部调账事项入账后，应结出本账户的余额，并对该余额进行处理：

（1）若余额在借方，全部视同留抵进项税额，按借方余额数，借记"应交税费——应交增值税（进项税额）"科目，贷记本科目。

（2）若余额在贷方，且"应交税费——应交增值税"账户无余额，按贷方余额数，借记本科目，贷记"应交税费——未交增值税"科目。

（3）若本账户余额在贷方，"应交税费—应交增值税"账户有借方余额且等于或大于这个贷方余额，按贷方余额数，借记本科目，贷记"应交税费——应交增值税"科目。

（4）若本账户余额在贷方，"应交税费——应交增值税"账户有借方余额但小于这个贷方余额，应将这两个账户的余额冲出，其差额贷记"应交税费——未交增值税"科目。

【例 10-11】 某企业为一般纳税人，2020 年 6 月接受税务机关检查，在检查中发现企业其他应付款科目有一笔挂账两年的应付款项，金额为 4 520 元。经检查，确认此为隐瞒收入，税务机关要求该企业在本月调账，并于 7 月 31 日前补缴税款入库（不考虑其他因素）。

借：其他应付款　　　　　　　　　　　　　　　　　　4 520
　　贷：以前年度损益调整　　　　　　　　　　　　　　　4 000
　　　　应交税费——增值税检查调整　　　　　　　　　　520
借：应交税费——增值税检查调整　　　　　　　　　　520
　　贷：应交税费——未交增值税　　　　　　　　　　　520

补缴税款时：

借：应交税费——未交增值税　　　　　　　　　　　　520
　　贷：银行存款　　　　　　　　　　　　　　　　　　520

10.3.3　税款缴纳

应交增值税的账务处理，见表 10-18。

表 10-18　　　　　　　　　　　　应交增值税的账务处理

缴纳时间	账务处理
当月缴纳税款	借：应交税费——应交增值税（已交税金） 　　贷：银行存款
当月缴纳以前月份税款	借：应交税费——未交增值税 　　贷：银行存款
税款减免的账务处理	借：应交税费——应交增值税（减免税款） 　　贷：营业外收入
税款返还	借：银行存款 　　贷：营业外收入
当月应交未交的增值税	借：应交税费——应交增值税（转出未交增值税） 　　贷：应交税费——未交增值税
当月多交的增值税	借：应交税费——未交增值税 　　贷：应交税费——转出多交增值税
当月预交应交增值税	借：应交增值税——已交税金 　　贷：银行存款

10.3.4　一般计税方法的计算

我国目前对一般纳税人采用的是国际上通行的购进扣税法，即当期销项税额抵扣当期进项税额后的余额。应纳税额的计算公式为：

$$当期应纳税额＝当期销项税额－当期进项税额$$
$$＝当期销售额×适用税率－当期进项税额$$

【例 10-12】2019 年 4 月，长青第一汽车有限公司销售 6 辆小汽车的销售清单及货款 1 440 000 元，小汽车每辆售价 240 000 元。（该小汽车适用消费税率 9%，增值税率 13%，城建税税率 7%，教育费附加 3%）。计算应交增值税、消费税及其他税费的金额及账务处理。以银行存款支付。

应纳增值税＝240 000×6×13%＝187 200（元）

应纳消费税＝240 000×6×9%＝129 600（元）

应纳城建税＝240 000×6×（9%＋13%）×7%＝22 176（元）

应纳教育费附加＝240 000×6×（9%＋13%）×3%＝9 504（元）

借：应交税费——应交增值税　　　　　　　　187 200
　　　　　　——应交消费税　　　　　　　　129 600
　　　　　　——应交城市建设维护费　　　　　22 176
　　　　　　——应交教育费附加　　　　　　　9 504
　　贷：银行存款　　　　　　　　　　　　　　348 480

10.3.5　特殊计税方法的计算

$$当期应交增值税＝销项税额－（进项税额－进项税额转出－出口$$
$$退税）－出口抵减内销产品应纳税额－减免税款$$

【例 10-13】丹峰冰箱厂为增值税一般纳税人，2020 年 7 月 20 日，购进货物取得增值税专用发票注明价款 358 000 元，增值税额 46 540 元。当月实现销售收入 578 000 元，销项税额 75 140 元。经企业申请，主管税务机关批准，该企业减半征收增值税 1 年。缴税凭证见表 10-19。

（1）直接减免办法下增值税账务处理。

①购进材料时：

借：原材料　　　　　　　　　　　　　　　　　358 000
　　应交税费——应交增值税（进项税额）　　　46 540
　　贷：银行存款　　　　　　　　　　　　　　404 540

②销售实现时：

借：银行存款   653 140

     贷：主营业务收入   578 000

          应交税费——应交增值税（销项税额）   75 140

③计算缴纳税款时：

应纳税额＝（75 140－46 540）×50％＝14 300（元）

借：应交税费——应交增值税（已交税金）   14 300

     贷：银行存款   14 300

借：应交税费——应交增值税（减免税款）   14 300

     贷：其他收益   14 300

表 10-20　　　　　　中国工商银行电子缴税付款凭证

转账日期：2018 年 8 月 5 日　　　　　　　　　　　凭证字号：6346432

付款人全称	丹峰冰箱厂		征收机关名称	
付款人账号	6200004309234216342		收款国库名称	
付款人开户银行	深圳工商银行圣樱路支行营业室		小写（合计）金额	￥14 300
缴款书交易流水号	23554		大写（合计）金额	壹万肆仟叁佰元整
税（费）种名称		所属日期		实缴金额
增值税		2020 年 7 月		14 300

第　次打印　　作付款回单　　无银行收讫章无效　　复核　　打印日期：　年　月　日

（2）先征后退办法下增值税会计处理。

应纳税额＝75 140－46 540＝14 300（元）

借：应交税费——应交增值税（已交税金）   14 300

     贷：银行存款   14 300

借：银行存款   7 150

     贷：其他收益   7 150

10.4　增值税优惠政策

在 2019 年至 2020 年，关于增值税的优惠政策连续出台，其中比较引人注目的就是期末留抵税额退税、增值税加计扣除以及小微企业增值税的优惠政策等。

10.4.1　期末留抵税额退税的会计处理

根据《财政部 国家税务总局 海关总署关于深化增值税改革有关政策的公告》（财政部税务总局海关总署公告 2019 年第 39 号）、《国家税务总局关于办理增值税期末留抵税额退税有关事项的公告》（国家税务总局公告 2019 年第 20 号）文件规定，符合条件的纳税人，可以向主管税务机关申请退还增量留抵税额。

1. 政策依据

自 2019 年 4 月 1 日起，试行增值税期末留抵税额退税制度。根据《财政部 国家税务总局 海关总署关于深化增值税改革有关政策的公告》（财政部 税务总局 海关总署公告 2019 年第 39 号）文件规定，同时符合以下条件的纳税人，可以向主管税务机关申请退还增量留抵税额：

（1）自 2019 年 4 月税款所属期起，连续六个月（按季纳税的，连续两个季度）增量留抵税额均大于零，且第六个月增量留抵税额不低于 50 万元；

（2）纳税信用等级为 A 级或者 B 级；

（3）申请退税前 36 个月未发生骗取留抵退税、出口退税或虚开增值税专用发票情形的；

（4）申请退税前 36 个月未因偷税被税务机关处罚两次及以上的；

（5）自 2019 年 4 月 1 日起未享受即征即退、先征后返（退）政策的。

纳税信用级别设 A、B、C、D 四级。A 级纳税信用为年度评价指标得分 90 分以上的；B 级纳税信用为年度评价指标得分 70 分以上不满 90 分的；C 级纳税信用为年度评价指标得分 40 分以上不满 70 分的；D 级纳税信用为年度评价指标得分不满 40 分或者直接判级确定的。

2018 年 4 月 1 日起增设 M 级纳税信用级别，纳税信用级别由 A、B、C、D 四级变更为 A、B、M、C、D 五级。其中，M 级纳税信用适用未发生《信用管理办法》第二十条所列失信行为的新设立企业和评价年度内无生产经营业务收入且年度评价指标得分 70 分以上的企业。

2. 留抵退税额的核算

纳税人当期允许退还的增量留抵税额，按照以下公式计算：

允许退还的增量留抵税额＝增量留抵税额×进项构成比例×60％

其中，"进项构成比例"为 2019 年 4 月至申请退税前一税款所属期内已抵扣的增值税专用发票（含税控机动车销售统一发票）、海关进口增值税专用缴款书、解缴税款完税凭证注明的增值税额占同期全部已抵扣进项税额的比重。

上述公式中不包括农产品收购发票或者销售发票、加计扣除农产品进项税额、本期用于抵扣的旅客运输服务扣税凭证（非专用发票）和外贸企业进项税额抵扣证明等扣税凭证。

【例 10-14】假定甲企业 2019 年 3 月底留抵税额 15 万元，4 月、5 月、6 月、7 月、8 月、9 月留抵税额分别为 20 万元、30 万元、30 万元、40 万元、45 万元、70 万元，同时符合留抵退税要求的其他四项条件。

2019 年 4 月—9 月已抵扣进项税金为 90 万元，其中专用发票、海关进口增值税专用缴款书和完税凭证三种票对应进项税额为 80 万元，农产品收购发票对应进项税额为 5 万元。

根据本书前面章节的详细解读判断，甲企业符合留抵退税的相关条件，10 月纳税申报期内可以向主管税务机关申请退还增量留抵税额。

（1）申请退还留抵税额计算。

增量留抵税额＝70－15＝55（万元）

进项构成比例＝80÷90×100％＝88.89％（农产品收购发票对应进项税额为 5 万元不计算在内）

允许退还的增量留抵税额＝增量留抵税额×进项构成比例×60％＝55×88.89％×60％＝29.33（万元）

（2）会计处理

10 月份甲企业按程序申报，并收到申请的留抵退税额之后：

借：银行存款   293 300

    贷：应交税费——应交增值税（进项税额转出）   293 300

3. 填报纳税申报表

在纳税人办理增值税纳税申报和免抵退税申报后、税务机关核准其免抵退税应退税额前，核准其前期留抵退税的，以最近一期《增值税纳税申报表（一般纳税人适用）》期末留抵税额，扣减税务机关核准的留抵退税额后的余额，计算当期免抵退税应退税额和免抵税额。

税务机关核准的留抵退税额，是指税务机关当期已核准，但纳税人尚未在《增值税纳税申报表附列资料（二）（本期进项税额明细）》第22栏"上期留抵税额退税"填报的留抵退税额。

纳税人应在收到税务机关准予留抵退税的《税务事项通知书》当期，以税务机关核准的允许退还的增量留抵税额冲减期末留抵税额，并在办理增值税纳税申报时，相应填写《增值税纳税申报表附列资料（二）（本期进项税额明细）》第22栏"上期留抵税额退税"。

10.4.2 增值税减免税款的会计处理

《财政部关于印发〈增值税会计处理规定〉的通知》（财会〔2016〕22号）规定，对于当期直接减免的增值税，应借记"应交税费——应交增值税（减免税款）"科目，贷记损益类相关科目。

2017年6月12日开始施行的修订后新的《企业会计准则第16号——政府补助》仍旧将增值税即征即退作为政府补助的一部分看待。修订后的《政府补助准则》第十一条规定：与企业日常活动相关的政府补助，应当按照经济业务实质，计入其他收益或冲减相关成本费用。与企业日常活动无关的政府补助，应当计入营业外收支。

企业按照现行增值税政策规定，取得或者应取得的上述即征即退收入，在满足确认条件时，编制如下的会计分录：

借：其他应收款或银行存款

　　贷：其他收益

【例10-15】格律动漫软件公司为增值税一般纳税人，2020年5月销售自行开发的动漫软件，取得不含税销售额2 000万元，增值税税率为13%。另外，本月取得可抵扣进项额为140万元。则减免税款相关账务处理如下：

发生了销售服务时，账务处理：

借：银行存款　　　　　　　　　　　　　　　22 600 000

　　贷：主营业务收入　　　　　　　　　　　　20 000 000

　　　　应交税费——应交增值税（销项税额）　2 600 000

则该企业应纳增值税额为 120（260－140）万元，实际税负为 120÷2 000＝6%＞3%，可享受即征即退的增值税税额为 120－2 000×3%＝60（万元）。

退税时，账务处理：

借：银行存款　　　　　　　　　　　　　　　200 000

　　贷：其他收益　　　　　　　　　　　　　　200 000

【提示】根据《财政部 税务总局关于延续动漫产业增值税政策的通知》（财税〔2018〕38 号）第二条规定：自 2018 年 5 月 1 日至 2020 年 12 月 31 日，对动漫企业增值税一般纳税人销售其自主开发生产的动漫软件，按照 16% 的税率征收增值税后，对其增值税实际税负超过 3% 的部分，实行即征即退政策。

10.4.3　小微企业免征增值税的会计处理

《财政部关于印发〈增值税会计处理规定〉的通知》（财会〔2016〕22 号）规定，小微企业在取得销售收入时，应当按照税法的规定计算应交增值税，并确认为应交税费，在达到增值税制度规定的免征增值税条件时，将有关应交增值税转入当期损益。按照《财政部 税务总局关于实施小微企业普惠性税收减免政策的通知》（财税〔2019〕13 号）的规定，我国对于月销售额不超过 10 万元，季度销售额不超过 30 万元的小微企业是可以免交增值税的。

【例 10-16】群丽有限公司属于小规模纳税人，符合小微企业认定标准。已知 2020 年 5 月 15 日销售商品 10.3 万元，并开具发票。则：

收到销售货款时：

借：银行存款　　　　　　　　　　　　　　　103 000

　　贷：主营业务收入　　　　　　　　　　　　100 000

　　　　应交税费——应交增值税　　　　　　　3 000

到月末，如果没有其他收入，达到小微企业税收优惠规定，则应冲减应交税费的金额，转入到当期损益。

借：应交税费——应交增值税　　　　　　　　3 000

　　贷：其他收益　　　　　　　　　　　　　　3 000

10.5　纳税申报

增值税的纳税期限分别为 1 日、3 日、5 日、10 日、15 日、1 个月或者 1 个季度。纳税人的具体纳税期限，由主管税务机关根据纳税人应纳税额的大小分别核定。以 1 个季度为纳税期限的规定适用于小规模纳税人、银行、财务公司、信托投资公司、信用社，以及财政部和国家税务总局规定的其他纳税人。不能按照固定期限纳税的，可以按次纳税。

10.5.1　一般纳税人纳税申报

1. 增值税纳税申报征期

纳税人以 1 个月或者 1 个季度为 1 个纳税期的，自期满之日起 15 日内申报纳税，遇最后一日为法定节假日的，顺延 1 日，1 日至 15 日内有连续 3 日以上法定休假日的，按休假日天数顺延。

以 1 日、3 日、5 日、10 日或者 15 日为 1 个纳税期的，自期满之日起 5 日内预缴税款，于次月 1 日起 15 日内申报纳税并结清上月应纳税款。

2. 增值税申报流程

一般纳税人和小规模纳税人，在征期内进行申报，申报具体流程为：

（1）抄报税：纳税人在征期内登陆开票软件抄税，并通过网上抄报或办税厅抄报，向税务机关上传上月开票数据。

（2）纳税申报：纳税人通过一证通或 CA 证书登录网上申报软件进行网上申报。网上申报成功并通过税银联网实时扣缴税款。

（3）清零解锁：申报成功后，纳税人返回开票系统对税控设备进行清零解锁。实务中一般以当月纳税申报期限为最后截止日，如果错过清零解锁的日期，可以带上税控盘去税务办税大厅解锁。

注意：

①一般纳税人、小规模纳税人无税控设备的只需进行第二步申报操作，无须进行第一和第三步操作。无税控机的纳税人，需要去税务机关代开发票，纳税申报时，与税务机关代开发票数据进行比对，比对成功后方能申报成功。

②按季申报的有税控设备小规模纳税人在非申报月份只需进行第一步和第三步，不需要进行第二步申报操作。

3. 纳税申报表及其申报资料

（1）增值税一般纳税人申报表。

为进一步优化纳税服务，减轻纳税人负担，国家税务总局对增值税一般纳税人申报资料进行了简化，自 2019 年 5 月 1 日起，一般纳税人在办理纳税申报时，需要填报"一主表五附表"，即申报表主表、附列资料（一）至（四）和《增值税减免税申报明细表》，《增值税纳税申报表附列资料（五）》《营改增税负分析测算明细表》不再需要填报。

（2）增值税小规模纳税人申报表。

小规模纳税人申报系统一般有 3 张表需要填报。具体有：《增值税纳税申报表（小规模纳税人适用）》；《增值税纳税申报表（小规模纳税人适用）附列资料》；《增值税减免税申报明细表》。

注意：小规模纳税人销售服务，在确定服务销售额时，按照有关规定可以从取得的全部价款和价外费用中扣除价款的，需填报《增值税纳税申报表（小规模纳税人适用）附列资料》。其他情况不填写该附列资料。

（3）纳税申报其他资料。

①已开具的税控机动车销售统一发票和普通发票的存根联。

②符合抵扣条件且在本期申报抵扣的增值税专用发票（含税控机动车销售统一发票）的抵扣联。

③符合抵扣条件且在本期申报抵扣的海关进口增值税专用缴款书、购进农产品取得的普通发票的复印件。

④符合抵扣条件且在本期申报抵扣的税收完税凭证及其清单，书面合同、付款证明和境外单位的对账单或者发票。

⑤已开具的农产品收购凭证的存根联或报查联。

⑥纳税人销售服务、不动产和无形资产，在确定服务、不动产和无形资产销售额时，按照有关规定从取得的全部价款和价外费用中扣除价款的合法凭证及其清单。

⑦主管税务机关规定的其他资料。

【例 10-17】昊天科技有限公司为增值税一般纳税人，主要生产计算机，该公司 2020 年 5 月生产经营情况如下：

（1）5 月 1 日，向工商银行福田支行销售 XY 型计算机 100 台，并开具增值税专用发票，单价（不含税）为 4 500 元/台，销售额 450 000 元，并约定对方 10 天内付款可以享受不含税价款 5％的现金折扣，对方于 5 月 7 日付款。XY 型计算机每台成本 3 500 元。

（现金折扣不考虑增值税）

销项税额＝450 000×13％＝58 500（元）

借：应收账款   508 500

  贷：主营业务收入   450 000

    应交税费——应交增值税（销项税额） 58 500

借：主营业务成本   350 000（100×3 500）

  贷：库存商品   350 000

5月7日付款时。

借：银行存款   486 000

  财务费用   22 500（450 000×5％）

  贷：应收账款   508 500

（2）5月8日，销售90台XY型计算机给外地某客户并开具普通发票价税合计金额为457 650元。

支付运输费用价税合计3 270元，收到的货物运输业增值税专用发票注明运费金额3 000元，增值税270元，该外地客户款项未付。

销项税额＝457 650÷（1＋13％）×13％＝52 650（元）；进项税额＝270（元）。

借：应收账款   457 650

  贷：主营业务收入   405 000

    应交税费——应交增值税（销项税额） 52 650

借：主营业务成本   350 000

  贷：库存商品   350 000

借：销售费用   3 000

  应交税费——应交增值税（进项税额） 270

  贷：银行存款   3 270

（3）5月9日，拨付2台计算机给本单位职工使用，但未开具发票。

销项税额＝4 500×2×13％＝1 170（元）。

借：应付职工薪酬——非货币性福利   10 170

  贷：主营业务收入   9 000

    应交税费——应交增值税（销项税额） 1 170

借：主营业务成本   7 000

  贷：库存商品   7 000

（4）5月10日，没收逾期仍未收回的包装物押金22 600元，确认收入但未开具发票。

销项税额＝22 600÷（1＋13％）×13％＝2 600（元）

借：其他应付款　　　　　　　　　　　　　　　22 600

　　贷：其他业务收入　　　　　　　　　　　　　　20 000

　　　　应交税费——应交增值税（销项税额）　　　2 600

该企业于2019年6月10日缴纳上期应交未交增值税62 000元。

借：应交税费——未交增值税　　　　　　　　　62 000

　　贷：银行存款　　　　　　　　　　　　　　　62 000

（5）5月11日，购进一批电子元配件，并取得增值税专用发票，发票上注明的价款为300 000元，税额为39 000元；支付运费价税合计2 180元，收到的货物运输业增值税专用发票上注明运费金额2 000元，税额180元。

上述货款未付，运费已支付，货物已运达企业并入库。

进项税额＝39 000＋180＝39 180（元）

借：原材料　　　　　　　　　　　　　　　　　302 000

　　应交税费——应交增值税（进项税额）　　　39 180

　　贷：应付账款　　　　　　　　　　　　　　　339 000

　　　　银行存款　　　　　　　　　　　　　　　2 180

（6）5月12日，购进XY型计算机配件一批，货款已付，专用发票上注明金额120 000元，税额15 600，物资尚未验收入库。

进项税额＝120 000×13％＝15 600（元）

借：在途物资　　　　　　　　　　　　　　　　120 000

　　应交税费——应交增值税（进项税额）　　　15 600

　　贷：银行存款　　　　　　　　　　　　　　　135 600

（7）6月13日，从小规模纳税人处购进零件151 400元，取得普通发票。该零件已入库，且款项已付。

借：原材料　　　　　　　　　　　　　　　　　151 400

　　贷：银行存款　　　　　　　　　　　　　　　151 400

（8）5月15日，从一般纳税人处购进零件37 000元，取得普通发票，该零件已入库，且款项已付。

借：原材料　　　　　　　　　　　　　　　　　37 000

　　贷：银行存款　　　　　　　　　　　　　　　37 000

（9）5月16日，为推广新型计算机，采用以旧换新方式向消费者个人销售新产品，共收取现金290 000元（已扣除收购旧计算机抵价94 200元），并开具普通发票。

销项税额＝（290 000＋94 200）÷（1＋13％）×13％＝44 200（元）。

借：库存现金   290 000

   原材料   94 200

   贷：主营业务收入   340 000

      应交税费——应交增值税（销项税额）   44 200

（10）5 月 18 日，购置 20 台空调，取得增值税专用发票，增值税专用发票上注明价款为 250 000 元，税额 32 500 元，款项已付。

进项税额＝32 500（元）。

借：固定资产——空调   250 000

   应交税费——应交增值税（进项税额）   32 500

   贷：银行存款   282 500

（11）5 月 20 日，外购办公用品，取得增值税专用发票，增值税专用发票上注明价款为 1 400 元，税额 182 元，款项已付。

进项税额＝182（元）。

借：管理费用   1 400

   应交税费——应交增值税（进项税额）   182

   贷：银行存款   1 582

（12）5 月 21 日，企业维修职工宿舍，领用上月购进的 10 吨水泥，实际成本 56 000 元，该批水泥的进项税额 7 280 元，已在购进当期申报抵扣。

将外购原材料用于建设职工宿舍，其进项税额不得抵扣，由于其进项税额已在购进当月申报抵扣，应作进项税转出处理。

借：在建工程   63 280

   贷：原材料   56 000

      应交税费——应交增值税（进项税额转出）   7 280

（13）5 月 25 日，接受某单位投资转入生产用材料一批，并取得增值税专用发票，价款为 110 000 元，税额 14 300 元；材料已验收入库。

进项税额＝14 300（元）。

借：原材料   110 000

   应交税费——应交增值税（进项税额）   14 300

   贷：实收资本   124 300

（14）5 月 30 日，委托加工物资一批，并支付加工费。取得增值税专用发票，增值税专用发票上注明价款 10 400 元，税额 1 352 元，款项已付。

进项税额＝1 352（元）。

借：委托加工物资　　　　　　　　　　　　　　　　　　10 400

　　应交税费——应交增值税（进项税额）　　　　　　　1 352

　　　贷：银行存款　　　　　　　　　　　　　　　　　　11 752

该公司5月份销项税额＝58 500＋52 650＋1 170＋2 600＋44 200＝159 120（元）

可以抵扣的进项税＝270＋39 180＋15 600＋32 500＋182－7 280＋14 300＋
1 352＝96 104（元）

该公司5月份应纳增值税＝159 120－96 104＝63 016（元）

5月底结转当月的应缴未缴增值税税额：

借：应交税费——应交增值税（转出未交增值税）　　　63 016

　　　贷：应交税费——未交增值税　　　　　　　　　　　63 016

6月初缴纳5月应缴未缴增值税税额的分录：

借：应交税费——未交增值税　　　　　　　　　　　　63 016

　　　贷：银行存款　　　　　　　　　　　　　　　　　　63 016

昊天科技有限责任公司5月份的纳税申报表填列，见表10-20、表10-21、
表10-22、表10-23。

表10-20　　　　　　　增值税纳税申报表附列资料（一）

（本期销售情况明细）　　　　　　金额单位：元至角分

一、一般计税方法计税	全部征税项目	13%税率的货物及加工修理修配劳务	1
		13%税率的服务、不动产和无形资产	2
			3
		9%税率	4
		6%税率	5

开具增值税专用发票		开具其他发票		未开具发票	
销售额	销项（应纳）税额	销售额	销项（应纳）税额	销售额	销项（应纳）税额
1	2	3	4	5	6
450 000	58 500	745 000	96 850	29 000	3 770

纳税检查调整		合　计		
销售额	销项（应纳）税额	销售额	销项（应纳）税额	价税合计
7	8	9＝1＋3＋5＋7	10＝2＋4＋6＋8	11＝9＋10
0	0	1 224 000	159 120	—

表 10-21 　　　　　　　　　　**《增值税纳税申报表附列资料（二）》**

（本期进项税额明细）　　　金额单位：元至角分

一、申报抵扣的进项税额

项　　目	栏次	份数	金额	税额
（一）认证相符的增值税专用发票	1＝2＋3	8	796 800	103 384
其中：本期认证相符且本期申报抵扣	2	8	796 800	103 384
前期认证相符且本期申报抵扣	3			
…	…	…	…	…
当期申报抵扣进项税额合计	12＝1＋4－9＋10＋11	8	796 800	103 384

二、进项税额转出额

项　　目	栏　次	税　额
本期进项税额转出额	13＝14 至 23 之和	7 280
其中：免税项目用	14	
集体福利、个人消费	15	7 280
…	…	…

四、其他

项　　目	栏次	份数	金额	税额
本期认证相符的增值税专用发票	35	8	740 800	96 104
代扣代缴税额	36	—	—	

表 10-22 　　　　　　**《固定资产（不含不动产）进项税额抵扣情况表》**

金额单位：元至角分

项　　目	当期申报抵扣的固定资产进项税额	申报抵扣的固定资产进项税额累计
增值税专用发票	42 500.00	42 500.00
海关进口增值税专用缴款书		
合　　计	42 500.00	42 500.00

项　目	当期申报抵扣的固定资产进项税额	申报抵扣的固定资产进项税额累计	
本期抵扣进项税额结构明细表			
项　目	栏次	金额	税额
合　计	1＝2＋4＋5＋11＋16＋ 18＋27＋29＋30	796 800	103 384
一、按税率或征收率归集（不包括购建不动产、通行费）的进项			
13％税率的进项	2	791 800	103 384
其中：有形动产租赁的进项	3		
13％税率的进项	4		
9％税率的进项	4	5 000	450
其中：运输服务的进项	5	5 000	450
电信服务的进项	6		

表 10-23　　　　　　　　　增值税纳税申报表（一般纳税人适用）

法定代表人姓名：陈南宇

企业地址及电话：北京市知春路 1 号，010-88888888

企业所属行业：制造业

开户银行及账号：工行知春路支行—330102200901153856

统一社会信用代码：11010000001001

税款所属时间：自 2020 年 5 月 1 日至 2020 年 5 月 31 日　　　　　　金额单位：元至角分

	项　目	栏次	一般项目	
			本月数	本年累计
销售额	（一）按适用税率计税销售额	1	1 224 000	
	其中：应税货物销售额	2	1 224 000	
	应税劳务销售额	3		
	纳税检查调整的销售额	4		
	（二）按简易办法计税销售额	5		
	其中：纳税检查调整的销售额	6		
	（三）免、抵、退办法出口销售额	7		
	（四）免税销售额	8		
	其中：免税货物销售额	9		
	免税劳务销售额	10		

项　　　目		栏次	一般项目	
			本月数	本年累计
税款计算	销项税额	11		159 120
	进项税额	12		103 384
	上期留抵税额	13		
	进项税额转出	14		7 280
	免、抵、退应退税额	15		
	按适用税率计算的纳税检查应补缴税额	16		
	应抵扣税额合计	17＝12＋13－14－15＋16		96 104
	实际抵扣税额	18（如 17＜11，则为 17，否则为 11）		96 104
税款计算	应纳税额	19＝11－18		63 016
	期末留抵税额	20＝17－18		0
	简易计税办法计算的应纳税额	21		
	按简易计税办法计算的纳税检查应补缴税额	22		
	应纳税额减征额	23		
	应纳税额合计	24＝19＋21－23		63 016
税款缴纳	期初未缴税额（多缴为负数）	25		62 000
	实收出口开具专用缴款书退税额	26		
	本期已缴税额	27＝28＋29＋30＋31		62 000
	①分次预缴税额	28		
	②出口开具专用缴款书预缴税额	29		
	③本期缴纳上期应纳税额	30		62 000
	④本期缴纳欠缴税额	31		
税款缴纳	期末未缴税额（多缴为负数）	32＝24＋25＋26－27		63 016
	其中：欠缴税额（≥0）	33＝25＋26－27		0
	本期应补（退）税额	34＝24－28－29		63 016
	即征即退实际退税额	35		
	期初未缴查补税额	36		
	本期入库查补税额	37		
	期末未缴查补税额	38＝16＋22＋36－37		0

10.5.2　财务报表相关项目列示

"应交税费"科目下的"应交增值税""未交增值税""待抵扣进项税额""待认证进项税额""增值税留抵税额"等明细科目期末借方余额应根据情况，在资产负债表中的"其他流动资产"或"其他非流动资产"项目列示；"应交税费——待转销项税额"等科目期末贷方余额应根据情况，在资产负债表中的"其他流动负债"或"其他非流动负债"项目列示；"应交税费"科目下的"未交增值税""简易计税""转让金融商品应交增值税""代扣代交增值税"等科目期末贷方余额应在资产负债表中的"应交税费"项目列示。

10.5.3　小规模纳税人纳税申报

1. 小规模纳税人应纳税额的计算

小规模纳税人销售货物或提供应税劳务，其应纳税额的计算不适用扣税法，而是实行按照销售额和征收率计算应纳税额的简易办法，并不得抵扣进项税额。

其计算公式为：

$$应纳税额＝销售额×征收率$$

销售额，不包括收取的增值税销项税额，即为不含税销售额。

对销售货物或提供应税劳务采取销售额和增值税销项税额合并定价方法的，要分离出不含税销售额。

其计算公式为：

$$销售额＝含税销售额÷（1＋征收率）$$

小规模纳税人销售自己使用过的固定资产和旧货，按下列公式确定销售额和应纳税额：

$$销售额＝含税销售额÷（1＋3\%）$$
$$应纳税额＝销售额×2\%$$

2. 小规模纳税人的账务处理

小规模纳税人只需设置"应交增值税"明细科目，不需要在"应交增值税"明细科目中设置其他专栏。

小规模纳税人增值税会计处理，见表10-24。

表 10-24　　　　　　　　　　　　　小规模纳税人增值税会计处理

业务情景	账务处理
购入货物或接受应税劳务的会计处理	借：材料采购（原材料、制造费用、管理费用、销售费用、其他业务成本等） 　　贷：银行存款（应付账款、应付票据等）
销售货物或提供应税劳务的会计处理	借：银行存款（应收账款、应收票据等） 　　贷：主营业务收入（其他业务收入等） 　　　　应交税费——应交增值税 注：发生的销货退回，做相反的会计分录
缴纳增值税款的会计处理	借：应交税费——应交增值税 　　贷：银行存款等 收到退回多缴的增值税时，做相反的会计分录。

【例 10-18】峰睿有限公司为增值税小规模纳税人，2020 年 6 月 13 日购进计算机，取得增值税普通发票，发票上注明价款 24 000 元；2020 年 7 月 10 日销售计算机并开具普通发票，注明价款 74 160 元；2020 年 8 月 20 日销售办公用品并由税务机关代开专用发票，发票注明不含税价款 28 500 元，税金 855 元。

企业购进货物已验收入库，货款均以银行存款收付，该企业采用进价核算制。

（1）该公司第一季度应纳的增值税。

销售办公用品应纳增值税＝855（元）（代开专票时要预缴税款）

销售计算机应纳增值税＝74 160÷（1＋3%）×3%＝2 160（元）

（2）编制会计分录如下。

借：库存商品　　　　　　　　　　　　　　24 000
　　贷：银行存款　　　　　　　　　　　　　　24 000

到国税局代开专票：

借：银行存款　　　　　　　　　　　　　　29 355
　　贷：主营业务收入　　　　　　　　　　　　28 500
　　　　应交税费——应交增值税　　　　　　　　855

借：应交税费——应交增值税　　　　　　　　855
　　贷：银行存款　　　　　　　　　　　　　　855

借：银行存款　　　　　　　　　　　　　　74 160
　　贷：主营业务收入　　　　　　　　　　　　72 000
　　　　应交税费——应交增值税　　　　　　　2 160

（3）10 月实际缴税时。

借：应交税费——应交增值税　　　　　　　　　　　　　　　2 160
　　贷：银行存款　　　　　　　　　　　　　　　　　　　　　　2 160

（4）填写《增值税纳税申报表（适用于增值税小规模纳税人）》，见表 10-25。

表 10-25

税款所属期：2020 年 6 月—2020 年 8 月

纳税人识别号：××××

纳税人名称：××××　　　　　　　　　　　　　　　　　　金额单位：元至角分

项　　目	栏次	本期数		本年累计数	
		货物及劳务	服务、不动产和无形资产	货物及劳务	服务、不动产和无形资产
一、计税依据					
（一）应征增值税不含税销售额（3%征收率）	1	100 500			
税务机关代开的增值税专用发票不含税销售额	2	28 500			
税控器具开具的普通发票不含税销售额	3	72 000			
（二）应征增值税不含税销售额（5%征收率）	4				
税务机关代开的增值税专用发票不含税销售额	5				
税控器具开具的普通发票不含税销售额	6				
（三）销售使用过的固定资产不含税销售额	7				
其中：税控器具开具的普通发票不含税销售额	8				
（四）免税销售额	9				
其中：小微企业免税销售额	10				
未达起征点销售额	11				
其他免税销售额	12				
（五）出口免税销售额	13				
其中：税控器具开具的普通发票销售额	14				

项　目	栏次	本期数		本年累计数	
		货物及劳务	服务、不动产和无形资产	货物及劳务	服务、不动产和无形资产
二、税款计算　本期应纳税额	15	3 015			
本期应纳税额减征额	16				
本期免税额	17				
其中：小微企业免税额	18	3 015			
未达起征点免税额	19				
应纳税额合计	20＝15 －16	3 015			
本期预缴税额	21	855			
本期应补（退）税额	22＝20 －21	2 160			

《国家税务总局关于小规模纳税人免征增值税政策有关征管问题的公告》（国家税务总局公告2019年第4号）中小规模纳税人月销售额（季度销售额）规定：

（1）按月纳税的，合计月销售额未超过10万元；按季纳税的，季度销售额未超过30万元的，免征增值税。

（2）销售额包括销售货物、劳务、服务、无形资产和不动产合并计算销售额。

（3）适用增值税差额征税的，以差额后的销售额计算确定免税销售额。

10.6　消费税

2019 年 12 月 3 日，财政部、税务总局起草的《中华人民共和国消费税法（征求意见稿）》对外征求意见，《征求意见稿》保持了现行税制框架和税负水平总体不变。

在我国境内销售、委托加工和进口应税消费品的单位和个人为消费税的纳税人。

消费税是对我国境内从事生产、委托加工和进口，以及国务院确定的销售应税消费品的单位和个人，就其销售额或销售数量，在特定环节征收的一种税。

消费税的征税范围，见表10-26。

表 10-26   消费税的征税范围

种　　类	具体内容
生产应税消费品	生产应税消费品除了直接对外销售应征收消费税外，纳税人将生产的应税消费品换取生产资料、消费资料、投资入股、偿还、债务，以及用于继续生产应税消费品以外的其他方面都应缴纳消费税
委托加工应税消费品	委托加工的应税消费品收回后，再继续用于生产应税消费品销售的，其加工环节缴纳的消费税款可以扣除，直接出售的，应缴纳消费税
进口应税消费品	单位和个人进口应税消费品，于报关进口时缴纳消费税
零售应税消费品	纳税人从事零售业务的，在零售时纳税
	金银首饰的带料加工、翻新改制、以旧换新等业务，在零售环节征收消费税；但金银首饰的修理和清洗，不缴纳消费税
	用于馈赠、赞助、集资、广告、样品、职工福利、奖励等方面的，在移送时缴纳消费税
批发销售卷烟	烟草批发企业将卷烟销售给零售单位的，要再征一道5%的从价税
	烟草批发企业将卷烟销售给其他烟草批发企业的，不缴纳消费税

10.6.1　税目和税率

税目和税率，见表10-27。

表 10-27   消费税税目税率表

税　　目	税率		
	生产（进口）环节	批发环节	零售环节
一、烟			
1. 卷烟			
（1）甲类卷烟	56%加 0.003 元/支	11%加	
（2）乙类卷烟	36%加 0.003 元/支	0.005 元/支	
2. 雪茄烟	36%		
3. 烟丝	30%		

税　目	税率		
	生产（进口）环节	批发环节	零售环节
二、酒			
1. 白酒	20％加 0.5 元/500 克（或者 500 毫升）		
2. 黄酒	240 元/吨		
3. 啤酒			
（1）甲类啤酒	250 元/吨		
（2）乙类啤酒	220 元/吨		
4. 其他酒	10％		
三、高档化妆品	15％		
四、贵重首饰及珠宝玉石			
1. 金银首饰、铂金首饰和钻石及钻石饰品			5％
2. 其他贵重首饰和珠宝玉石	10％		
五、鞭炮焰火	15％		
六、成品油			
1. 汽油	1.52 元/升		
2. 柴油	1.2 元/升		
3. 航空煤油	1.2 元/升		
4. 石脑油	1.52 元/升		
5. 溶剂油	1.52 元/升		
6. 润滑油	1.52 元/升		
7. 燃料油	1.2 元/升		
七、摩托车			
气缸容量在 250 毫升（不含）以上的	10％		
八、小汽车			
1. 乘用车			

税　目	税率		
	生产（进口）环节	批发环节	零售环节
（1）气缸容量（排气量，下同）在1.0升（含1.0升）以下的	1%		
（2）气缸容量在1.0升以上至1.5升（含1.5升）的	3%		
（3）气缸容量在1.5升以上至2.0升（含2.0升）的	5%		
（4）气缸容量在2.0升以上至2.5升（含2.5升）的	9%		
（5）气缸容量在2.5升以上至3.0升（含3.0升）的	12%		
（6）气缸容量在3.0升以上至4.0升（含4.0升）的	25%		
（7）气缸容量在4.0升以上的	40%		
2. 中轻型商用客车	5%		
3. 超豪华小汽车	按子税目1和子税目2的规定征收		10%
九、高尔夫球及球具	10%		
十、高档手表	20%		
十一、游艇	10%		
十二、木制一次性筷子	5%		
十三、实木地板	5%		
十四、电池	4%		
十五、涂料	4%		

10.6.2　消费税组成计税价格

消费税实行从价计税、从量计税，或者从价和从量复合计税（以下简称复合计税）的办法计算应纳税额。

1. 从价计税

实行从价计税办法计算的应纳税额＝销售额×比例税率

【例 10-19】丽江地板有限公司为增值税一般纳税人。2020 年 7 月 15 日，向南峰酒店销售实木地板 440 平方米，开具增值税专用发票，取得含增值税销售额 178 359.20 元。适用消费税税率 5％。

①不含税销售额＝178 359.20÷（1＋13％）＝157 840（元）

②应缴纳的消费税额＝157 840×5％＝7 892（元）

2. 从量计税

实行从量计税办法计算的应纳税额＝销售数量×定额税率

【例 10-20】2020 年 8 月 1 日，青岛啤酒厂向锦江饭店销售啤酒 6 吨，每吨出厂价格 3 800 元。计算 8 月该啤酒厂应纳消费税税额。适用单位税额 220 元。

应纳税额＝销售数量×单位税额＝6×220＝1 320（元）

3. 复合计税

目前，我国只对卷烟和白酒采用复合计征的方式。

实行复合计税办法计算的应纳税额＝销售额×比例税率

＋销售数量×定额税率

【例 10-21】大连白酒厂为增值税一般纳税人，2020 年 8 月 1 日销售粮食白酒 55 吨，取得不含增值税的销售额 187 600 元。计算白酒企业 8 月应缴纳的消费税额。白酒适用比例税率 20％，定额税率 500 克 0.5 元。

（1）从价定率应纳税额＝187 600×20％＝37 520（元）

（2）从量定额应纳税额＝55×2 000×0.5＝55 000（元）

（3）应纳税额＝37 520＋55 000＝92 520（元）

10.7　城市维护建设税

2018 年 10 月 19 日，为进一步"落实税收法定原则"，国家税务总局发布《中华人民共和国城市维护建设税法（征求意见稿）》。

城市维护建设税的纳税人为在中华人民共和国境内缴纳增值税、消费税的单位和个人。

城市维护建设税采用地区差别比例税率，纳税人所在地区不同，适用税率的档次也不同。具体规定见表 10-28。

表 10-28 城市维护建设税税率

城建税纳税人所在地	税　率
市区的	7%
县城、建制镇	5%

1. 计税依据

实际缴纳的增值税、消费税税额，以及出口货物、劳务或者跨境销售服务、无形资产增值税免抵税额为计税依据。

对进口货物或者境外向境内销售劳务、服务、无形资产缴纳的增值税、消费税税额，不征收城市维护建设税。

实行增值税期末留抵退税的纳税人，退还的增值税税额允许从城建税的计税依据中扣除。

2. 特殊规定

不退还已缴纳的城市维护建设税项目如下：

出口货物、劳务和跨境销售服务、无形资产；

因优惠政策退还增值税、消费税。

同时，减免增值税、消费税的，相应减免城市维护建设税。

10.8　教育费附加

教育费附加是对缴纳增值税、消费税的单位和个人，就其实际缴纳的税额为计税依据征收的一种附加费，见表 10-29。

表 10-29 教育费附加税率

征收范围	征收比率	计税依据	计算公式
缴纳增值税、消费税的单位和个人	3%	实际缴纳的增值税、消费税税额为计税依据，与"两税"同时缴纳	应纳教育费附加＝实际缴纳的"两税"税额×3%

（1）教育费附加出口不退，进口不征。

（2）对由于减免增值税、消费税而发生的退税，可同时退还已征收的教育费附加。

通过"应交税费"账户核算。企业按规定计算应缴的教育费附加时，借记"税金及附加"科目，贷记"应交税费——应交教育费附加"科目。

【例10-22】精石制造有限公司2020年1月实际缴纳增值税534 000元，缴纳消费税249 000元。计算该企业应纳的城建税税额。城市维护建设税税率7%，教育费附加3%。见表10-30。

应纳城建税税额＝（534 000＋249 000）×7%＝54 810（元）

应纳教育费附加＝（534 000＋249 000）×3%＝23 490（元）

（1）计提城建税和教育费附加：

借：税金及附加　　　　　　　　　　　　　　　　　　78 300

　　贷：应交税费——应交城市维护建设税　　　　　　54 810

　　　　　　　　——应交教育费附加　　　　　　　　23 490

（2）缴纳税费：

借：应交税费——应交城市维护建设税　　　　　　　　54 810

　　　　　　——应交教育费附加　　　　　　　　　　23 490

　　　　　　——应交增值税　　　　　　　　　　　534 000

　　　　　　——应交消费税　　　　　　　　　　　249 000

　　贷：银行存款　　　　　　　　　　　　　　　　861 300

表10-30　　　　　　　　　　××银行电子缴税付款凭证

转账日期：2020年2月5日　　　　　　　　　　　凭证字号：0023095729371

付款人全称	精石制造有限公司	征收机关名称	地方税务局
付款人账号	2240001909234216578	收款国库名称	中华人民共和国国家金库平安中心支库
付款人开户银行	工商银行深圳北安支行	小写（合计）金额	861 300
缴款书交易流水号	023642-834	大写（合计）金额	捌拾陆万壹仟叁佰元整
税（费）种名称	所属日期		实缴金额
增值税	2020年1月1日至2020年1月31日		534 000
消费税	2020年1月1日至2020年1月31日		249 000
城市维护建设税	2020年1月1日至2020年1月31日		54 810
教育费附加	2020年1月1日至2020年1月31日		23 490

10.9 印花税

印花税是对经济活动和经济交往中书立、领受、使用的应税经济凭证的单位和个人所征收的一种税。因纳税人主要是通过在应税凭证上粘贴印花税票来完成纳税义务，故名印花税。

1. 征税范围

现行印花税采取正列举的形式，只对《印花税暂行条例》列举的凭证征收，没有列举的凭证不征税。

具体征税范围，见表 10-31。

表 10-31 印花税征税范围

类　型	具体内容
合同类	购销合同、加工承揽合同、建设工程勘察设计合同、建筑安装工程承包合同、财产租赁合同、货物运输合同、仓储保管合同、借款合同、财产保险合同、技术合同
产权转移书据	土地使用权出让合同、土地使用权转让合同、商品房销售合同
营业账簿	日记账簿和其他明细分类账簿
权利、许可证照	房屋产权证、工商营业执照、商标注册证、专利证、土地使用证

2. 纳税人

凡在我国境内书立、领受、使用应税凭证的单位和个人，都是印花税的纳税人。包括各类企业、事业、机关、团体、部队，以及中外合资经营企业、合作经营企业、外资企业、外国公司企业和其他经济组织及其在华机构等单位和个人。

3. 计税依据

2018 年 11 月 1 日，财政部和税务总局公布了《中华人民共和国印花税法（征求意见稿）》，向社会公开征求意见。其中证券交易印花税税率仍维持成交额的千分之一，而且只对证券交易的出让方征收，不对证券交易的受让方征收。证券登记结算机构为证券交易印花税的扣缴义务人。证券交易印花税的纳税人或者税率调整，由国务院决定，并报全国人民代表大会常务委员会备案。

印花税税目税率，见表 10-32。

表 10-32　　　　　　　　　　　　　印花税税目税率表

税　　目		税　　率	备　　注
合同	买卖合同	支付价款的万分之三	指动产买卖合同
	借款合同	借款金额的万分之零点五	指银行业金融机构和借款人（不包括银行同业拆借）订立的借款合同
	融资租赁合同	租金的万分之零点五	
	租赁合同	租金的千分之一	
	承揽合同	支付报酬的万分之三	
	建设工程合同	支付价款的万分之三	
	运输合同	运输费用的万分之三	指货运合同和多式联运合同（不包括管道运输合同）
	技术合同	支付价款、报酬或者使用费的万分之三	
	保管合同	保管费的千分之一	
	仓储合同	仓储费的千分之一	
	财产保险合同	保险费的千分之一	不包括再保险合同
产权转移书据	土地使用权出让和转让书据；房屋等建筑物、构筑物所有权、股权（不包括上市和挂牌公司股票）、商标专用权、著作权、专利权、专有技术使用权转让书据	支付价款的万分之五	
权利、许可证照	不动产权证书、营业执照、商标注册证、专利证书	每件 5 元	
营业账簿		实收资本（股本）、资本公积合计金额的万分之二点五	
证券交易		成交金额的千分之一	对证券交易的出让方征收，不对证券交易的受让方征收

4. 印花税应纳税额的计算

（1）按比例税率计算。

$$应纳税额＝应税凭证计税金额×适用税率$$

（2）按定额税率计算。

$$应纳税额＝应税凭证件数×定额税率$$

（3）营业账簿中记载资金的账簿，印花税应纳税额的计算公式。

$$应纳税额＝（实收资本＋资本公积）×0.5‰$$

（4）其他账簿按件贴花，每件 5 元。

【例 10-23】 某企业 2020 年 2 月开业，领受房产权证、工商营业执照、土地使用证各一份，与其他企业订立转移专用技术使用权书据一份，所载金额 1 240 000 元；订立产品购销合同两件，所载金额 2 580 000 元；订立借款合同一份，所载金额 569 000 元。此外，企业的营业账簿中，"实收资本"载有资金 11 000 000 元，其他营业账簿 20 本。2020 年 12 月该企业"实收资本"所载资金增加为 13 000 000 元。计算该企业 2020 年 2 月应纳的印花税和 12 月应补缴的印花税。

（1）企业领受权利许可证照应纳税额＝3×5＝15（元）

（2）企业订立产权转移书据应纳税额＝1 240 000×0.5‰＝620（元）

（3）企业订立购销合同应纳税额＝2 580 000×0.3‰＝774（元）

（4）企业订立借款合同应纳税额＝569 000×0.05‰＝28.45（元）

（5）企业营业账簿中"实收资本"所载资金应纳税额＝11 000 000×0.25‰＝2 750（元）

（6）企业其他营业账簿免征印花税

（7）2 月份应纳印花税＝15＋620＋774＋28.45＋2 750＝4 187.45（元）

（8）12 月资金账簿应补印花税＝（13 000 000－11 000 000）×0.25‰＝500（元）

编制会计分录如下：

借：税金及附加——印花税   4 687.45

    贷：银行存款   4 687.45

5. 税收减免

《征求意见稿》规定了六种免税情形：

一是为避免重复征税，对应税凭证的副本或者抄本免税；二是为支持农业发展，对农民、农民专业合作社、农村集体经济组织、村民委员会购买农业生产资料或者销售自产农产品订立的买卖合同和农业保险合同免税；三是为支持特定主体融资，对无息或者贴息借款合同、国际金融组织向我国提供优惠贷款订立的借款合同、金融机构与小型微型企业订立的借款合同免税；四是为支持公共事业发展，对财产所有权人将财产赠与政府、学校、社会福利机构订立的产权转移书据免税；五是为支持国防建设，对军队、武警部队订立、领受的应税凭证免税；六是为减轻个人住房负担，对转让、租赁住房订立的应税凭证，免征个人应当缴纳的印花税。

6. 印花税如何申报

（1）凡印花税纳税申报单位均应按季进行申报，于每季度终了后 10 日内向所在地地方税务局报送印花税纳税申报表或监督代售报告表。

（2）申报时间：凡印花税纳税单位均应按季进行申报，于每季度终了后 10 日内向所在地地方税务机关报送印花税纳税申报表或监督代表报告表。只办理税务注册登记的机关、团体、部队、学校等印花税纳税单位，可在次年一月底前到当地税务机关申报上年税款。

（3）印花税的纳税期限是在印花税应税凭证书立、领受时贴花完税的。对实行印花税汇总缴纳的单位，缴款期限最长不得超过 1 个月。

10.10 企业所得税

企业所得税，又称公司所得税或法人所得税，是国家对企业生产经营所得和其他所得征收的一种所得税。

10.10.1　企业所得税要素

税法规定，在中华人民共和国境内，企业和其他取得收入的组织（以下统称企业）为企业所得税的纳税人，依照企业所得税法的规定缴纳企业所得税。但个人独资企业、合伙企业不交企业所得税。

企业所得税的纳税人分为居民企业和非居民企业，各自承担不同的纳税义务。

1. 企业所得税的税率

企业所得税的税率分为以下几种。

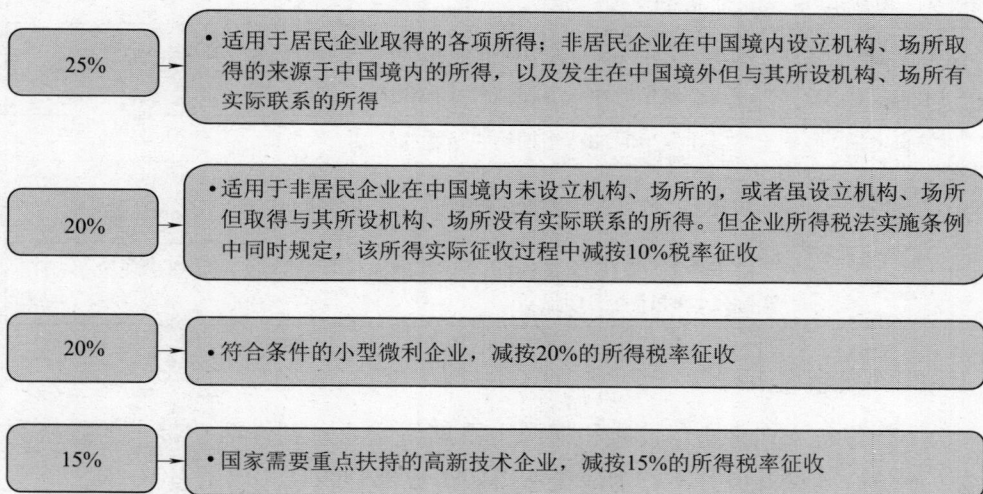

25%	• 适用于居民企业取得的各项所得；非居民企业在中国境内设立机构、场所取得的来源于中国境内的所得，以及发生在中国境外但与其所设机构、场所有实际联系的所得
20%	• 适用于非居民企业在中国境内未设立机构、场所的，或者虽设立机构、场所但取得与其所设机构、场所没有实际联系的所得。但企业所得税法实施条例中同时规定，该所得实际征收过程中减按10%税率征收
20%	• 符合条件的小型微利企业，减按20%的所得税率征收
15%	• 国家需要重点扶持的高新技术企业，减按15%的所得税率征收

2. 企业所得税的应纳税所得额

企业所得税的计税依据是应纳税所得额，即指企业每一纳税年度的收入总额，减除不征税收入、免税收入、各项扣除以及允许弥补的以前年度亏损后的余额。如果计算出的数额小于零，为亏损。

10.10.2　收入的确定

1. 销售货物收入

除法律法规另有规定外，企业销售收入的确认，必须遵循权责发生制和实质重于形式原则。销售货物收入确认的时间，见表 10-33。

表 10-33　　　　　　　　　　　　　　销售货物收入时间的确认

销售方式	确认收入的时间
托收承付	办妥托收手续时确认收入
预收款	在发出商品时确认收入
销售商品需要安装和检验	在购买方接受商品以及安装和检验完毕时确认收入。如果安装程序比较简单，可在发出商品时确认收入
以支付手续费方式委托代销	在收到代销清单时确认收入
售后回购	销售的商品按售价确认收入，回购的商品作为购进商品处理。
以旧换新	销售商品应当按照销售商品收入确认条件确认收入，回收的商品作为购进商品处理
商业折扣	应当按照扣除商业折扣后的金额确定销售货物收入金额
销售折让	应当在发生时冲减当期销售货物收入
销售退回	应当在发生时冲减当期销售货物收入
有合同或协议价款的	购货方已收或应收的确定销售货物收入金额
现金折扣	应当按照扣除现金折扣前的金额确定销售货物收入金额。现金折扣在实际发生时计入当期损益

2. 不征税收入

不征税收入，是指从性质和根源上不属于企业营利性活动带来的经济利益、不负有纳税义务并不作为应税所得额组成部分的收入，见表 10-34。

表 10-34　　　　　　　　　　　　　　不征税收入

财政拨款	是指各级政府对纳入预算管理的事业单位、社会团体等组织拨付的财政资金，但国务院和国务院财政、税务主管部门另有规定的除外	
依法收取并纳入财政管理的行政事业性收费和政府性基金	行政事业性收费	
	政府性基金	

10.10.3　准予扣除的项目

企业实际发生的与取得收入有关的、合理的支出，包括成本、费用、税金、损失和其他支出，准予在计算应纳税所得额时扣除。

税前扣除的确认原则：权责发生制原则；配比原则；相关性原则；确定性原则；合理性原则；资本性支出与收益性支出原则，见表 10-35。

表 10-35 准予扣除的项目

合理支出	内　　容
成本	是指企业在生产经营活动中发生的生产成本、业务支出以及其他耗费
费用	是指企业在生产经营活动中发生的销售费用、管理费用和财务费用，已经计入成本的有关费用除外
税金	是指企业发生的除企业所得税和允许抵扣的增值税以外的各项税金及其附加
损失	①企业发生的损失，减除责任人赔偿和保险赔款后的余额，依照国务院财政、税务主管部门的规定扣除。 ②企业已经作为损失处理的资产，在以后纳税年度又全部收回或者部分收回时，应当计入当期收入
捐赠	①只有公益性捐赠才能在企业所得税前扣除 ②非公益性捐赠不能在企业所得税前扣除 企业当期实际发生的公益性捐赠支出在年度利润总额12%以内（含）的，准予扣除超过部分，在以后三年内计算应纳税所得额时扣除（自 2018 年 1 月 1 日起执行）
工资	①企业实际发生的合理的职工工资薪金，准予在税前扣除。包括基本工资、奖金、津贴、补贴、年终加薪、加班工资，以及与任职或者受雇有关的其他支出。 ②企业按照国务院有关主管部门或省级人民政府规定的范围和标准为职工缴纳的基本医疗保险费、基本养老保险费、失业保险费、工伤保险费、生育保险费等基本社会保险费和住房公积金，准予税前扣除。 ③企业提取的年金，在国务院财政、税务主管部门规定的标准范围内，准予扣除。 ④企业为其投资者或雇员个人向商业保险机构投保的人寿保险、财产保险等商业保险，不得扣除。 ⑤企业按国家规定为特殊工种职工支付的法定人身安全保险费，准予扣除
职工福利费	企业发生的满足职工共同需要的集体生活、文化、体育等方面的职工福利费支出，不超过工资薪金总额14%的部分，准予扣除
工会经费	企业拨缴的工会经费，不超过工资薪金总额2%的部分，准予扣除
教育费附加	除国务院财政、税务主管部门另有规定外，企业实际发生的职工教育经费支出，在职工工资总额8%（含）以内的，准予据实扣除。超过部分，准予在以后纳税年度结转扣除（自 2018 年 1 月 1 日起，以前年度执行标准为2.5%且不得向以后年度结转）
业务招待费	企业实际发生的与经营活动有关的业务招待费，按实际发生额的60%扣除，但最高不得超过当年销售（营业）收入额的 0.5%

合理支出	内　　容
广告费和业务宣传费	企业每一纳税年度实际发生的符合条件的广告支出，不超过当年销售（营业）收入15％（含）的部分准予扣除，超过部分准予在以后年度结转扣除
利息支出	①企业为购置、建造固定资产、无形资产和经过12个月以上的建造才能达到预定可销售状态的存货而发生的借款，在有关资产购建期间发生的借款费用，应作为资本性支出计入有关资产的成本；有关资产竣工结算并交付使用后或达到预定可销售状态后发生的借款费用，可在发生当期扣除 　　②企业发生的不需要资本化的借款费用，符合税法和本条例对利息水平限定条件的，准予扣除
环保等专项基金及费用的扣除	①专项资金支出 　　②两类特别保险支出

　　根据《企业所得税税前扣除凭证管理办法》（国家税务总局公告2018年第28号）扩大企业所得税税前扣除凭证范围。具体规定如下：

1. 税前扣除凭证不仅限于发票

税前扣除的凭证分为外部凭证和内部凭证：

（1）内部凭证：企业成本、费用、损失和其他支出结转凭企业自制内部凭证扣除。

（2）发生业务属于增值税应税范围的，不论征税还是免税，原则上均应有发票。但是对无须办理税务登记的单位或个人小额零星业务，凭借税务局代开发票或收款凭据、内部凭证扣除。

（3）发生业务不属于增值税应税范围的，属于政府性基金或者行政事业性收费的，根据财政票据扣除；工资薪金根据工资结算单和支付凭据扣除；单位为职工提供服务收取费用的，依据收款凭证扣除；属于不征税行为可以开具不征税发票扣除。

（4）对需要分摊的费用，取得发票方依据发票和分割单扣除，其他企业根据分割单扣除，最好能附上发票复印件。

（5）发生境外购进货物或者劳务发生的，根据对方开具的发票或者具有发票性质的收款凭证、相关税费缴纳凭证扣除。

2. 税前扣除凭证取得时间延长至汇算清缴结束时

企业在次年 5 月 31 日取得凭据即可税前扣除。

税前不得扣除的项目如下：

（1）向投资者支付的股息、红利等权益性投资收益款项；

（2）企业所得税税款；

（3）税收滞纳金；

（4）罚金、罚款和被没收财务的损失；

（5）不符合规定的捐赠支出；

（6）赞助支出；

（7）未经核定的准备金支出；

（8）与取得收入无关的其他支出。

10.11 纳税调整与申报

由于税务局与企业计算的利润规则不一样，可能大于或小于企业计算出来的利润。这样就产生了递延所得税资产和负债。

企业进行所得税核算时一般应遵循以下程序：

（1）按照《企业会计准则》规定确定资产负债表中除递延所得税资产和递延所得税负债以外的其他资产和负债项目的账面价值。

（2）按照《企业会计准则》中对于资产和负债计税基础的确定方法，以适用的税收法规为基础，确定资产负债表中有关资产、负债项目的计税基础。

（3）比较资产、负债的账面价值与其计税基础，分别计算应纳税暂时性差异与可抵扣暂时性差异，确定该资产负债表日递延所得税负债和递延所得税资产的应有金额，并与期初递延所得税资产和递延所得税负债的余额相比，确定当期应予进一步确认的递延所得税资产和递延所得税负债金额或应予转销的金额，作为构成利润表中所得税费用的递延所得税费用（或收益）。

（4）按照适用的税法规定，计算确定当期应纳税所得额，将应纳税所得额与适用的所得税税率计算的结果确认为当期应交所得税，作为利润表中应予确认的所得税费用中的当期所得税部分。

（5）确定利润表中的所得税费用。利润表中的所得税费用包括当期所得税和递延所得税两个组成部分。企业在计算确定当期所得税和递延所得税后，两者之和（或之差），即为利润表中的所得税费用。

10.11.1　资产的计税基础

资产的计税基础，是指企业收回资产账面价值过程中，计算应纳税所得额时按照税法规定可以自应税经济利益中抵扣的金额，即某一项资产在未来期间计税时可以税前扣除的金额。从税收的角度考虑，资产的计税基础是假定企业按照税法规定进行核算所提供的资产负债表中资产的应有金额。账务处理如图 10-1 所示。

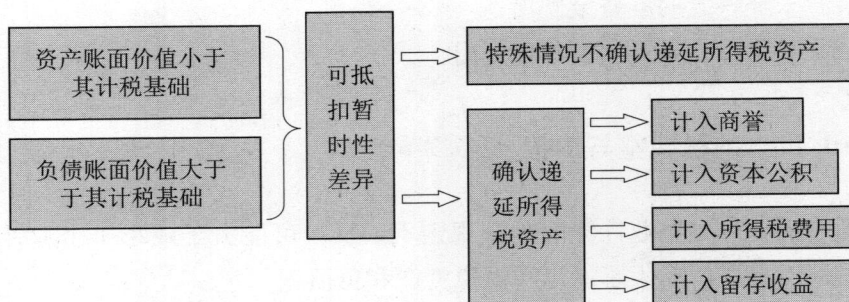

图 10-1　递延所税资产的确认和计量

企业应当按照适用的税收法规规定计算确定资产的计税基础。如固定资产、无形资产等的计税基础可确定如下：

1. 固定资产

以各种方式取得的固定资产，初始确认时入账价值基本上是被税法认可的，即取得时其账面价值一般等于计税基础。

$$账面价值＝成本－累计折旧－固定资产减值准备$$
$$计税基础＝成本－税法确定的累计折旧$$

会计与税收处理的差异主要来自折旧方法、折旧年限的不同以及固定资产减值准备的计提。

（1）折旧方法、折旧年限产生的差异。会计准则规定，企业可以根据固定资产经济利益的预期实现方式合理选择折旧方法，如可以按年限平均法计提折旧，也可以按照双倍余额递减法、年数总和法等计提折旧，前提是有关的方法能够反映固定资产为企业带来经济利益的实现情况。税法一般会规定固定资产的折旧方法，除某些按照规定可以加速折旧的情况外，基本上可以税前扣除的是按照直线法计提的折旧。

另外，税法一般规定每一类固定资产的折旧年限，而会计处理时按照会计准则规定是由企业按照固定资产能够为企业带来经济利益的期限估计确定的。因为折旧年限的不同，也会产生固定资产账面价值与计税基础之间的差异。

（2）因计提固定资产减值准备产生的差异。持有固定资产的期间内，在对固定资产计提了减值准备以后，因所计提的减值准备在计提当期不允许税前扣除，也会造成固定资产的账面价值与计税基础的差异。

【例10-24】精石制造有限公司2017年12月31日取得的某项机器设备，账面原价为800万元，预计使用年限为10年。会计处理时按照年限平均法计提折旧，税法处理采用加速折旧法计提折旧。精石制造有限公司在计税时对该项资产按双倍余额递减法计提折旧，会计和税法的折旧年限相同，预计净残值均为零。计提了两年的折旧后，2019年12月31日，精石制造有限公司对该项设备计提了50万元固定资产减值准备。

2019年12月31日该项固定资产的计税基础＝800－800×2÷10－（800－800×2÷10）×2÷10＝800－160－128＝512（万元）。

2. 无形资产

除内部研究开发形成的无形资产以外，以其他方式取得的无形资产，初始确认时其入账价值与税法规定的成本之间一般不存在差异。

（1）对于研究开发费用的加计扣除，税法中规定企业为开发新技术、新产品、新工艺发生的研究开发费用，未形成无形资产计入当期损益的，在按照规定据实扣除的基础上，按照研究开发费用的50%加计扣除；形成无形资产的，按照无形资产成本的150%摊销。

（2）无形资产在后续计量时，会计与税收的差异主要产生于对无形资产是否需要摊销及无形资产减值准备的计提。

使用寿命有限的无形资产：

账面价值＝实际成本－会计累计摊销－无形资产减值准备

计税基础＝未来计税可扣除金额

使用寿命不确定的无形资产：

$$账面价值 = 实际成本 - 无形资产减值准备$$

$$计税基础 = 未来计税可扣除金额$$

【例10-25】精石制造有限公司当期发生研究开发支出共计640万元，其中研究阶段支出250万元，开发阶段不符合资本化条件的支出90万元，开发阶段符合资本化条件的支出300万元。假定精石制造有限公司开发形成的无形资产在当期达到预定用途，并在当期摊销30万元。会计摊销方法、摊销年限和残值均符合税法规定。

精石制造有限公司当期期末无形资产的账面价值＝300－30＝270（万元），计税基础＝270×150%＝405（万元）。

> 按照财税〔2018〕99号文件规定，企业开展研发活动中实际发生的研发费用，未形成无形资产计入当期损益的，在按规定据实扣除的基础上，在2018年1月1日至2020年12月31日期间，再按照实际发生额的75%在税前加计扣除；形成无形资产的，在上述期间按照无形资产成本的175%在税前摊销。

3. 其他资产

因企业会计准则规定与税法规定不同，企业持有的其他资产，可能造成其账面价值与计税基础之间存在差异。

例如，计提了资产减值准备的其他资产。因所计提的减值准备在资产发生实质性损失前不允许税前扣除，即该项资产的计税基础不会随减值准备的提取发生变化，从而造成该项资产的账面价值与计税基础之间存在差异。

【例10-26】甲企业与乙企业签订了一项租赁协议，甲企业将其原先自用的一栋写字楼出租给乙企业使用，租赁期开始日为2020年1月31日。甲企业对投资性房地产采用公允价值模式进行后续计量。2020年1月31日，该写字楼的账面余额为30 000万元，已计提累计折旧4 000万元，公允价值为48 000万元。假定转换前该写字楼的计税基础与账面价值相等，税法规定，该写字楼预计尚可使用年限为20年，采用年限平均法计提折旧，预计净残值为零。

该写字楼2020年1月31日的计税基础＝（30 000－4 000）－（30 000－4 000）÷20＝26 000－1 300＝24 700（万元）。

10.11.2 负债的计税基础

负债的计税基础,是指负债的账面价值减去未来期间计算应纳税所得额时按照税法规定可予抵扣的金额。即假定企业按照税法规定进行核算,在其按照税法规定确定的资产负债表上有关负债的应有金额。递延所得税负债的确认和计量如图 11-2 所示。

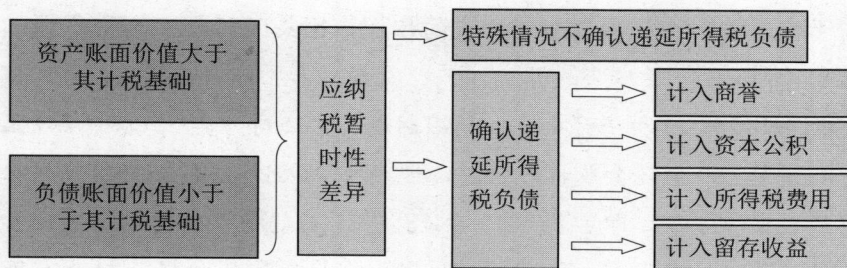

图 11-2 递延所税负债的确认和计量

1. 预计负债

按照《企业会计准则第 13 号——或有事项》规定,企业应将预计提供售后服务发生的支出在销售当期确认为费用,同时确认预计负债。如果税法规定,与销售产品相关的支出应于发生时税前扣除。其计税基础为 0。

【例 10-27】精石制造有限公司 2018 年 12 月 31 日"预计负债—产品质量保证费用"科目贷方余额为 190 万元。2019 年实际发生产品质量保证费用 140 万元,2019 年 12 月 31 日预提产品质量保证费用 100 万元。税法规定,产品质量保证费用在实际发生时允许税前扣除。

2019 年 12 月 31 日,该项预计负债的余额在未来期间计算应纳税所得额时按照税法规定可予抵扣,因此计税基础为 0。

2. 预收账款

企业在收到客户预付的款项时,因不符合收入确认条件,会计上将其确认为负债。税法对于收入的确认原则一般与会计规定相同,即会计上未确认收入时,计税时一般亦不计入应纳税所得额,该部分经济利益在未来期间计税时可予税前扣除的金额为 0,计税基础等于账面价值。

如果不符合会计准则规定的收入确认条件,但按照税法规定应计入当期应纳税所得额时，有关预收账款的计税基础为0，即因其产生时已经计入应纳税所得额，未来期间可全额税前扣除，计税基础为账面价值减去在未来期间可全额税前扣除的金额，即其计税基础为0。

3. 应付职工薪酬

《企业会计准则》规定，企业为获得职工提供的服务给予的各种形式的报酬以及其他相关支出均应作为企业的成本、费用，在未支付之前确认为负债。税法对于合理的职工薪酬基本允许税前扣除，相关应付职工薪酬负债的账面价值等于计税基础。

【例10-28】 2019年1月1日，精石制造有限公司为其30名中层以上管理人员每人授予100份现金股票增值权，这些人员从2019年1月1日起必须在该公司连续服务3年，即可自2019年12月31日起根据股价的增长幅度获得现金，该增值权应在2021年12月31日之前行使完毕。精石制造有限公司2019年12月31日，计算确定的应付职工薪酬的余额为1 560万元。税法规定，以现金结算的股份支付形成的应付职工薪酬，实际支付时可计入应纳税所得额。

应付职工薪酬的计税基础＝1 560－1 560＝0（元）。

4. 其他负债

企业的其他负债项目，如应交的罚款和滞纳金等，在尚未支付之前按照会计规定确认为费用，同时作为负债反映。税法规定，罚款和滞纳金不允许税前扣除，其计税基础为账面价值减去未来期间计税时可予税前扣除的金额0之间的差额，即计税基础等于账面价值。

（1）适用税率的确定。

同递延所得税负债的计量相一致，确认递延所得税资产时，应估计相关可抵扣暂时性差异的转回时间，采用转回期间适用的所得税税率为基础计算确定。另外，无论相关的可抵扣暂时性差异转回期间如何，递延所得税资产均不予折现。

（2）递延所得税资产的减值。

与其他资产相一致，资产负债表日，企业应当对递延所得税资产的账面价值进行复核。如果未来期间很可能无法取得足够的应纳税所得额用以利用递延所得税资产的利益，应当减记递延所得税资产的账面价值。对于预期无法实现的部分，一般应确认为当期所得税费用，同时减少递延所得税资产的账面价值；对于原确认时计入所有者权益的递延所得税资产，其减记金额亦应计入所有者权益，不影响当期所得税费用。

10.11.3 当期所得税的计算

企业在确定当期所得税时，对于当期发生的交易或事项，会计处理与税收处理不同的，应在会计利润的基础上，按照适用税收法规的要求进行调整（即纳税调整），计算出当期应纳税所得额，按照应纳税所得额与适用所得税税率计算确定当期应交所得税。

应纳税所得额＝会计利润＋纳税调整增加额－纳税调整减少额＋境外应税所得弥补境内亏损－弥补以前年度亏损

当期所得税＝当期应交所得税＝应纳税所得额×适用税率－减免税额－抵免税额

递延所得税费用（或收益）＝当期递延所得税负债的增加＋当期递延所得税资产的减少－当期递延所得税负债的减少－当期递延所得税资产的增加

值得注意的是，如果某项交易或事项按照会计准则规定应计入所有者权益，由该交易或事项产生的递延所得税资产或递延所得税负债及其变化亦应计入所有者权益，不构成利润表中的递延所得税费用（或收益）。

应纳税所得额＝会计利润总额±纳税调整项目金额

【例 10-29】 精石制造有限公司为居民企业，2018 年发生经营业务如下。

（1）取得产品销售收入 42 800 000 元。

（2）发生产品销售成本 25 400 000 元。

（3）发生销售费用 8 140 000 元（其中广告费 7 800 000 元）；管理费用 1 850 000元（其中业务招待费 800 000 元）；财务费用 675 000 元。

（4）销售税金 1 760 000 元（含增值税 1 000 000 元）。

（5）营业外收入 690 000 元，营业外支出 420 000 元（含通过公益性社会团体向贫困山区捐款 280 000 元，支付税收滞纳金 74 000 元）。

（6）甲固定资产账面价值 354 000 元，计税基础为 260 000 元，产生可抵扣暂时性差异 94 000 元。

（7）计入成本、费用中的实发工资总额 2 400 000 元、拨缴职工工会经费 84 000 元、发生职工福利费 390 000 元、发生职工教育经费 65 000 元。

根据以上业务，先计算企业会计利润总额，然后按照的税法的要求，调增或调减各项费用。最后根据企业适用所得税税率，计算 2018 年度实际应纳的企业所得税。

①会计利润总额＝42 800 000＋690 000－25 400 000－8 140 000－1 850 000－675 000－（1 760 000－1 000 000）－420 000＝6 245 000（元）

②广告费和业务宣传费调增所得额＝7 800 000－42 800 000×15％＝1 380 000（元）

③企业发生的与生产经营活动有关的业务招待费支出，按照发生额的 60％扣除，但最高不得超过当年销售（营业）收入的 0.5％。即 42 800 000×0.5％＝214 000（元）

业务招待费发生额为 800 000 元，800 000×60％＝480 000（元）

业务招待费调增所得额＝800 000－214 000＝586 000（元）

④捐赠支出允许扣除限额＝6 245 000×12％＝749 400（元）

749 400 元大于捐赠支出 280 000 元，故全额扣除。

⑤工会经费应调增所得额＝84 000－2 400 000×2％＝36 000（元）

⑥职工福利费应调增所得额＝390 000－2 400 000×14％＝54 000（元）

⑦职工教育经费自 2018 年 1 月 1 日起执行工资总额 8％的扣除标准。2 400 000×8％＝192 000＞65 000，不必进行纳税调整

⑧支付税收滞纳金 74 000 元不得扣除，应调回

⑨应纳税所得额＝6 245 000＋1 380 000＋586 000＋36 000＋54 000＋74 000＝8 375 000（元）

⑩2018 年应缴企业所得税＝8 375 000×25％＝2 093 750（元）

固定资产递延所得税收益＝94 000×25％＝23 500（元）

确认所得税费用＝2 093 750－23 500＝2 070 250（元）

借：所得税费用   2 070 250

    递延所得税资产   23 500

    贷：应交税费——应交所得税   2 093 750

10.12　个人所得税

　　企业个人所得税涉及员工的工资、薪金所得，个体工商户的生产、经营所得，对企业、事业单位的承包经营、承租经营所得，劳务报酬所得，稿酬所得，特许权使用费所得，利息、股息、红利所得，财产租赁所得，财产转让所得，偶然所得，国务院财政部门确定征税的其他所得等。

　　本节只介绍员工的工资、薪酬所得。

　　工资、薪金所得，是指个人因任职或者受雇而取得的工资、薪金、奖金、年终加薪、劳动分红、津贴、补贴以及与任职或者受雇有关的其他所得。

　　2018 年 8 月 31 日，关于修改个人所得税法的决定经十三届全国人大常委会第五次会议表决通过。起征点确定为每月 5 000 元。新的《个人所得税法》规定：居民个人的综合所得，以每一纳税年度的收入额减除费用 60 000 元以及基本扣除项目、专项附加扣除和依法确定的其他扣除后的余额，为应纳税所得额。计算公式如下：

　　应纳税所得额＝月收入－5 000 元（起征点）－基本扣除项目－专项附加扣除项目－依法确定的其他扣除

1. 专项附加扣除项目

　　专项附加扣除项目见表 10-36。

表 10-36　　　　　　　　　　　　　　专项附加扣除项目

项目	条件	扣除标准	限定范围
子女教育	纳税人的子女接受全日制学历教育的相关支出	每个子女 1 000 元	每月
继续教育	纳税人在中国境内接受学历（学位）继续教育的支出	每月 400 元	不能超过 48 个月
	纳税人参加技能人员职业资格继续教育、专业技术人员职业资格继续教育	3 600 元	在取得相关证书的当年
大病医疗	纳税人发生的与基本医保相关的医药费用支出，扣除医保报销后个人负担（指医保目录范围内的自付部分）累计超过 15 000 元的部分	在 80 000 元限额内据实扣除	在一个纳税年度内

项目	条件	扣除标准	限定范围
住房贷款利息	商业贷款或公积金贷款	按照每月 1 000 元的标准定额扣除，扣除期限最长不超过 240 个月	首套住房贷款利息支出
住房租金	直辖市、省会（首府）城市、计划单列市以及国务院确定的其他城市	1 500 元	每月
	市辖区户籍人口超过 100 万的城市	1 100 元	每月
	市辖区户籍人口不超过 100 万的城市	800 元	每月
赡养老人	纳税人为独生子女的	2 000 元	每月
	纳税人为非独生子女的	每人分摊的额度不能超过每月 1 000 元	每月

2. 税率

工资、薪金所得七级超额累计税率，见表 10-37。

表 10-37　　　　　　　　工资、薪金所得个人所得税税率表

级　数	每次应纳税所得额	税率（%）	速算扣除数（元）
1	不超过 3 000 元部分	3	0
2	超过 3 000～12 000	10	210
3	超过 12 000～25 000	20	1 410
4	超过 25 000～35 000	25	2 660
5	超过 35 000～55 000	30	4 410
6	超过 55 000～80 000	35	7 160
7	超过 80 000 元部分	45	15 160

【例 10-30】陈先生 9 月收入 40 400 元，扣除"五险一金"后，实发工资 35 400 元。家里有一读小学的女儿，根据规定，每月扣除 1 000 元；住房租金每月 1 500 元。税率为 25%，速算扣除数为 2 660 元，那么陈先生应缴纳个人所得税是多少呢？

每月应纳税额＝（35 400－5 000－1 000－1 500）×25%－2 660＝4 315（元）

根据《个人所得税法》规定，非居民个人取得工资、薪金所得，劳务报酬所得，稿酬所得和特许权使用费所得，有扣缴义务人的，由扣缴义务人按月或者按次代扣代缴税款，不办理汇算清缴。下列情况下个人所得税需要做汇算清缴：

（1）在两处或者两处以上取得综合所得，且综合所得年收入额减去专项扣除的余额超过60 000元；

（2）取得劳务报酬所得、稿酬所得、特许权使用费所得中一项或者多项所得，且综合所得年收入额减去专项扣除的余额超过60 000元；

需要办理汇算清缴的，应当在取得所得的次年3月1日至6月30日内办理汇算清缴。

3. 年度汇算

年度汇算之所以称为"年度"，是指仅限于计算并结清纳税年度的应退或者应补税款，不涉及以前年度，也不涉及以后年度。

（1）年度汇算适用范围。

年度汇算的范围仅指此纳入综合所得范围的工资薪金、劳务报酬、稿酬、特许权使用费所得；经营所得、利息股息红利所得、财产租赁所得、财产转让所得和偶然所得，依法均不纳入综合所得计税。

（2）年度汇算适用人群。

依据《中华人民共和国个人所得税法》规定，符合下列情形之一的，纳税人需要办理年度汇算：

①年度已预缴税额大于年度应纳税额且申请退税的。

②年度综合所得收入超过12万元且需要补税金额超过400元的，包括取得两处及以上综合所得，合并后适用税率提高导致已预缴税额小于年度应纳税额等情形。

根据《中华人民共和国个人所得税法》年度汇算有两类：一是预缴税额大于应纳税额；二是预缴税额小于应纳税额。第一种情形可以办理退税，第二种情形需要补交税款。

例如，某纳税人1月领取工资10 000元、个人缴付"三险一金"2 000元。假设没有专项附加扣除，预缴个人所得税税款90元；其他月份每月工资4 000元，不用预缴税款。因纳税人年收入额不足6万元无须缴税，因此预缴的90元税款可以申请退还。

（3）纳税时间。

纳税人办理年度汇算的时间为第二年 3 月 1 日至 6 月 30 日。其中，在中国境内无住所的纳税人如果在第二年 3 月 1 日前离境的，可以在离境前办理年度汇算。

（4）办理方式。

办理年度汇算的三种方式：自己办、单位办、请人办。

一是自己办，即纳税人自行办理。通过手机个人所得税 APP、网页端、12366 纳税服务热线等渠道提供涉税咨询，解决办理年度汇算中的疑难问题，帮助纳税人顺利完成年度汇算。对于因年长、行动不便等独立完成年度汇算存在特殊困难的，纳税人提出申请，税务机关还可以提供个性化年度汇算服务。

二是单位办，即请任职受雇单位办理。

三是请人办，即委托涉税专业服务机构或其他单位及个人办理。

需要提醒的是，扣缴义务人或者受托人为纳税人办理年度汇算后，应当及时将办理情况告知纳税人。纳税人如果发现申报信息存在错误，可以要求其办理更正申报，也可以自行办理更正申报。

4. 无须办理年度汇算的纳税人

经国务院批准，依据《财政部税务总局关于个人所得税综合所得汇算清缴涉及有关政策问题的公告》（2019 年第 94 号）有关规定，纳税人在 2019 年度已依法预缴个人所得税且符合下列情形之一的，无需办理年度汇算：

（1）纳税人年度汇算需补税但年度综合所得收入不超过 12 万元的；

（2）纳税人年度汇算需补税金额不超过 400 元的；

（3）纳税人已预缴税额与年度应纳税额一致或者不申请年度汇算退税的。

5. 办理退税、补税

如果年度汇算后有应退税额，则纳税人可以申请退税。只要纳税人在申报表的相应栏次勾选"申请退税"，即完成了申请提交。税务机关按规定履行必要的审核程序后即可为纳税人办理退税，退税款直达个人银行账户。特别需要注意的是，为避免税款不能及时、准确退付，纳税人一定要准确填写身份信息资料和在中国境内开设的符合条件的银行账户。

纳税人办理年度汇算需要补税的，税务机关提供了多种便捷渠道，纳税人可以通过网上银行、办税服务厅 POS 机刷卡、银行柜台、非银行支付机构（即第三方支付）等方式缴纳应补税款。

第 11 章
期间费用的核算

期间费用是企业日常活动发生的不能计入特定核算对象的成本，而应计入发生当期损益的费用。

期间费用包含以下两种情况。

(1) 企业发生的支出不产生经济利益，或者即使产生经济利益但不符合或者不再符合资产确认条件的，应当在发生时确认为费用，计入当期损益。

(2) 企业发生的交易或者事项导致其承担了一项负债，而又不确认为一项资产的，应当在发生时确认为费用，计入当期损益。

期间费用包括销售费用、管理费用和财务费用。本章介绍期间费用科目设置及账务处理。

11.1 销售费用

销售费用是企业销售商品和材料、提供劳务的过程中发生的各种费用，包括保险费、包装费、展览费和广告费、商品维修费、预计产品质量保证损失、运输费、装卸费等以及为销售本企业商品而专设的销售机构（含销售网点、售后服务网点等）的职工薪酬、业务费、折旧费等经营费用。企业发生的与专设销售机构相关的固定资产修理费用等后续支出属于销售费用。

销售费用是与企业销售商品活动有关的费用，但不包括销售商品本身的成本和劳务成本。销售产品的成本属于"主营业务成本"，提供劳务所发生的成本属于"劳务成本"。

11.1.1 销售费用科目的具体运用

企业发生的与专设销售机构相关的固定资产日常修理费用等后续支出，应在发生时计入销售费用。生产车间发生的固定资产日常修理费计入制造费用，企业除生产车间外的生产部门、管理部门的日常修理费计入管理费用。

本科目可按费用项目进行明细核算。期末，应将本科目余额转入"本年利润"科目，结转后本科目无余额，见表11-1。

表 11-1　　　　　　　　　　销售费用会计科目编码的设置

科目代码	总分类科目（一级科目）	明细分类科目			辅助核算类别
		二级科目	三级科目	四级明细科目	
6601	销售费用				
660101	销售费用	职工薪酬			

科目代码	总分类科目（一级科目）	明细分类科目			辅助核算类别
		二级科目	三级科目	四级明细科目	
66010101	销售费用	职工薪酬	基本工资		部门
66010102	销售费用	职工薪酬	劳务费		部门
66010103	销售费用	职工薪酬	工会经费		部门
66010104	销售费用	职工薪酬	职工教育经费		部门
66010105	销售费用	职工薪酬	社会保险费		部门
6601010501	销售费用	职工薪酬	社会保险费	养老保险	部门
6601010502	销售费用	职工薪酬	社会保险费	工伤保险	部门
6601010503	销售费用	职工薪酬	社会保险费	失业保险	部门
6601010504	销售费用	职工薪酬	社会保险费	医疗保险	部门
6601010505	销售费用	职工薪酬	社会保险费	计划生育保险	部门
66010106	销售费用	职工薪酬	住房公积金		部门
66010107	销售费用	职工薪酬	职工福利		部门
66010108	销售费用	职工薪酬	辞退费用		部门
660102	销售费用	折旧费			部门
660103	销售费用	长期待摊费用			部门
660104	销售费用	无形资产摊销			部门
660105	销售费用	费用摊销			部门
660106	销售费用	办公费用			部门
66010601	销售费用	办公费用	电费		部门
66010602	销售费用	办公费用	燃料费用		部门
66010603	销售费用	办公费用	水费		部门
660107	销售费用	车辆费用			部门
66010701	销售费用	车辆费用	修理费		部门
66010702	销售费用	车辆费用	燃油费		部门
66010703	销售费用	车辆费用	保险费		部门
66010704	销售费用	车辆费用	其他		部门
660108	销售费用	印刷费			部门
660109	销售费用	邮政费			部门
660110	销售费用	业务招待费			部门
660111	销售费用	会议费			部门
660112	销售费用	接待费			部门

科目代码	总分类科目（一级科目）	明细分类科目			辅助核算类别
		二级科目	三级科目	四级明细科目	
660113	销售费用	劳动保护费			部门
660114	销售费用	广告宣传费			部门
660115	销售费用	业务推广费			部门
660116	销售费用	包装费			部门
660117	销售费用	差旅费			部门
660118	销售费用	培训费			部门
660119	销售费用	快递费			部门
660120	销售费用	财产保险费			部门
660121	销售费用	租赁费			部门
660122	销售费用	盘亏损失			部门
660123	销售费用	技术开发费			部门
660124	销售费用	退休人员补贴			部门

11.1.2 销售费用的核算

企业应通过"销售费用"科目，核算销售费用的发生和结转情况。账务处理如图 11-1 所示。

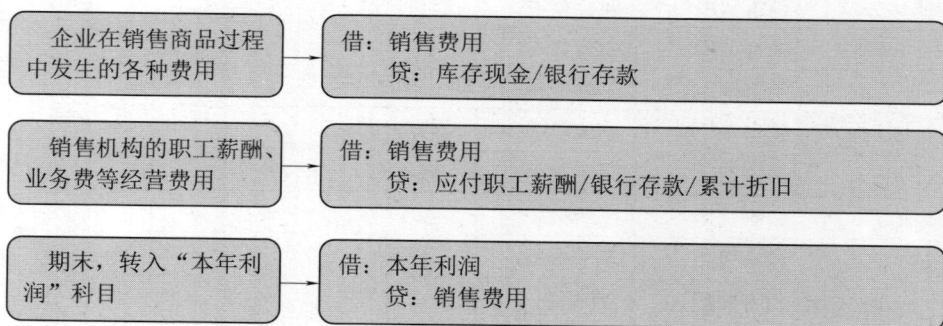

图 11-1 销售费用的账务处理

【例 11-1】2020 年 1 月 18 日，博雅有限公司支付商品的运杂费，以银行存款 3 568 元支付，做会计分录如下。

借：销售费用   3 568

  贷：银行存款   3 568

期末结转销售费用时，公司所做会计处理如下。

借：本年利润   3 568

  贷：销售费用   3 568

11.2　管理费用

管理费用是企业为组织和管理企业生产经营过程中发生的各种费用，包括企业董事会和行政管理部门发生的，或者应由企业统一负担的公司经费（包括行政管理部门职工工资、修理费、物料消耗、低值易耗品摊销、办公费和差旅费等）、工会经费、待业保险费、劳动保险费、董事会会费（包括董事会成员津贴、会议费和差旅费等）、聘请中介机构费、咨询费（含顾问费）、诉讼费、业务招待费、技术转让费、矿产资源补偿费、研究费用、排污费以及除企业生产车间外的生产部门和行政管理部门发生的固定资产日常修理费用等。

生产车间发生的固定资产修理费用等后续支出应计入"制造费用"，其他生产部门和行政管理部门等发生的固定资产修理费用等计入"管理费用"。企业发生的与专设销售机构相关的固定资产日常修理费用等后续支出，应在发生时计入销售费用。

11.2.1　管理费用科目的具体运用

商品流通企业管理费用不多的，可不设本科目，本科目的核算内容可并入"销售费用"科目核算。

本科目可按费用项目进行明细核算。期末，应将本科目的余额转入"本年利润"科目，结转后本科目无余额，见表11-2。

表 11-2   管理费用会计科目编码的设置

科目代码	总分类科目 （一级科目）	明细分类科目		是否辅助 核算	辅助核算 类别
		二级科目	三级科目		
6602	管理费用				

科目代码	总分类科目（一级科目）	明细分类科目		是否辅助核算	辅助核算类别
		二级科目	三级科目		
660201	管理费用	职工薪酬			
66020101	管理费用	职工薪酬	基本工资	是	部门
66020102	管理费用	职工薪酬	劳务费	是	部门
66020103	管理费用	职工薪酬	工会经费	是	部门
66020104	管理费用	职工薪酬	职工教育经费	是	部门
66020105	管理费用	职工薪酬	社会保险费	是	部门
66020106	管理费用	职工薪酬	养老保险	是	部门
66020107	管理费用	职工薪酬	工伤保险	是	部门
66020108	管理费用	职工薪酬	失业保险	是	部门
66020109	管理费用	职工薪酬	医疗保险	是	部门
66020110	管理费用	职工薪酬	计划生育保险	是	部门
66020111	管理费用	职工薪酬	住房公积金	是	部门
66020112	管理费用	职工薪酬	职工福利	是	部门
66020113	管理费用	职工薪酬	辞退费用	是	部门
660202	管理费用	折旧费		是	部门
660203	管理费用	长期待摊费用		是	部门
660204	管理费用	无形资产摊销		是	部门
660205	管理费用	费用摊销		是	部门
660206	管理费用	办公费用		是	
66020601	管理费用	办公费用	电费	是	部门
66020602	管理费用	办公费用	燃料费用	是	部门
66020603	管理费用	办公费用	水费	是	部门
660207	管理费用	车辆费用		是	
66020701	管理费用	车辆费用	修理费	是	部门
66020702	管理费用	车辆费用	燃油费	是	部门
66020703	管理费用	车辆费用	保险费	是	部门
66020704	管理费用	车辆费用	其他	是	部门
660208	管理费用	印刷费		是	部门
660209	管理费用	邮政费		是	部门
660210	管理费用	业务招待费		是	部门
660211	管理费用	会议费		是	部门

科目代码	总分类科目（一级科目）	明细分类科目		是否辅助核算	辅助核算类别
		二级科目	三级科目		
660212	管理费用	接待费		是	部门
660213	管理费用	劳动保护费		是	部门
660214	管理费用	广告宣传费		是	部门
660215	管理费用	业务推广费		是	部门
660216	管理费用	包装费		是	部门
660217	管理费用	差旅费		是	部门
660218	管理费用	培训费		是	部门
660219	管理费用	快递费		是	部门
660220	管理费用	财产保险费		是	部门
660221	管理费用	租赁费		是	部门
660222	管理费用	盘亏损失		是	部门
660223	管理费用	技术开发费		是	部门
660224	管理费用	董事会费		是	部门
660225	管理费用	退休人员补贴		是	部门

11.2.2 管理费用的核算

企业应通过"管理费用"科目，核算管理费用的发生和结转情况。该科目借方登记企业发生的各项管理费用，贷方登记期末转入"本年利润"科目的管理费用，结转后该科目应无余额。该科目按管理费用的费用项目进行明细核算。账务处理如图 11-2 所示。

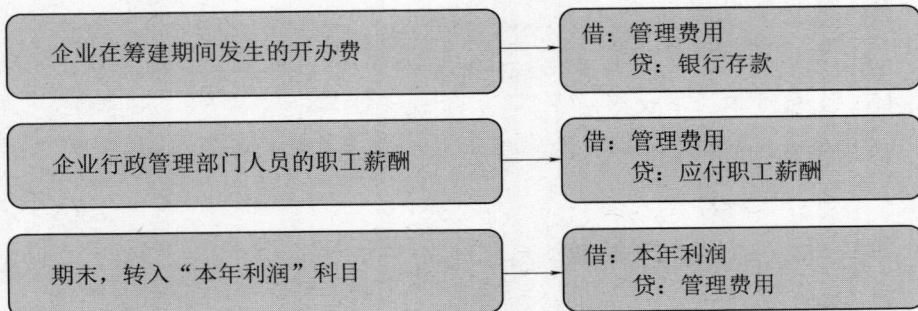

企业在筹建期间发生的开办费	借：管理费用 贷：银行存款
企业行政管理部门人员的职工薪酬	借：管理费用 贷：应付职工薪酬
期末，转入"本年利润"科目	借：本年利润 贷：管理费用

图 11-2 管理费用账务处理

【例11-2】2020年1月5日，精石制造有限公司从富强超市购买办公用品，开出一张转账支票，金额为6 400元。

借：管理费用　　　　　　　　　　　　　　　　　　　　6 400

　　贷：银行存款　　　　　　　　　　　　　　　　　　　　　6 400

【例11-3】2020年2月16日，东方公司发放职工工资合计103 000元，其中管理人员41 000元，车间人员34 000元，销售人员28 000元，另本月发生印花税1 215元，管理用低值易耗品摊销5 200元，计提固定资产折旧3 250元，支付汽车队事故赔偿费4 830元。上述费用支出根据"工资汇总表"和有关付款凭证，编制会计分录如下。

（1）分配职工工资时。

借：管理费用——工资　　　　　　　　　　　　　　　　41 000

　　生产成本——工资　　　　　　　　　　　　　　　　34 000

　　销售费用——工资　　　　　　　　　　　　　　　　28 000

　　贷：应付职工薪酬——工资　　　　　　　　　　　　　103 000

（2）支付印花税时。

借：税金及附加——印花税　　　　　　　　　　　　　　1 215

　　贷：银行存款　　　　　　　　　　　　　　　　　　　1 215

（3）摊销低值易耗品时。

借：管理费用　　　　　　　　　　　　　　　　　　　　5 200

　　贷：低值易耗品——低值易耗品摊销　　　　　　　　　5 200

（4）计提固定资产折旧。

借：管理费用——折旧　　　　　　　　　　　　　　　　3 250

　　贷：累计折旧　　　　　　　　　　　　　　　　　　　3 250

（5）支付汽车队事故赔偿费。

借：管理费用　　　　　　　　　　　　　　　　　　　　4 830

　　贷：银行存款　　　　　　　　　　　　　　　　　　　4 830

（6）月末将管理费用54 280元（41 000＋5 200＋3 250＋4 830）结转时。

借：本年利润　　　　　　　　　　　　　　　　　　　　54 280

　　贷：管理费用　　　　　　　　　　　　　　　　　　　54 280

11.3 财务费用

财务费用是企业为筹集生产经营所需资金等而发生的筹资费用，包括利息支出（减利息收入）、汇兑损益以及相关的手续费、企业发生或收到的现金折扣等。利息资本化的支出除外（利息资本化的支出计入在建工程）。

11.3.1 财务费用科目的具体运用

企业发生财务费用时，借记"财务费用"账户，贷记"银行存款"等账户；发生冲减财务费用的利息收入、汇兑损益等，借记"银行存款"等账户，贷记"财务费用"账户；期末将账户余额转入"本年利润"账户，结转后账户无余额，见表11-3。

表 11-3 财务费用会计科目编码的设置

科目代码	总分类科目（一级科目）	明细分类科目	
		二级科目	三级科目
6603			
660301	财务费用	利息收入	项目
660302	财务费用	汇兑损失	项目
660303	财务费用	汇兑收益	项目
660304	财务费用	手续费	项目
660305	财务费用	利息支出	项目
660306	财务费用	往来折现	项目
660307	财务费用	其他	项目

11.3.2 财务费用的核算

企业应通过"财务费用"科目，核算财务费用的发生和结转情况。如图11-3所示。

企业发生现金、折扣	→	借：财务费用 贷：应收账款
企业发生的各项财务费用	→	借：财务费用 贷：银行存款
企业发生的利息收入、汇兑差额	→	借：银行存款 贷：财务费用
期末，转入"本年利润"科目	→	借：本年利润 贷：财务费用

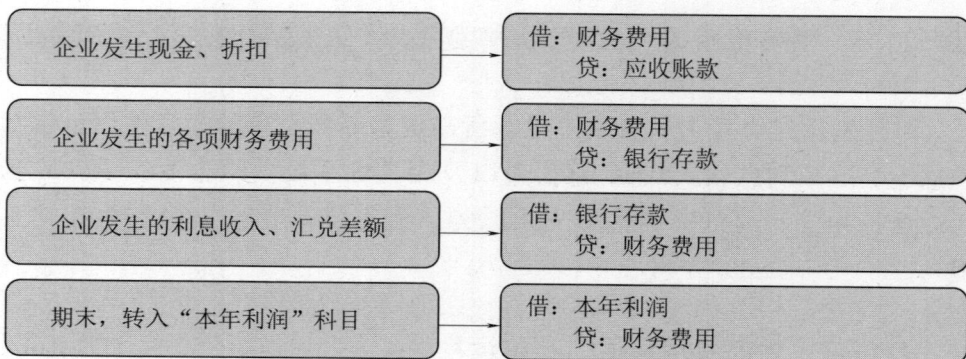

图 11-3 财务费用账务处理

【例 11-4】2020 年 1 月 27 日，精石制造有限公司用现汇 245 000 美元对外付汇，支付当日银行市场汇价为 1 美元＝6.92 元人民币，原应付外汇账款入账时的记账汇率为 1 美元＝6.88 元人民币。账务处理如下。见表 11-4。

表 11-4　　　　　　　　　　　外汇会计账簿（结售汇、套汇）

机构号码：091076535　　　　　　日期：2020 年 1 月 27 日

业务编号				业务类型		套汇	起息日	
借方或付款单位	名　　称	精石制造有限公司			贷方或收款单位	名　　称	汇出汇款	
	账　　号	04322568712				账　　号		
	币种与金额	USD245 000				币种与金额	USD245 000	
	汇率/利率	6.92	开户行			汇率/利率	6.92	
收汇金额			发票号			挂销单号		
交易摘要	从其美元账户支取 USD245　000，支付货款。				工商银行深圳北安支行 2018.1.27 业务清讫			

交易代码	授权	复核　叶丽	经办　安明明

借：应付账款——应付外汇账款（245 000×6.88）　1 685 600

　　财务费用——汇兑损益　　　　　　　　　　　　　　9 800

　　贷：银行存款——美元户（245 000×6.92）　　　1 695 400

242

第 12 章
一般纳税人产品成本核算

在财务会计中，成本是指取得资产或劳务的支出。成本计算通常是指存货成本的计算，因此"成本"通常是指存货的成本。

12.1　一般纳税人成本的分类与核算程序

对企业而言，一般可设置"直接材料""燃料及动力""直接人工""制造费用"等项目。其中，直接费用根据实际发生数进行核算，并按照成本核算对象进行归集，根据原始凭证或原始凭证汇总表直接计入成本。"制造费用"项目不能根据原始凭证或原始凭证汇总直接计入成本，需要按一定标准分配计入成本核算对象。制造费用不能明确受益对象，但是又是为生产产品和提供劳务而发生的费用，需要按照一定标准归集分配计入成本核算对象。

12.1.1　成本的分类

成本按照不同分类方式，可分以下几种。

1. 按经济用途分类

成本按经济用途所作的分类，称之为"成本项目"，一般有以下几种。

外购材料	•企业为进行生产耗用的一切从外部购入的原材料及主要材料、半成品、辅助材料、包装物、修理用备件和低值易耗品等
外购燃料	•企业为进行生产而耗用的从外部购入的各种燃料
外购动力	•企业为进行生产而耗用的从外部购入的各种动力
人工费	•企业应计入成本费用的职工工资，包括工资、奖金、津贴和补贴、职工福利费、工会经费、职工教育经费、社会保险费等
制造费用	•企业为生产产品和提供劳务发生的各项间接费用
利息支出	•企业应计入成本费用的利息支出减去利息收入后的净额
其他支出	•不属于以上各种要素的费用支出，如租赁费、外部加工费等

企业发生的各项成本，根据其性质可以按照不同标准进行分类。

2. 按转为费用的方式分类

成本按转为费用的方式，可分为产品成本和期间成本。

产品成本是指可计入存货价值的成本，包括按特定目的分配给一项产品的成本总和。

期间成本是指不能经济合理地归属于特定产品，因此只能在发生当期立即转为费用的"不可储存成本"，也称为期间费用。

3. 按计入成本对象的方式分类如下

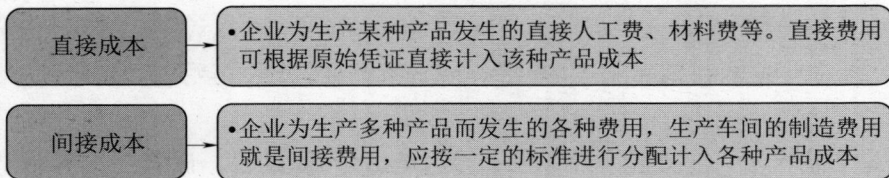

直接成本 → •企业为生产某种产品发生的直接人工费、材料费等。直接费用可根据原始凭证直接计入该种产品成本

间接成本 → •企业为生产多种产品而发生的各种费用，生产车间的制造费用就是间接费用，应按一定的标准进行分配计入各种产品成本

12.1.2 成本核算的一般程序

1. 成本核算的一般程序

（1）确定成本项目。企业计算产品生产成本，一般应当设置直接材料、直接人工、制造费用等成本项目。

（2）设置有关成本和费用明细账。如生产成本明细账、制造费用明细账、产成品、自制半成品明细账等。

（3）收集确定各种产品的生产量、入库量、在产品盘存量以及材料、工时、动力消耗等，并对所有已发生费用进行审核。

（4）归集所发生的全部费用，并按照确定的成本计算对象予以分配，按成本项目计算各种产品的在产品成本、产成品成本和单位成本。

（5）结转产品销售成本。为了进行成本核算，企业一般应设置"生产成本""制造费用""销售费用""管理费用""财务费用"等科目。如果需要单独核算废品损失和停工损失，还应设置"废品损失"和"停工损失"科目。

费用是一般纳税人企业在生产经营过程中发生的各项支出，为了反映和监督企业在生产经营过程中发生的各项费用，正确计算营业成本，就需要设置相应的账户，进行成本费用的总分类核算和明细分类核算。

2. 成本核算对象的确定

一般情况下，对工业企业而言：

（1）生产一种或几种产品的，以产品品种为成本核算对象。

（2）分批、单件生产的产品，以每批或每件产品为成本核算对象。

（3）多步骤连续加工的产品，以每种产品及各生产步骤为成本核算对象。

（4）产品规格繁多的，可将产品结构、耗用原材料和工艺过程基本相同的各种产品，适当合并作为成本核算对象。

成本核算对象确定后，一般不应当中途变更。

12.2 成本核算的账户设置

通常情况下，工业企业中常按准则中的会计科目表，设置一级科目"生产成本"，将"基本生产成本"和"辅助生产成本"作为"生产成本"的二级科目进行设置。

12.2.1 "生产成本"账户

生产成本科目可按照基本生产成本和辅助生产成本进行明细核算。本科目期末借方余额，反映企业尚未加工完成的在产品成本。生产成本科目的具体设置，见表 12-1。

表 12-1　　　　　　　　　生产成本会计科目编码的设置

科目代码	总分类科目（一级科目）	明细分类科目	
		二级科目	三级科目
5001	生产成本		
500101	生产成本	基本生产成本	品种、类别、订单、批别、生产阶段
500102	生产成本	辅助生产成本	品种和规格

1. "基本生产成本"科目

基本生产是指企业为完成主要生产目的而进行的商品产品生产。"基本生产成本"明细科目是为了归集基本生产车间制造产品过程中所发生的全部耗费，计算完工产品成本而设置的账户。该科目结构如图 12-1 所示。

借方	→	登记基本生产车间制造产品过程中所发生的全部耗费
贷方	→	登记转出完工入库产品的成本
期末借方余额	→	反映期末基本生产车间在产品成本的实际占用资金

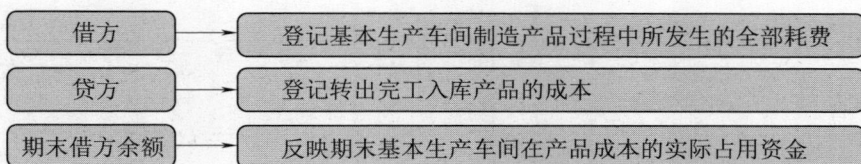

图 12-1　"基本生产成本"科目结构

2. "辅助生产成本"科目

辅助生产是指为整个企业服务而进行的产品生产和劳务供应。"辅助生产成本"是为了归集辅助生产车间制造产品过程中所发生的全部耗费，计算辅助生产所提供的产品成本而设置的科目。该科目如图 12-2 所示。

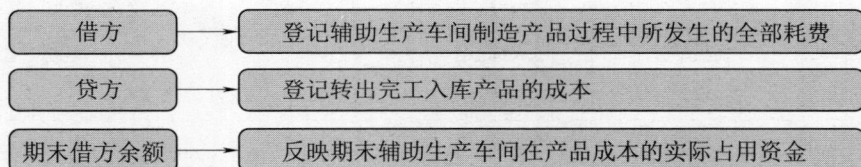

借方	→	登记辅助生产车间制造产品过程中所发生的全部耗费
贷方	→	登记转出完工入库产品的成本
期末借方余额	→	反映期末辅助生产车间在产品成本的实际占用资金

图 12-2　"辅助生产成本"科目结构

12.2.2　"制造费用"账户

制造费用是工业企业为生产产品（或提供劳务）而发生的，应计入产品成本但没有专设成本项目的各项生产费用。"制造费用"科目用于归集分配间接费用。期末，将共同负担的制造费用按照一定的分配标准分配计入各成本核算对象，除季节性生产外，本科目期末应无余额。

制造费用科目的具体设置，见表 12-2。

表 12-2　制造费用会计科目编码的设置

科目代码	总分类科目（一级科目）	明细分类科目		是否辅助核算	辅助核算类别
		二级科目	三级科目		
5101	制造费用				
510101	制造费用	固定费用			
51010101	制造费用	固定费用	工资	是	车间、部门
51010102	制造费用	固定费用	折旧费	是	车间、部门

科目代码	总分类科目（一级科目）	明细分类科目		是否辅助核算	辅助核算类别
		二级科目	三级科目		
51010103	制造费用	固定费用	照明费	是	车间、部门
51010104	制造费用	固定费用	水费	是	车间、部门
51010105	制造费用	固定费用	差旅费	是	车间、部门
51010106	制造费用	固定费用	周转材料摊销	是	车间、部门
51010107	制造费用	固定费用	修理费	是	车间、部门
51010108	制造费用	固定费用	租赁费	是	车间、部门
51010109	制造费用	固定费用	保险费	是	车间、部门
51010110	制造费用	固定费用	办公费	是	车间、部门
510102	制造费用	变动费用			车间、部门
51010201	制造费用	变动费用	水电费	是	车间、部门
51010202	制造费用	变动费用	加工费	是	车间、部门
51010203	制造费用	变动费用	设计制图费	是	车间、部门
51010204	制造费用	变动费用	劳动保护费	是	车间、部门
51010205	制造费用	变动费用	职工教育经费	是	车间、部门
51010206	制造费用	变动费用	水电费	是	车间、部门
51010207	制造费用	变动费用	工会经费	是	车间、部门

12.2.3 "废品损失"账户

企业如果需要单独核算废品损失，就应设置"废品损失"科目。该科目借方登记不可修复废品的生产成本和可修复废品的修复费用；贷方登记收回的废品残料的价值，应收赔款及转出的废品净损失；月末应无余额。

12.3 辅助生产费用的分配方法

辅助生产费用的归集是通过辅助生产成本总账及明细账进行。一般按车间及产品和劳务设立明细账。辅助生产的分配应通过辅助生产费用分配表进行。

辅助生产费用的归集和分配，是通过"生产成本——辅助生产成本"科目进行的。辅助生产费用一般有两种归集方式：

先计入"制造费用"科目及所属明细账的借方进行归集，然后再从其贷方直接转入或分配转入"生产成本——辅助生产成本"科目及所属明细账的借方（用于辅助生产费用复杂的企业）。

不通过"制造费用"科目核算，直接计入"生产成本——辅助生产成本"科目和所属明细账的借方（用于辅助生产费用简单的企业）。

辅助生产费用的分配方法很多，通常采用直接分配法、交互分配法、计划成本分配法、顺序分配法和代数分配法等，详情见表 12-3。

表 12-3　　　　　　　　　　　辅助生产费用的分配方法

分配方法	特　点	计算公式
直接分配法	不考虑各辅助生产车间之间相互提供劳务或产品的情况，而是将各种辅助生产费用直接分配给辅助生产以外的各受益单位	辅助生产的单位成本＝辅助生产费用总额÷辅助生产的产品或劳务总量（不包括辅助生产车间相互提供的产品或劳务） 各受益车间、产品或各部门应分配的费用＝辅助生产的单位成本×该车间、产品或部门的耗用量
交互分配法	辅助生产费用通过两次分配完成。首先，在辅助生产车间进行交互分配；然后，将各辅助生产车间交互分配后的实际费用在辅助生产车间以外的各受益单位之间进行分配	对内交互分配率＝辅助生产费用总额÷辅助生产提供的总产品或劳务总量 对外分配率＝（交互分配前的成本费用＋交互分配转入的成本费用－交互分配转出的成本费用）÷对辅助生产车间以外的其他部门提供的产品或劳务总量
计划成本分配法	辅助生产为各受益单位提供的劳务，都按劳务的计划单位成本进行分配，辅助生产车间实际发生的费用（包括辅助生产内部交互分配转入的费用）与按计划单位成本分配转出的费用之间的差额采用简化计算方法全部计入管理费用	实际成本＝辅助生产成本归集的费用＋按计划分配率分配转入的费用 成本差异＝实际成本－按计划分配率分配转出的费用

下面以【例 12-1】说明这三种分配方法的计算。

【例 12-1】甲公司设有运输和修理两个辅助生产车间，运输车间的成本按运输公里的比例分配，修理车间的成本按修理工时比例分配。该公司 2018 年 1 月有关辅助生产成本资料如下：

（1）运输车间本月共发生成本 22 500 元，提供运输劳务 5 000 公里；修理车间本月共发生成本 240 000 元，提供修理劳务 640 工时。

（2）运输车间耗用修理车间劳务 40 工时，修理车间耗用运输车间劳务 500 公里。

（3）基本生产车间耗用运输车间劳务 2 550 公里，耗用修理车间劳务 320 工时。

（4）行政管理车间耗用运输车间劳务 1 950 公里，耗用修理车间劳务 280 工时。

直接分配法，见表 12-4。

表 12-4　　　　　　　　　　　　　　　直接分配法　　　　　　　　　金额单位：元

辅助生产车间名称		运输	修理	合计
待分配成本		22 500	240 000	262 500
对外提供劳务数量		4 500 公里	600 工时	—
单位成本		5	400	—
基本生产车间	耗用数量	2 550 公里	320 工时	—
	分配金额	12 750	128 000	140 750
行政管理部门	耗用数量	1 950 公里	280 工时	—
	分配金额	9 750	112 000	121 750
合　　计		22 500	240 000	262 500

借：制造费用　　　　　　　　　　　　　　　　　　140 750
　　管理费用　　　　　　　　　　　　　　　　　　121 750
　　贷：生产成本——辅助生产成本——运输车间　　　　22 500
　　　　　　　　　　　　　　　　——修理车间　　　240 000

交互分配法，见表 12-5。

表 12-5　　　　　　　　　　　　　　　交互分配法　　　　　　　　　金额单位：元

项　　目		对内分配		对外分配		合计
辅助生产车间名称		运输	修理	运输	修理	
待分配成本		22 500	240 000	22 500＋ 15 000— 2 250＝ 35 250	240 000＋ 2 250— 15 000＝ 227 250	—
提供劳务数量		5 000 公里	640 工时	5 000—500＝ 4 500（公里）	640—40＝ 600（工时）	—

250

项　　目		对内分配		对外分配		合计
单位成本		4.5	375	7.833 33	378.75	—
辅助生产车间	运输	耗用数量		40 工时		
		分配金额		15 000		
	修理	耗用数量	500 公里			
		分配金额	2 250			
基本生产车间		耗用数量		2 550 公里	320 工时	
		分配金额		19 975	121 200	141 175
行政管理部门		耗用数量		1 950 公里	280 工时	—
		分配金额		15 275	106 050	121 325
合计				35 250	227 250	262 500

（1）交互分配：

借：生产成本——辅助生产成本——运输车间　　　15 000

　　　　　　　　　　　　　　——修理车间　　　　2 250

　　贷：生产成本——辅助生产成本——运输车间　　　2 250

　　　　　　　　　　　　　　——修理车间　　　15 000

（2）对外分配：

借：制造费用　　　　　　　　　　　　　　　141 175

　　管理费用　　　　　　　　　　　　　　　121 325

　　贷：生产成本——辅助生产成本——运输车间　　　35 250

　　　　　　　　　　　　　　——修理车间　　227 250

计划分配法，见表 12-6。

假设运输服务计划分配率为 5 元/公里，修理服务的计划分配率为 350 元/小时。

表 12-6　　　　　　　　　　　　　计划分配法

辅助生产车间名称	运输	修理	合计
待分配成本	22 500	240 000	262 500
提供劳务数量	5 000 公里	640 工时	—
计划单位成本	5	350	—

辅助生产车间名称			运输	修理	合计
辅助生产车间	运输	耗用数量		40 工时	—
		分配金额		14 000	14 000
	修理	耗用数量	500 公里		—
		分配金额	2 500		2 500
基本生产车间		耗用数量	2 550 公里	320 工时	—
		分配金额	12 750	112 000	124 750
行政管理部门		耗用数量	1 950 公里	280 工时	—
		分配金额	9 750	98 000	107 750
按计划成本分配金额合计			25 000	224 000	249 000
辅助生产实际成本			36 500	242 500	279 000
辅助生产成本差异			11 500	18 500	30 000

（1）按计划分配辅助生产成本。

借：生产成本——辅助生产成本——运输车间　　　14 000

　　　　　　　　　　　　　——修理车间　　　　2 500

　　制造费用　　　　　　　　　　　　　　　124 750

　　管理费用　　　　　　　　　　　　　　　107 750

　　贷：生产成本——辅助生产成本——运输车间　　25 000

　　　　　　　　　　　　　　——修理车间　　224 000

（2）结转辅助生产成本差异。

借：管理费用　　　　　　　　　　　　　　　30 000

　　贷：生产成本——辅助生产成本——运输车间　　11 500

　　　　　　　　　　　　　　——修理车间　　18 500

12.4　材料、燃料、动力的归集和分配

　　无论是外购的，还是自制的，发生材料、燃料和动力等各项要素费用时，对于直接用于产品生产、构成产品实体的材料、燃料和动力，一般能分清哪种产品领用的，应根据领退料凭证直接计入相应产品成本的"直接材料"项目。对于不能分清哪种产品领用的，需要采用适当的分配方法，分配计入各

相关产品成本的"直接材料"成本项目。

在消耗定额比较准确的情况下，原材料、燃料也可按照产品的材料定额消耗量比例或材料定额费用比例进行分配。

分配标准：可用产品重量、消耗定额、生产工时等作为分配标准，计算公式如下：

材料、燃料、动力费用分配率＝材料、燃料、动力消耗总额÷分配标准（如产品重量、耗用的原材料、生产工时等）

某种产品应负担的材料、燃料、动力费用＝该产品的重量、耗用的原材料、生产工时等×材料、燃料、动力费用分配率

【例12-2】甲企业生产A、B、C三种产品，2020年1月，三种产品的投入量分别为：600件、700件和1 200件，三种产品的消耗定额分别为：5千克、6千克和8千克，甲、乙、丙三种产品本月共耗原材料12 000千克，材料单价为每千克7元，材料费用共计84 000元。

按材料定额消耗量比例法计算三种产品应负担的材料费用分配率。

材料费用分配率＝84 000÷（600×5＋700×6＋1 200×8）＝5（元/千克·件）。

A产品应分配的材料费用＝600×5×5＝15 000（元）

B产品应分配的材料费用＝700×6×5＝21 000（元）

C产品应分配的材料费用＝1 200×5×8＝48 000（元）

借：生产成本——A产品　　　　　　　　　　　15 000

　　　　　　——B产品　　　　　　　　　　　21 000

　　　　　　——C产品　　　　　　　　　　　48 000

　　贷：原材料　　　　　　　　　　　　　　　　　84 000

12.5　职工薪酬的归集和分配

能直接进行产品生产的生产工人的职工薪酬，直接计入产品成本的"直接人工"成本项目；不能直接计入产品成本的职工薪酬，按工时、产品产量、产值比例等方式进行合理分配，计入各有关产品成本的"直接人工"项目。

生产工资费用分配率＝各种产品生产工资总额÷各种产品生产工时之和

某种产品应分配的生产工资＝该种产品生产工时×生产工资费用分配率

如果取得各种产品的实际生产工时数据比较困难，而各种产品的单件工

时定额比较准确，也可按产品的定额工时比例分配职工薪酬。

某种产品耗用的定额工时＝该种产品投产量×单位产品工时定额

生产工资费用分配率＝各种产品生产工资总额÷各种产品定额工时之和

某种产品应分配的生产工资＝该种产品定额工时×生产工资费用分配率

直接进行产品生产的生产工人的职工薪酬，直接计入产品成本的"直接人工"成本项目。账务处理如图 12-3 所示。

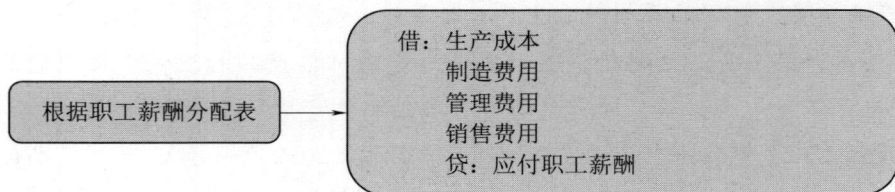

图 12-3　职工薪酬的归集和分配账务处理

【例 12-3】某企业生产 A、B 两种产品，2020 年 1 月共发生生产工人工资85 000 元，福利费 15 000 元。上述人工费按生产工时比例在 A、B 产品之间分配，其中 A 产品的生产工时为 1 500 小时，B 产品的生产工时为 500 小时。

该企业生产 A 产品应分配的人工费＝（85 000＋15 000）×［1 500÷（1 500＋500）］＝75 000（元）。

B 产品应分配的人工费＝（85 000＋15 000）×［500÷（1 500＋500）］＝25 000（元）。

借：生产成本——基本生产成本（A 产品）　　　　75 000

　　　　　　——基本生产成本（B 产品）　　　　25 000

　　贷：应付职工薪酬——工资　　　　　　　　　　100 000

12.6　制造费用的归集

制造费用属于应计入产品成本但不专设成本项目的各项成本。

制造费用应通过"制造费用"账户进行归集，月末按照一定的方法从贷方分配转入有关成本计算对象。

12.6.1　制造费用分配的标准

制造费用的归集和分配应当通过"制造费用"科目进行核算。企业应当根据制造费用的性质，合理选择制造费用分配方法。

制造费用应当按照车间分别进行，不应将各车间的制造费用汇总，在企业范围内统一分配。制造费用的分配方法很多，通常采用生产工人工时比例法（或生产工时比例法）、生产工人工资比例法（或生产工资比例法）、机器工时比例法和按年度计划分配率分配法等。

制造费用分配率＝制造费用总额÷各产品分配标准之和

该产品应分配的制造费用＝该产品所耗用的分配标准×制造费用分配率

12.6.2 制造费用的核算

制造费用的归集和分配应当通过"制造费用"科目进行核算。

企业应当根据制造费用的性质，合理选择制造费用分配方法。分配制造费用的方法很多，通常采用的方法有：生产工人工时比例法、生产工人工资比例法、机器工时比例法、耗用原材料的数量或成本比例法、直接成本（材料、生产工人工资等职工薪酬之和）比例法和产成品产量比例法等。分配方法一经确认，不得随意变更。如需变更，应当在财务报表附注中予以说明。

【例12-4】某企业为一般纳税人企业，2020年1月份共发生制造费用30 000元，按生产工时分配该月的制造费用，具体见表12-7。

表12-7   制造费用分配表

分配对象		生产工时	分配率	分配金额
生产成本	甲产品	20 000	0.6	12 000
	乙产品	30 000		18 000
合计		50 000		30 000

制造费用分配率＝制造费用总额÷各产品分配标准之和

制造费用分配率＝30 000÷50 000＝0.6

甲产品应分配的制造费用金额＝0.6×20 000＝12 000（元）

乙产品应分配的制造费用金额＝0.6×30 000＝18 000（元）

根据上述经济业务，该企业做如下账务处理。

借：生产成本——基本生产成本——甲产品   12 000

　　　　　　——基本生产成本——乙产品   18 000

　　贷：制造费用   30 000

12.7　完工产品和在产品费用的分配

完工产品和在产品费用之间的关系如下：

本月完工产品成本＝月初在产品成本＋本月发生成本－月末在产品成本

常用方法主要有图 12-4 几种方法。

```
                    ┌──────────┐
                    │  分配方法  │
                    └──────────┘
      ┌──────────────────┴──────────────────┐
┌──────────────┐                    ┌──────────────────┐
│ 在产品不计算成本法 │                    │ 在产品按年初固定计算计价法 │
└──────────────┘                    └──────────────────┘
  ┌──────────────────────────┐        ┌────────────┐
  │ 在产品按其所耗用的原材料费用计价法 │        │  约当产量比例法  │
  └──────────────────────────┘        └────────────┘
        ┌──────────────────────┐    ┌────────────┐
        │  在产品按定额成本计价法  │    │   定额比例法   │
        └──────────────────────┘    └────────────┘
```

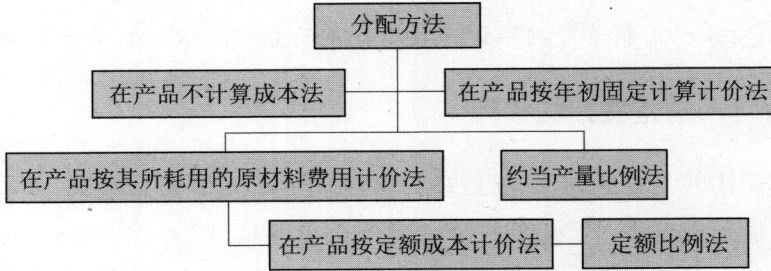

图 12-4　完工产品和月末在产品费用分配方法

完工产品和在产品之间费用的分配，见表 12-8。

表 12-8　　　　　　　　　　完工产品和在产品之间费用的分配

方　　法	范　　围	计算公式
不计算在产品成本法	适用于月末在产品数量很小的产品	月末在产品成本＝0 本月完工产品成本＝本月发生的产品生产费用
在产品按年初固定成本计价法	适用于月末在产品数量较多，但各月变化不大的产品或月末在产品数量很小的产品	月末在产品成本＝年初固定数 本月完工产品成本＝本月发生的产品生产费用
在产品按所耗用直接材料成本计价法	适用于各月末在产品数量较大、各月在产品数量变化也较大，以及直接材料在产品成本中所占比重也较大的产品	月末在产品成本＝月末在产品数量×在产品单位定额成本 本月完工产品成本＝（月初在产品成本＋本月发生的产品生产费用）－月末在产品成本
约当产量比例法	适用于月末在产品数量较大，各月末在产品数量变化也较大，产品成本中直接材料成本和人工成本及制造费用的比重相差不大的产品	在产品约当产量＝在产品数量×完工程度 单位成本＝（月初在产品成本＋本月发生生产成本）÷（完工产品产量＋在产品约当产量） 完工产品成本＝完工产品产量×单位成本 在产品成本＝在产品约当产量×单位成本

方　法	范　围	计算公式
在产品按定额成本计价法	适用于各项消耗定额或费用定额比较准确、稳定，各月末在产品数量变化不大的产品	月末在产品成本＝月末在产品数量×在产品单位定额成本 完工产品总成本＝（月初在产品成本＋本月发生生产成本）－月末在产品成本 完工产品单位成本＝完工产品总成本÷产成品产量
定额比例法	适用于各项消耗定额或成本定额比较准确、稳定，但各月末在产品数量变动较大的产品	直接材料分配率＝（月初在产品实际材料成本＋本月投入实际材料成本）÷（完工产品定额材料成本＋月末在产品定额材料成本） 完工产品应负担的直接材料成本＝完工产品定额材料成本×直接材料成本分配率 月末在产品应负担的直接材料成本＝月末在产品定额材料成本×直接材料成本分配率 直接人工分配率＝（月初在产品实际人工成本＋本月投入的实际人工成本）÷（完工产品定额工时＋月末在产品定额工时） 完工产品应负担的直接人工成本＝完工产品定额工时×直接人工成本分配率 月末在产品应负担的直接人工成本＝月末在产品定额工时×直接人工成本分配率

【例 12-5】某企业基本生产车间生产甲产品，本月完工 100 件，月末在产品 20 件，甲产品月初在产品成本和本期生产费用总额为 420 000 元，其中直接材料 220 000 元，直接人工 100 000 元；制造费用为 100 000 元。原材料在开工时一次投入，月末在产品完工程度为 50％。按约当产量比例法计算分配如下。

（1）计算在产品约当产量。

约当产量＝20×50％＝10（件）

（2）分配直接材料。

由于原材料在开工时一次投入，所以应按在产品和产成品的数量平均分配，而不用计算在产品约当产量。

直接材料分配率＝220 000÷（100＋20）＝1 833.33（元/件）

在产品应负担的直接材料＝20×1 833.33＝36 666.67（元）

完工产品应负担的直接材料＝100×1 833.33＝183 333（元）

（3）分配直接人工费用。

直接人工分配率：100 000÷（100＋10）＝909.09（元/件）

在产品应负担的直接人工＝10×909.09＝9 090.9（元）

完工产品应负担的直接人工＝100×909.09＝90 909（元）

（4）分配制造费用。

制造费用分配率＝100 000÷（100＋10）＝909.09（元/件）

在产品应负担的制造费用＝10×909.09＝9 090.9（元）

完工产品应负担的制造费用＝100×909.09＝90 909（元）

（5）分配完工产品成本和在产品成本。

月末在产品总成本＝36 666.67＋9 090.9＋9 090.9＝54 848.47（元）

完工产品总成本＝183 333＋90 909＋90 909＝365 151（元）

【例 12-6】某种产品的月初在产品的直接材料费用为 100 000 元，直接人工费用为 30 000 元，制造费用为 80 000 元；本月内发生的直接材料费用为 250 000 元，直接人工费用为 100 000 元，制造费用为 160 000 元。本月完工产品 300 件，每件产品的材料定额消耗量为 4 公斤。工时定额为 8 小时：月末在产品材料消耗定额量共计为 400 公斤，月末在产品定额工时共计为 800 小时。按定额比例法计算分配如下。

（1）分配直接材料费用。

直接材料费用分配率＝（100 000＋250 000）÷（300×4＋400）＝218.75（元/公斤）

在产品应负担的直接材料费用＝400×218.75＝87 500（元）

完工产品应负担的直接材料费用＝300×4×218.75＝262 500（元）

（2）分配直接人工费用。

直接人工费用分配率＝（30 000＋100 000）÷（300×8＋800）＝40.625（元/小时）

在产品应负担的直接人工费用＝800×40.625＝32 500（元）

完工产品应负担的直接人工费用＝300×8×40.625＝97 500（元）

（3）分配制造费用。

制造费用分配率＝（80 000＋160 000）÷（300×8＋800）＝75（元/小时）

在产品应负担的制造费用＝800×75＝60 000（元）

完工产品应负担的制造费用＝300×8×75＝180 000（元）

（4）分配完工产品成本和月末在产品成本。

在产品总成本＝60 000＋32 500＋87 500＝180 000（元）

完工产品总成本＝262 500＋97 500＋180 000＝540 000（元）

（5）结转完工产品成本。

企业已经生产完成并已验收入库的产成品，应于月度终了，按实际成本，借记"库存商品"科目，贷记"生产成本——基本生产成本"科目。

【例 12-7】某企业 7 月生产甲、乙两种产品。根据"产品成本计算单"，完工入库甲产品的实际成本为 4 800 000 元，完工入库乙产品的实际成本为 3 100 000元。根据上述经济业务，企业应做如下账务处理。

借：库存商品——甲产品　　　　　　　　　　　　　4 800 000

　　　　　　——乙产品　　　　　　　　　　　　　3 100 000

　　贷：生产成本——基本生产成本——甲产品　　　　4 800 000

　　　　　　　　——基本生产成本——乙产品　　　　3 100 000

12.8　废品损失的核算

企业生产中的废品，是指不符合规定的技术标准，不能按照原定用途使用，或者需要返工修理后才能使用的在产品、半成品和产成品。

1. 废品损失核算内容

企业生产过程中产出的废品可分为两种，一种是可修复废品，另一种是不可修复废品。废品损失核算的内容见表 12-9。

表 12-9　　　　　　　　　　　废品损失核算内容

废品分类	释　义	核算内容
可修复废品	经过修理后可以作为合格产品销售，且用来修理废品的费用在经济上划算的废品	修复废品时发生的修复费用，如耗用的原材料、工资费用等

废品分类	释　义	核算内容
不可修复废品	已经没有修理价值或虽然可以修理但所花得修理费用不划算的废品	废品的生产成本扣除回收的废料价值后的净损失

但下列废品损失不能列入废品损失的核算范围。

1 ·可以通过降价出售的不合格品，降价损失应作为销售损失处理

2 ·产品入库后，由于保管不当而造成的变质损失由管理费用负担

3 ·应由过失人赔偿的废品损失

4 ·实行"三包"的产品在出售后发现的废品损失，也应由管理费用负担

2. 废品损失计算

在废品损失的归集与分配过程中，不可修复废品成本的计算是关键。不可修复废品成本通常是从该种产品的实际生产费用中区分成本项目计算确定的。按成本项目分别计算不可修复废品的实际成本的公式如下：

废品应负担的材料费用＝某产品直接材料成本总额÷（合格品数量＋废品约当量）×废品约当量

废品应负担的工资费用＝某产品直接人工成本总额÷（合格品数量＋废品约当量）×废品约当量

废品应负担的制造费用＝某产品制造费用总额÷（合格品数量＋废品约当量）×废品约当量

在计算不可修复废品成本时，应注意到不可修复废品是发生在制造过程的中途，还是最后阶段，这对废品数量的确定及其费用分配都有着直接的关系。

3. 废品损失账务处理

为了核算生产过程中发生的废品损失，可在"生产成本——基本生产成本"账户下设置"废品损失"明细账户组织核算。如果废品量大，也可单独设置"废品损失"科目。该账户的借方登记不可修复废品的生产成本和可修复废品的修复费用；贷方登记应从废品成本中扣除的回收废料的价值。该账户借贷金额相抵后的差额就是企业的全部废品净损失。其中对应由过失人负担的部分，则从其贷方转入"其他应收款"账户的借方；其余废品净损失，

应该全部归由本期完工的同种产品成本负担，应从"生产成本——基本生产成本——废品损失"账户的贷方转入"生产成本——基本生产成本——××产品"账户的借方。"生产成本——基本生产成本——废品损失"账户应无期末余额，如图12-5所示。

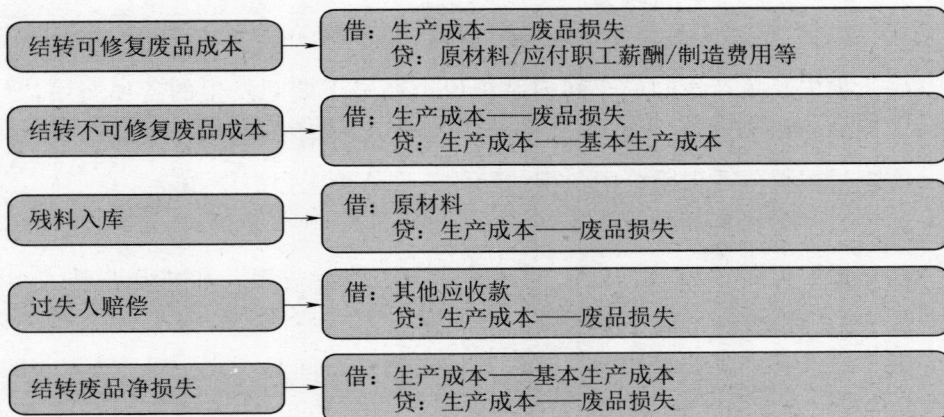

图 12-5 废品损失的账务处理

【**例 12-8**】某企业2020年6月份修复乙产品100件，共耗用原材料32 250元，支付生产人员工资11 250元，制造费用34 600元。

借：生产成本——基本生产成本废品损失（乙产品）　　78 100
　　贷：原材料　　　　　　　　　　　　　　　　　　　32 250
　　　　应付职工薪酬　　　　　　　　　　　　　　　　11 250
　　　　制造费用　　　　　　　　　　　　　　　　　　34 600

如果是不可修复的废品，那只能当作废料处理，应把其原来的生产成本从各成本账户中一一转入，转到该产品的"废品损失"账户。收回的残余价值应从"废品损失"账户中转入"废料"账户。

【**例 12-9**】某工业企业甲产品在生产过程中发现一批不可修复废品，该批废品的成本构成为：直接材料4 500元，直接人工2 800元，制造费用2 100元。废品残料计价600元已回收入库，应收过失人赔偿款1 600元。

废品损失是在生产过程中发生的和入库后发现的不可修复废品的生产成本，以及可修复废品的修复费用，扣除回收的废品残料价值和应收赔款以后的损失。所以该批废品的净损失＝4 500＋2 800＋2 100－600－1 600＝7 200（元）。

结转废品损失。

借：生产成本——基本生产成本　　　　　　　　　　　　7 200

　　贷：生产成本——废品损失　　　　　　　　　　　　　　7 200

12.9　停工损失的核算

停工损失是生产车间或车间内某个班组在停工期间发生的各项费用，包括停工期间发生的原材料费用、人工费用和制造费用等。

应由过失单位或保险公司负担的赔款，应从停工损失中扣除。

不满一个工作日的停工，一般不计算停工损失。

停工损失可单独核算，也可直接反映在"制造费用"和"营业外支出"等科目中。辅助生产一般不单独核算停工损失。

对于应计入产品成本的停工损失，如果停工车间只生产一种产品，应将"停工损失"科目归集的费用计入该产品成本明细账的"停工损失"项目；如果停工车间生产多种产品，一般按照制造费用分配方法在各种产品之间进行分配。如图 12-6 所示。

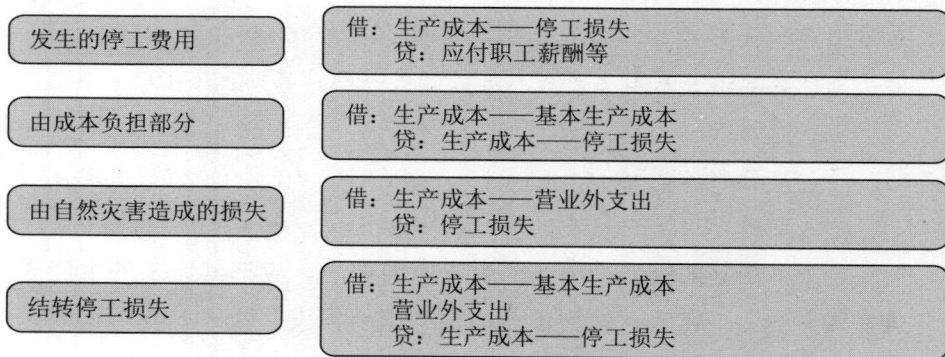

发生的停工费用	借：生产成本——停工损失 　　贷：应付职工薪酬等
由成本负担部分	借：生产成本——基本生产成本 　　贷：生产成本——停工损失
由自然灾害造成的损失	借：生产成本——营业外支出 　　贷：停工损失
结转停工损失	借：生产成本——基本生产成本 　　　　营业外支出 　　贷：生产成本——停工损失

图 12-6　停工损失的账务核算

第 13 章
产品成本计算方法

产品成本计算方法主要包括：品种法、分批法和分步法。本章主要介绍这三种方法的特点、核算程序及应用。

13.1　品种法

品种法，是指以产品品种作为成本核算对象，归集和分配生产成本，计算产品成本的一种方法。

13.1.1　品种法的特点与核算程序

1. 品种法的特点

品种法的主要特点是：成本核算对象是产品品种；一般定期（每月月末）计算产品成本；如果企业月末有在产品，要将生产成本在完工产品和在产品之间进行分配。

2. 品种法成本核算的一般程序

品种法成本核算的一般程序包括以下几点。

（1）按产品品种设立成本明细账，根据各项费用的原始凭证及相关资料编制有关记账凭证并登记有关明细账，同时编制各种费用分配表分配各种要素费用。

（2）根据上述各种费用分配表和其他相关资料，登记辅助生产明细账、基本生产明细账、制造费用明细账等。

（3）根据辅助生产明细账编制辅助生产成本分配表，分配辅助生产成本。

（4）根据制造费用明细账编制制造费用分配表，在各种产品之间分配制造费用，并据以登记基本生产成本明细账。

（5）根据各产品基本生产明细账编制产品成品计算单，分配完工产品成本和在产品成本。

（6）汇编产成品的成本汇总表，结转产成品成本。

13.1.2　品种法下产品成本计算

1. 单一品种的计算

如果企业生产的产品是单一品种，可直接根据有关原始凭证及费用汇总表登记生产成本明细账，编制产品成本计算单即可计算该产品的总成本和单位成本。

【例 13-1】中恒制造厂为单步骤生产企业，只生产一种甲产品，月初月末在产品比较稳定，计算甲产品成本时可不予考虑。2018 年 1 月，甲产品共计发生生产费用 550 万元，完工 5 000 件，有关生产成本明细账见表 13-1。

表 13-1　　　　　　　　　　　　生产成本明细账

甲产品　　　　　　　　　　　　2018 年 1 月　　　　　　　　　单位：万元

直接材料	直接人工	制造费用	合计
250	200	100	550

根据表 13-2 编制甲产品成本计算单，见表 13-2。

表 13-2　　　　　　　　　　　　生产成本计算表

项　　目	总成本（万元）	单位成本（元/件）
直接材料	250	500
直接人工	200	400
制造费用	100	200
合计	550	1 100

直接材料单位成本＝250÷5 000＝0.05（万元/件）

直接人工单位成本＝200÷5 000＝0.04（万元/件）

制造费用单位成本＝100÷500＝0.02（万元/件）

2. 多品种生产下的品种法

如果企业同时生产两种或两种以上的产品，应按照品种法成本核算的一般程序设置生产成本明细账，将直接费用计入该产品生产成本明细账中，将间接费用按照恰当的分配方法编制费用分配表分配各种要素费用。

【例 13-2】晨光机械有限公司为单步骤生产企业，设有一个基本生产车间，生产轮胎和轴承两种产品。根据生产特点和管理要求，确定采用品种法计算产品成本。该企业还设有动力和电力两个辅助生产车间。根据生产特点和管理要求，轮胎和轴承两种产品采用品种法计算产品成本。该公司2020年1月的成本资料如下。

（1）产品产量资料，见表13-3。

表13-3　　　　　　　　　　　　　产品产量表

2020年1月　　　　　　　　　　　　　　　　单位：吨

产品名称	月初在产品	本月投入	本月完工产品	月末在产品
轮胎	200	500	650	50
轴承	100	400	450	50

轮胎实际生产工时10 000小时；轴承实际生产工时5 000小时。轮胎、轴承两种产品的原材料都在生产开始时一次投入，加工费发生比较均衡，月末在产品完工程度为50%，完工产品和在产品按约当产量比例法分配；辅助生产费用按计划成本分配。

（2）本月发生的生产费用。

①本月发出材料汇总表，见表13-4。

表13-4　　　　　　　　　　　　　发出材料汇总表　　　　　　　　单位：元

领料部门和用途	原材料	辅助材料	合计
基本生产车间			
轮胎耗用	80 000		80 000
轴承耗用	70 000		70 000
两种产品共同耗用		5 000	5 000
合计	150 000	5 000	155 000
基本生产车间管理部门耗用		4 000	4 000
动力车间耗用	1 000	500	1 500
供电车间耗用	2 000	400	2 400
厂部管理部门耗用		600	600
合计	153 000	10 500	163 500

②本月职工薪酬结算汇总表，见表13-5。

表 13-5　　　　　　　　　　　　　职工薪酬汇总表

2020 年 1 月　　　　　　　　　　　　单位：元

人员类别	应付职工薪酬
基本生产车间	
产品生产工人	300 000
车间管理人员	100 000
动力车间	90 000
供电车间	50 000
厂部管理人员	30 000
合计	570 000

③本月应计提固定资产折旧费 20 000 元，其中基本生产车间 10 000 元，动力车间 2 000 元，供电车间 5 000 元，厂部 3 000 元。

④本月应分摊财产保险费 5 000 元，其中基本生产车间 2 500 元，动力车间 1 000 元，供电车间 1 200 元，厂部管理部门 300 元。

⑤本月以银行存款支付的费用为 25 000 元，其中基本生产车间办公费 2 800 元，水费 1 500 元；动力车间水费 9 800 元；供电车间办公费 3 500 元；厂部管理部门办公费 5 000 元，水费 2 400 元。

（3）编制各项要素费用分配表

①分配材料费用，轮胎、轴承产品共同负担材料按当月投入产品数量比例分配，见表 13-6。

其中，轮胎共同负担材料费用＝5 000×500÷（500＋400）＝2 778（元）

轴承共同负担材料费用＝5 000×400÷（500＋400）＝2 222（元）

表 13-6　　　　　　　　　　　　材料费用分配表

2020 年 1 月　　　　　　　　　　　　单位：元

应借科目			直接计入	分配金额（分配率）	合计
总账科目	明细科目	成本项目			
基本生产成本	轮胎	直接材料	80 000	2 778	82 778
	轴承	直接材料	70 000	2 222	72 222
	小计		150 000	5 000	155 000

总账科目	明细科目	成本项目	直接计入	分配金额（分配率）	合计
		应借科目			
辅助生产成本	动力车间	直接材料	1 500		1 500
	供电车间	直接材料	2 400		2 400
	小计		3 900		3 900
制造费用	基本生产车间	直接材料	4 000		4 000
管理费用	修理费	直接材料	600		600
合计					163 500

根据表 13-6 编制会计分录：

借：基本生产成本　　　　　　　　　　　　　　　155 000

　　辅助生产成本　　　　　　　　　　　　　　　　3 900

　　制造费用——基本生产车间　　　　　　　　　4 000

　　管理费用　　　　　　　　　　　　　　　　　　600

　　贷：原材料　　　　　　　　　　　　　　　163 500

②按轮胎、轴承两种产品的实际生产工时比例分配薪酬费用，见表 13-7。

表 13-7　　　　　　　　　　　职工薪酬费用分配表

2020 年 1 月　　　　　　　　　　　　　单位：元

总账科目	明细科目	成本项目	生产工时	分配金额（分配率20）	管理人员工资	合计
		应借科目	生产工人工资			
基本生产成本	轮胎	直接人工	10 000	200 000		200 000
	轴承	直接人工	5 000	100 000		100 000
	小计		15 000	300 000		300 000
辅助生产成本	动力车间			90 000		90 000
	供电车间			50 000		50 000
	小计			140 000		140 000
制造费用	基本生产车间	直接人工			100 000	100 000
管理费用		直接人工			30 000	30 000
合计				440 000	130 000	570 000

根据表 13-7 编制会计分录：

借：基本生产成本 300 000

　　辅助生产成本 140 000

　　制造费用 100 000

　　管理费用 30 000

　　贷：应付职工薪酬 570 000

③分配固定资产折旧费用，见表 13-8。

表 13-8　　　　　　　　　　　　固定资产折旧费用分配表

2020 年 1 月　　　　　　　　　　　　　　单位：元

车间、部门	会计科目	明细科目	分配金额
基本生产车间	制造费用	基本生产车间	10 000
动力车间	辅助生产成本	动力车间	2 000
供电车间	辅助生产成本	供电车间	5 000
厂部管理部门	管理费用		3 000
合计			20 000

根据表 13-8 编制会计分录：

借：制造费用 10 000

　　生产成本——辅助生产成本 7 000

　　管理费用 3 000

　　贷：累计折旧 20 000

④分配财产保险费，见表 13-9。

表 13-9　　　　　　　　　　　　财产保险分配表

2020 年 1 月　　　　　　　　　　　　　　单位：元

车间、部门	会计科目	明细科目	分配金额
基本生产车间	制造费用	基本生产车间	2 500
动力车间	辅助生产成本	动力车间	1 000
供电车间	辅助生产成本	供电车间	1 200
厂部管理部门	管理费用		300
合计			5 000

根据表 13-9 编制如下会计分录：

借：制造费用   2 500

    辅助生产成本   2 200

    管理费用   300

    贷：预付账款   5 000

⑤其他费用分配，见表 13-10。

表 13-10   **其他费用分配表**

2020 年 1 月   单位：元

车间、部门	会计科目	明细科目	分配金额
基本生产车间	制造费用	基本生产车间	4 300
动力车间	辅助生产成本	动力车间	9 800
供电车间	辅助生产成本	供电车间	3 500
厂部管理部门	管理费用		7 400
合 计			25 000

根据表 13-10 编制如下会计分录：

借：制造费用   4 300

    生产成本——辅助生产成本   13 300

    管理费用   7 400

    贷：银行存款   25 000

表 13-11   **辅助生产费用分配表**

（按计划成本分配法）   数量单位：度、小时

晨光机械有限公司   2020 年 1 月   金额单位：元

辅助生产车间名称			动力车间	供电车间	合计
待分配辅助生产费用			104 300	62 100	166 400
供应劳务数量			5 000	40 000	
单位成本			20.86	1.552 5	
辅助生产车间耗用	动力车间	耗用量		3 500	
		分配金额		5 434	
	供电车间	耗用量	340		
		分配金额	7 092		
	分配金额小计		7 092	5 434	12 526

辅助生产车间名称		动力车间	供电车间	合计
基本生产耗用 （记入"制造费用"）	耗用量	4 100	35 000	
	分配金额	85 526	54 338	139 864
行政部门耗用 （记入"管理费用"）	耗用量	560	1 500	
	分配金额	11 682	2 328	14 010
分配金额合计		104 300	62 100	166 400

分配辅助生产费用，见表 13-11，编制会计分录。

辅助生产成本——动力车间费用＝7 092＋85 526＋11 682＝104 300（元）

辅助生产成本——供电车间＝5 434＋54 338＋2 328＝62 100（元）

借：辅助生产成本——动力车间 　　　　　　　5 434

　　　　　　　——供电车间 　　　　　　　7 092

　　制造费用 　　　　　　　139 864

　　管理费用 　　　　　　　14 010

　　贷：辅助生产成本——动力车间 　　　　　　　104 300

　　　　　　　——供电车间 　　　　　　　62 100

基本生产车间制造费用，见表 13-12。

表 13-12　　　　　　　　　　基本生产车间制造费用分配

2020 年 1 月　　　　　　　　　　单位：元

应借科目		实际生产工时（小时）	分配金额（分配率）
总账科目	明细科目		
基本生产成本	轮胎	10 000	173 776
	轴承	5 000	86 888
合计		15 000	260 664

制造费用合计＝4 000＋100 000＋10 000＋2 500＋4 300＋139 864＝260 664（元）

其中，轮胎应分配的制造费用＝260 664×10 000÷15 000＝173 776（元）

轴承应分配的制造费用＝260 664×5 000÷15 000＝86 888（元）

根据表 13-3 至表 13-12，编制产品成本计算单，见表 13-13、表 13-14。

表 13-13　　　　　　　　　　　　　　　**产品成本计算单**

产品名称：轮胎　　　　　　　　　　2020 年 1 月　　　　　　　　　　单位：元

月	日	摘要		产量（件）	直接材料	直接人工	制造费用	合计
1	31	在产品费用		200	24 000	50 000	24 233.33	98 233.33
1	31	根据表 13-6			82 778			82 778
1	31	根据表 13-7				200 000		200 000
1	31	根据表 13-12					173 776	173 776
1	31	本月生产费用小计			82 778	200 000	173 776	456 554
1	31	生产费用累计			106 778	250 000	198 009.33	554 787.33
1	31	本月投入		500				
1	31	产成品成本	单位成本	650	152.54	370.37	293.35	
1	31		总成本		99 151	240 740.5	190 677.50	530 569
1	31	月末在产品数量		50				
1	31	月末在产品约当量		25	7 627	9 259.50	7 331.83	24 218.33

完工产品数量按月末在产品约当产量和产成品数量计算，即完工产品（轮胎）＝650＋50×50％＝675（件）

直接材料单位成本＝（24 000＋82 778）÷（650＋50）＝152.54（元）（材料是一次性投入）

直接人工单位成本＝（50 000＋200 000）÷（650＋25）＝370.37（元）

制造费用单位成本＝（24 233.33＋173 776）÷（650＋25）＝293.35（元）

表 13-14　　　　　　　　　　　　　　**产品成本计算单**

产品名称：轴承　　　　　　　　　　2020 年 1 月　　　　　　　　　　单位：元

月	日	摘要	产量（件）	直接材料	直接人工	制造费用	合计
1	31	在产品费用	100	18 450	28 600	11 067.67	58 117.67
1	31	根据表 13-6		72 222			72 222
1	31	根据表 13-7			100 000		100 000
1	31	根据表 13-12				86 888	86 888
1	31	本月生产费用小计		72 222	100 000	86 888	259 110
1	31	生产费用累计		90 672	128 600	97 955.67	317 227.67
1	31	本月投入	400				

月	日	摘要		产量（件）	直接材料	直接人工	制造费用	合计
1	31	产成品成本	单位成本	450	181.34	270.74	206.22	
1	31		总成本		81 604.80	121 833	92 799	296 236.80
1	31	月末在产品数量		50				
1	31	月末在产品约当量		25	9 067.20	6 767	5 156.67	20 990.87

完工产品数量按月末在产品约当产量和产成品数量计算如下：

即完工产品数量＝450＋50×50％＝475（件）

直接材料单位成本＝（18 450＋72 222）÷500＝181.34（元）（材料是一次性投入）

直接人工单位成本＝（28 600＋100 000）÷475＝270.74（元）

制造费用单位成本＝（11 067.67＋86 888）÷475＝206.22（元）

根据表 13-13、表 13-14 编制会计分录。

借：库存商品——轮胎　　　　　　　　　　　 530 569
　　　　　　　——轴承　　　　　　　　　296 236.80
　　贷：基本生产成本——轮胎　　　　　　　　530 569
　　　　　　　　　　　——轴承　　　　　296 236.80

13.2　分批法

分批法，是指以产品的批别或订单作为产品成本核算对象，归集和分配生产成本，计算产品成本的一种方法。这种方法主要适用于单件、小批生产的企业，如造船、重型机器制造、精密仪器制造等，也可用于一般企业中的新产品试制或试验的生产、在建工程以及设备修理作业等。

13.2.1　分批法的特点

分批法计算成本的主要特点如下。

（1）成本核算对象是产品的批别。由于产品的批别大多是根据销货订单确定的，因此，这种方法又称订单法。

（2）产品成本的计算与生产任务通知单的签发和结束是紧密结合的，因此产品成本计算是不定期的。成本计算期与产品生产周期基本一致，但与财务报告不一致。

（3）由于成本计算期与产品的生产周期基本一致，因此在计算月末在产品成本时，一般不存在在完工产品和在产品之间分配成本的问题。

13.2.2　分批法成本核算的一般程序

分批法条件下，月末完工产品与在产品之间的费用分配有以下几种情况。

（1）如果是单件生产，产品完工以前，产品成本明细账所记载的生产费用都是在产品成本；产品完工时，产品成本明细账所记载的生产费用，就是完工产品成本，因而在月末计算成本时，不存在完工产品与在产品之间分配费用的问题。

（2）如果是小批生产，批内产品一般都能同时完工，在月末计算成本时，或是全部已经完工，或是全部没有完工，因而一般也不存在完工产品与在产品之间分配费用的问题。

（3）如果批内产品跨月陆续完工，这时就要在完工产品与在产品之间分配费用。具体可以采取简化的方法处理：如按计划单位成本、定额单位成本、最近一期相同产品的实际单位成本计算完工产品成本；从产品成本明细账中转出完工产品成本后。各项费用余额之和即为在产品成本。也可根据具体条件采用前述的分配方法。

【例 13-3】新都有限公司按照购货单位的要求，小批生产甲产品和乙产品，采用分批法计算产品成本。该公司 1 月投产甲产品 50 件，批号 101，2 月份全部完工；2 月投产乙产品 30 件，批号为 201，当月完工 20 件，并已交货，还有 10 件尚未完工。101 批和 201 批产品成本计算单，见表 13-15、表 13-16。

表 13-15　　　　　　　　　　　产品成本计算单

批号 101　　　　　　　　　产品名称：甲产品投产　　　　　投产日期：1 月 5 日

委托单位：　　　　　　　　批量 50 件　　　　　　　　完工日期：2 月 20 日

项目	直接材料成本	直接人工成本	制造费用	合计
1 月末成本余额	48 000	5 600	18 000	71 600
2 月发生生产成本				

项目	直接材料成本	直接人工成本	制造费用	合计
据材料成本分配表	25 000			25 000
据工资成本分配表		8 400		8 400
据制造费用分配表			35 000	35 000
合计	73 000	14 000	53 000	140 000
结转产成品 50 件成本	73 000	14 000	53 000	140 000
单位成本	1 460	280	1 060	2 800

表 13-16　　　　　　　　　产品成本计算单

批号 201　　　　　　　　　产品名称：乙产品　　　　投产日期：2 月 5 日
委托单位：　　　　　　　　批量 30 件　　　　　　　完工日期：2 月 20 日

项目	直接材料成本	直接人工成本	制造费用	合计
2 月发生生产成本				
据材料成本分配表	54 000			54 000
据工资成本分配表		36 000		36 000
据制造费用分配表			84 000	84 000
合计	54 000	36 000	84 000	174 000
结转产成品 20 件成本	36 000	28 800	67 200	132 000
单位成本	1 350	1 440	3 360	6 150
月末在产品成本	18 000	7 200	16 800	42 000

（1）乙产品材料成本按完工产品产量和在产品数量作为比例进行分配。

完工产品应负担的材料成本＝54 000÷（20＋10）×20＝36 000（元）

在产品应负担的材料成本＝54 000÷（20＋10）×10＝18 000（元）

（2）其他生产成本按约当产量比例进行分配。

计算 201 批乙产品在产品约当产量，见表 13-17。

表 13-17　　　　　　　　　乙产品约当产量计算表

工序	完工程度	在产品（件）		完工产品（件）	产量合计（件）
	①	②	③＝①×②	④	⑤＝③＋④

工序	完工程度	在产品（件）		完工产品（件）	产量合计（件）
1	15%	2	0.3		
2	25%	2	0.5		
3	70%	6	4.2		
合计	—	10	5	20	25

直接人工成本按约当产量分配：

完工产品应负担的直接人工成本＝36 000÷（20＋5）×20＝28 800（元）

在产品应负担的直接人工成本＝36 000÷（20＋5）×5＝7 200（元）

制造费用按约当产量法分配：

完工产品应负担的制造费用＝84 000÷（20＋5）×20＝67 200（元）

在产品应负担的制造费用＝84 000÷（20＋5）×5＝16 800（元）

13.3　分步法

分步法，是指按照生产过程中各个加工步骤（分品种）为成本核算对象，归集和分配生产成本，计算各步骤半成品和最后产成品成本的一种方法。

13.3.1　分步法的特点

此方法的适用条件和特点，见表 13-18。

表 13-18　　　　　　　　　　分步法的特点

分步法的适用条件	适用于大量大批的多步骤生产，如冶金（炼铁、炼钢和轧钢）、纺织（清花、梳棉、并条，粗纺等）、机械制造等。在这类企业中，产品生产可以分为若干个生产步骤的成本管理，通常不仅要求按照产品品种计算成本，而且还要求按照生产步骤计算成本，便于考核和分析各种产品及各生产步骤的成本计划的执行情况
分步法计算成本的主要特点	成本核算对象是各种产品的生产步骤
	月末为计算完工产品成本，还需要将归集在生产成本明细账中的生产成本在完工产品和在产品之间进行分配
	成本计算期是固定的，与产品的生产周期不一致

13.3.2 分步法成本核算的一般程序

各生产步骤成本的计算和结转，一般采用逐步结转和平行结转两种方法，称为逐步结转分步法和平行结转分步法。

（1）逐步结转分步法。

逐步结转分步法是为了分步计算半成品成本而采用的一种分步法，也称计算半成品成本分步法。它是按照产品加工的顺序，逐步计算并结转半成品成本，直到最后加工步骤完成才能计算产成品成本的一种方法。

（2）平行结转分步法。

在计算各步骤成本时，不计算各步骤所产半成品成本，也不计算各步骤所耗上一步骤的半成品成本，而只计算本步骤发生的各项其他成本，以及这些成本中应计入产成品的份额，将相同产品的各步骤成本明细账中的这些份额平行结转、汇总，即可计算出该种产品的产成品成本。

【例13-4】雅康公司甲产品的生产在两个生产车间内进行，第一生产车间为第二生产车间提供半成品，半成品收发通过半成品库进行。两个生产车间的月末在产品均按定额成本计价。成本计算程序如下：

（1）根据各种成本分配表、半成品产量月报和每个车间在产品定额成本资料，登记甲产品第一车间（半成品）成本计算单，见表13-19。

表13-19　　　　　　　　　甲产品（半成品）成本计算单

第一车间　　　　　　　　　　2020年1月　　　　　　　　　　单位：元

项目	产量（件）	直接材料成本	直接人工成本	制造费用	合计
在产品成本（定额成本）		200 000	24 000	22 800	246 800
本月生产成本		350 000	52 000	50 000	452 000
合计		550 000	76 000	72 800	698 800
完工半成品转出	200	420 000	60 000	62 000	542 000
月末在产品定额成本		130 000	16 000	10 800	156 800

根据第一车间甲产品（半成品）成本计算单和半成品入库单，编制会计分录。

借：自制半成品——甲半成品　　　　　　　　　　　　　　542 000
　　　贷：基本生产成本——第一车间——甲产品　　　　　　　　542 000

（2）根据第一生产车间甲产品（半成品）成本计算单、半成品入库单，以及第二车间领用半成品的领用单，登记半成品明细账，见表13-20。

表13-20　　　　　　　　　　　　　　甲半成品明细账

数量单位：件　　　　　　　　　　　　　　　　　　　　　　　金额单位：元

月份	月初余额		本月增加		累计			本月减少	
	数量	实际成本	数量	实际成本	数量	实际成本	单位成本	数量	实际成本
1	200	285 000	200	542 000	400	827 000	2 067.5	250	516 875
2	150	310 125							

根据半成品明细账所列半成品单位成本资料和第二车间半成品领用单，编制会计分录。

借：基本生产成本——第二车间——甲半成品　　　516 875
　　贷：自制半成品——甲半成品　　　　　　　　　　　　516 875

（3）根据各种成本明细费用分配表、半成品领用单、产成品产量月报，以及第二车间在产品定额成本资料，登记第二车间甲产品（产成品）成本计算单，见表13-21。

表13-21　　　　　　　　　　　甲产品（产成品）成本计算单

第二车间　　　　　　　　　　　2020年1月　　　　　　　　　　单位：元

摘　　要	产量（件）	直接材料	直接人工	制造费用	成本合计
在产品成本（定额成本）		149 400	32 000	24 000	205 400
本月生产成本		425 000	64 500	53 000	542 500
合计		574 400	96 500	77 000	747 900
产成品转出	275	485 000	82 400	61 800	629 200
单位成本		1 763.64	299.64	224.73	2 288
月末在产品（定额成本）		89 400	14 100	15 200	118 700

第 14 章
期末利润结转与分配

　　企业期（月）末结转利润时，应将各损益类科目的金额转入本年利润，结平各损益类科目。结转后本科目的贷方余额为当期实现的净利润；借方余额为当期发生的净亏损。

14.1　利润结转

利润是企业在一定会计期间的经营成果。利润包括收入减去费用后的净额、直接计入当期利润的利得和损失等。

未计入当期利润的利得和损失扣除所得税影响后的净额计入其他综合收益项目。净利润与其他综合收益的合计金额为综合收益总额。

14.1.1　本年利润科目的具体运用

本年利润科目的具体设置，见表 14-1。

表 14-1　　　　　　　　　本年利润会计科目编码的设置

科目代码	总分类科目 （一级科目）	明细分类科目	
		二级科目	三级科目
4103	本年利润		
410301	本年利润	主营业务收入	项目
410302	本年利润	其他业务收入	项目
410303	本年利润	主营业务成本	项目
410304	本年利润	其他业务成本	项目
410305	本年利润	税金及附加	项目
410306	本年利润	销售费用	项目
410307	本年利润	管理费用	项目
410308	本年利润	财务费用	项目
410309	本年利润	资产减值损失	项目
410310	本年利润	公允价值变动收益	项目

科目代码	总分类科目 （一级科目）	明细分类科目	
		二级科目	三级科目
410311	本年利润	投资收益	项目
410312	本年利润	营业外收入	项目
410313	本年利润	营业外支出	项目
410314	本年利润	所得税费用	项目

14.1.2　期末结转账务处理

期末本年利润的结转，本年利润的会计分录有四个步骤，相关会计分录如图 14-1 所示。

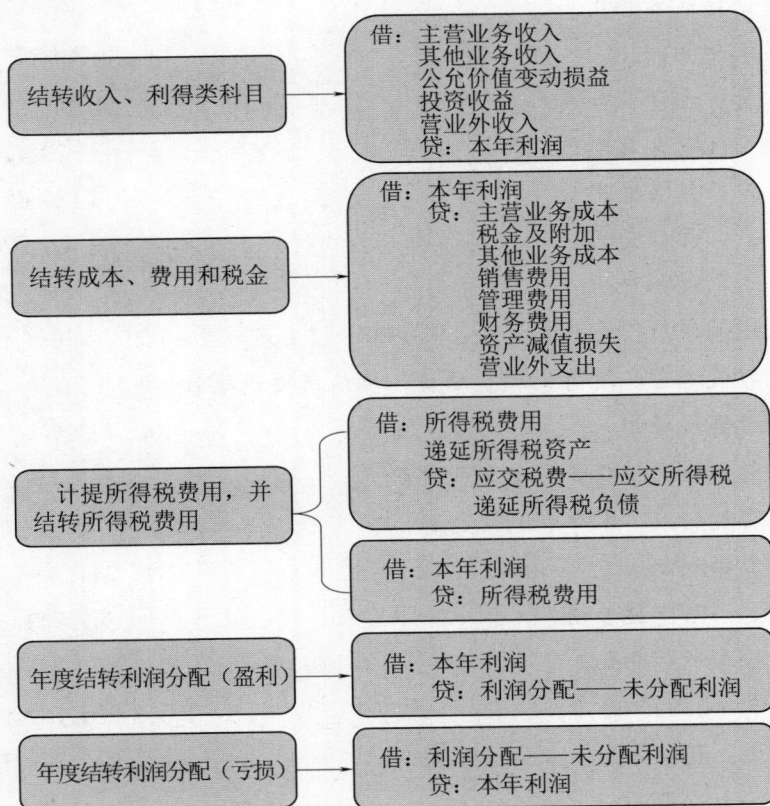

图 14-1　期末本年利润结转的会计处理

【例 14-1】2019 年 12 月 31 日，各损益类账户余额见表 14-2。

表 14-2　　　　　　　　　　　　　　损益类账户余额表

科目名称	余额方向	期末余额
主营业务收入	贷	2 650 000
主营业务成本	借	1 025 000
税金及附加	借	29 470
销售费用	借	125 624
管理费用	借	35 720
财务费用	借	43 220

（1）结转收入。

借：主营业务收入　　　　　　　　　　　　　　2 650 000

　　贷：本年利润　　　　　　　　　　　　　　　2 650 000

（2）结转成本费用。

借：本年利润　　　　　　　　　　　　　　　　1 259 034

　　贷：主营业务成本　　　　　　　　　　　　　1 025 000

　　　税金及附加　　　　　　　　　　　　　　　29 470

　　　销售费用　　　　　　　　　　　　　　　　125 624

　　　管理费用　　　　　　　　　　　　　　　　35 720

　　　财务费用　　　　　　　　　　　　　　　　43 220

经上述结转后，会计利润＝2 650 000－1 259 034＝1 390 966（元）

（3）假设不存在所得税调整项目，确认所得税项目。

借：所得税费用　　　　　　　　　　　　　　　347 741.5

　　贷：应交税费——应交所得税　　　　　　　　347 741.5

将所得税转入"本年利润"科目。

借：本年利润　　　　　　　　　　　　　　　　347 741.5

　　贷：所得税费用　　　　　　　　　　　　　　347 741.5

（4）转入利润分配。

借：本年利润　　　　　　　　　　　　　　　　1 043 224.5

　　贷：利润分配——未分配利润　　　　　　　　1 043 224.5

（5）按 10% 提取法定盈余公积。

借：利润分配——提取法定盈余公积　　　　　　104 322.45

　　贷：盈余公积——法定盈余公积　　　　　　　104 322.45

（6）结转"未分配利润"账户：

借：利润分配——未分配利润　　　　　　　　104 322.45

　　贷：利润分配——提取法定盈余公积　　　　　104 322.45

14.2　利润分配

留存收益是企业从历年实现的利润中提取或形成的留存于企业的内部积累，包括盈余公积和未分配利润两类。

14.2.1　留存收益的组成

留存收益的内容包含：盈余公积和未分配利润。因盈余公积包括法定盈余公积和任意盈余公积，因此留存收益的内容也即是由法定盈余公积、任意盈余公积和未分配利润组成。主要内容见表 14-3。

表 14-3　　　　　　　　　　　　　　　留存收益的组成

	法定盈余公积	是企业按照规定的比例从净利润中提取的盈余公积
盈余公积	任意盈余公积	任意盈余公积是企业按照股东会或股东大会决议提取的盈余公积，企业提取的盈余公积可用于弥补亏损、扩大生产经营、转增资本或派送新股、分配股利等
未分配利润	是企业实现的净利润经过弥补亏损、提取盈余公积和向投资者分配利润后留存在企业的、历年结存的利润	

14.2.2　留存收益的账务处理

（1）利润分配。

利润分配是企业根据国家有关规定和企业章程、投资者协议等，对企业当年可供分配的利润所进行的分配。

可供分配的利润＝企业当年实现的净利润（或净亏损）＋年初未分配利润（或年初未弥补亏损）＋其他转入

可供分配的利润，按下列顺序分配：①提取法定盈余公积；②提取任意盈余公积；③向投资者分配利润，如图 14-2 所示。

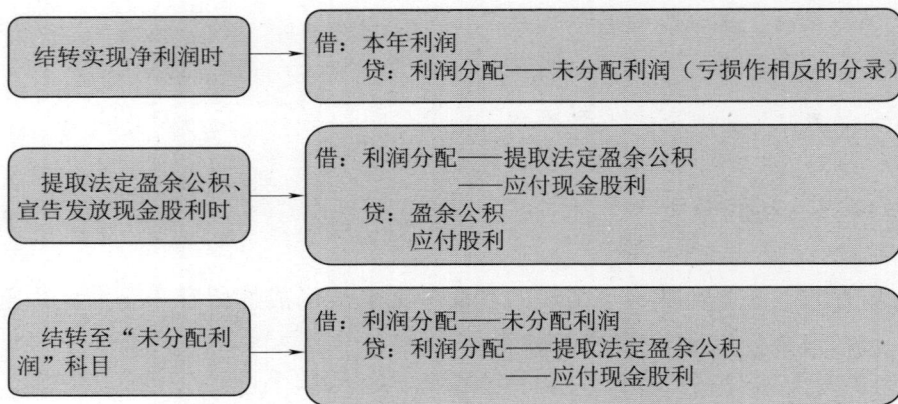

图 14-2 利润分配的账务处理

（2）盈余公积。

盈余公积科目的设置，见表14-4。

表 14-4 盈余公积会计科目编码的设置

科目代码	总分类科目 （一级科目）	明细分类科目	
		二级科目	三级科目
4101	盈余公积		
410101	盈余公积	法定公积金	弥补亏损
410102	盈余公积	任意公积金	转增资本
410103	盈余公积	任意公积金	归还利润
410104	盈余公积	任意公积金	分配股利

企业应通过"盈余公积"科目，核算盈余公积提取、使用等情况，并分别在"法定盈余公积""任意盈余公积"进行明细核算，如图14-3所示。

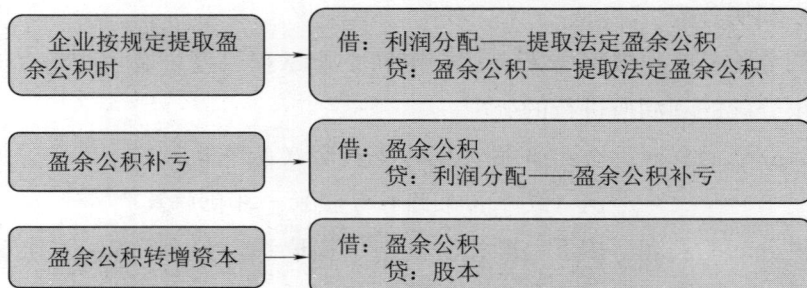

图 14-3

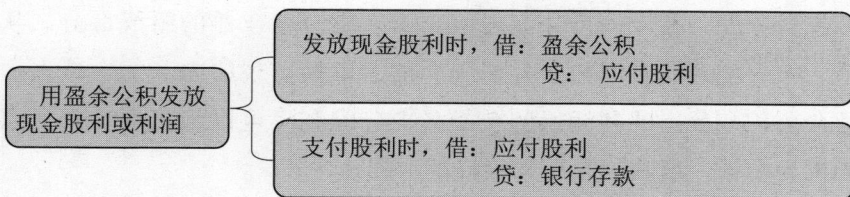

图 14-3　盈余公积的账务处理

年度终了，企业应将全年实现的净利润或发生的净亏损，自"本年利润"科目转入"利润分配——未分配利润"科目，并将"利润分配"科目所属其他明细科目的余额，转入"未分配利润"明细科目。结转后，"利润分配——未分配利润"科目如为贷方余额，表示累积未分配的利润数额；如为借方余额，则表示累积未弥补的亏损数额。

【例 14-2】承【例 14-1】，进行利润分配。某一般纳税人企业 2019 年度的税后利润为 7 840 000 元，按规定 10％的比率提取法定盈余公积金，并根据股东大会决议按 2％的比率提取任意公积金。会计分录如下：

借：利润分配——提取盈余公积　　　　　　　　　　940 800
　　贷：盈余公积——法定盈余公积　　　　　　　　784 000
　　　　　　　　——任意盈余公积　　　　　　　　156 800

在利润表中，需要认识这几个名词：营业利润、净利润、未分配利润。

（1）营业利润。

营业收入减去营业支出就是营业利润。企业的营业利润是最常见的利润，体现企业经营期间的盈利情况。利润的核算方法为权责发生制下归属于企业当期的利润。

（2）净利润。

企业的经营利润代表经营情况的好坏，而净利润就是经营获利时，缴纳所得税后剩余的利润。如果当期未实现盈利，则无须缴纳所得税。即企业不盈利的情况下，净利润与营业利润数据相同。

（3）未分配利润。

企业基于谨慎性原则及《中华人民共和国会计法》的要求，需要计提盈余公积，或者需给股东分配一定的利润。而未分配利润就是计提盈余公积、分配股利后的剩余利润。未分配利润是企业未作分配的利润。它在以后年度可继续进行分配，在未进行分配之前，属于所有者权益的组成部分。从数量上来看，未分配利润是期初未分配利润加上本期实现的净利润，减去提取的各种盈余公积和分出的利润后的余额。未分配利润可以为正数，也可以为负数。如果为负数，反映的是历年累计的亏损。

这三者间的关系，更直观的图示如下：

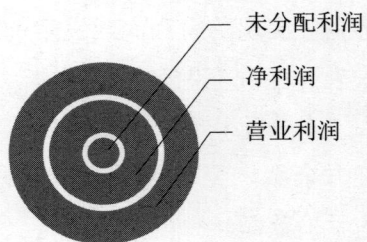

- 未分配利润
- 净利润
- 营业利润

第 15 章
财务报表的编制

　　财务报告是企业对外提供的反映企业某一特定日期的财务状况和某一会计期间的经营成果、现金流量等会计信息的文件。财务报告包括财务报表和其他应当在财务报告中披露的相关信息和资料。

　　一套完整的财务报表至少应当包括资产负债表、利润表、现金流量表、所有者权益（或股东权益）变动表以及附注。资产负债表、利润表和现金流量表分别从不同角度反映企业的财务状况、经营成果和现金流量。

15.1　资产负债表

资产负债表是反映企业在某一特定时期的财务状况的报表。资产负债表主要反映资产、负债和所有者权益三方面的内容，并满足"资产＝负债＋所有者权益"平衡式。

15.1.1　资产负债表项目变化

2019 年 4 月 30 日，财政部发布《关于修订印发 2019 年度一般企业财务报表格式的通知》（财会〔2019〕6 号），主要应对分阶段实施的新租赁准则，以及《企业会计准则》实施中的有关情况。财务报表格式进行以下修改。

1. 报表项目变化

（1）"应收票据及应收账款"项目分拆为"应收票据"及"应收账款"两个项目。

（2）"应付票据及应付账款"项目分拆为"应付票据"及"应付账款"两个项目。

（3）新增"专项储备"项目，反映高危行业企业按国家规定提取的安全生产费的期末账面价值。

（4）"递延收益"项目中摊销期限只剩一年或不足一年的，或预计在一年内（含一年）进行摊销的部分，仍在该项目中填列，不转入"一年内到期的非流动负债"项目。

（5）新增"应收款项融资"项目，反映以公允价值计量且其变动计入其他综合收益的应收票据和应收账款等。

（6）新增"使用权资产"项目，反映承租人企业持有的使用权资产的期末账面价值。

（7）新增"租赁负债"项目，反映承租人企业尚未支付的租赁付款额的期末账面价值。

（8）新增"专项储备"项目，反映高危行业企业按国家规定提取的安全生产费的期末账面价值。

2. 项目说明

（1）按照采用折旧（或摊销、折耗）方法进行后续计量的固定资产、使用权资产、无形资产和长期待摊费用等非流动资产，只剩一年或不足一年的，或预计在一年内（含一年）进行折旧（或摊销、折耗）的部分，仍在各该非流动资产项目中填列，不转入"一年内到期的非流动资产"项目。

（2）自资产负债表日起一年内到期应予以清偿的租赁负债，在"一年内到期的非流动负债"项目中反映。

（3）"其他应收款"项目中的"应收利息"和"其他应付款"项目中的"应付利息"仅反映相关金融工具已到期可收取但尚未收到或已到期应支付但尚未支付的利息，基于实际利率法计提的利息应包含在相应金融工具的账面余额中。

（4）同一合同下的合同资产和合同负债应当以净额列示。

资产负债表格式变化见表 15-1。

表15-1　　　　　　　　　　　　资产负债表

资产	期末余额	上年年末余额	负债和所有者权益（或股东权益）	期末余额	上年年末余额
流动资产：			流动负债：		
货币资金			短期借款		
交易性金融资产			交易性金融负债		
衍生金融资产			衍生金融负债		

资产	期末余额	上年年末余额	负债和所有者权益（或股东权益）	期末余额	上年年末余额
应收票据			应付票据		
应收账款	分拆1		应付账款	分拆2	
应收款项融资	新增1		预收款项		
……			……		
非流动资产：			非流动负债：		
……			……		
其他权益工具投资			租赁负债	新增3	
其他非流动金融资产			长期应付款		
投资性房地产			预计负债		
固定资产			递延收益		
在建工程			递延所得税负债		
生产性生物资产			其他非流动负债		
油气资产			非流动负债合计		
使用权资产	新增2		负债合计		
无形资产			所有者权益（或股东权益）：		
开发支出			实收资本（或股本）		
……			……		
			其他综合收益		
			专项储备	新增4	
			盈余公积		
			未分配利润		
			所有者权益（或股东权益）合计		
资产总计			负债和所有者权益（或股东权益）总计		

15.1.2 根据总账科目的余额填列

通过资产负债表，可以反映企业在某一特定日期所拥有或控制的经济资源、所承担的现时义务和所有者对净资产的要求权，帮助财务报表使用者全面了解企业的财务状况、分析企业的偿债能力等情况，从而为其做出经济决策提供依据。

资产负债表主要反映三个方面的内容，见表 15-2。

表 15-2 资产负债表项目

项 目		内 容
资产	流动资产	包括货币资金、交易性金融资产、应收票据、应收账款、预付款项、应收利息、应收股利、其他应收款、存货和一年内到期的非流动资产等
	非流动资产	包括长期股权投资、固定资产、在建工程、工程物资、固定资产清理、无形资产、开发支出、长期待摊费用以及其他非流动资产等
负债	流动负债	包括短期借款、应付票据、应付账款、预收款项、应付职工薪酬、应交税费、应付利息、应付股利、其他应付款、一年内到期的非流动负债等
	非流动负债	非流动负债是流动负债以外的负债，包括长期借款、应付债券和其他非流动负债等
所有者权益		一般按照实收资本、资本公积、其他综合收益、盈余公积和未分配利润分项列示

我国企业的资产负债表采用账户式结构。账户式资产负债表中的资产各项目的合计等于负债和所有者权益各项目的合计，即资产负债表左方和右方平衡。因此，通过账户式资产负债表，可以反映资产、负债、所有者权益之间的内在关系，即"资产＝负债＋所有者权益"。

资产负债表的各项目均需填列"年初余额"和"期末余额"两栏。

资产负债表"年初余额"栏内各项数字，应根据上年年末资产负债表的"期末余额"栏内所列数字填列。如果上年度资产负债表规定的各个项目的名称和内容与本年度不一致，应对上年年末资产负债表各项目的名称和数字按照本年度的规定进行调整，填入本表"年初余额"栏内。

资产负债表中的有些项目，可直接根据有关总账科目的余额填列，如"交易性金融资产""短期借款""应付票据""应付职工薪酬"等项目；有些项目，则需根据几个总账科目的余额计算填列，如"货币资金"项目，需要根据"库存现金""银行存款""其他货币资金"三个总账科目余额合计填列。

【例15-1】2020年1月31日，精石制造有限公司科目余额表，见表15-3。

表15-3　　　　　　　　　　　　　科目余额表

账户名称	期末借方余额（元）	账户名称	期末贷方余额（元）
库存现金	5 900	存货跌价准备	33 000
银行存款	5 100 000	累计折旧	154 000
其他货币资金	190 000	固定资产减值准备	38 000
原材料	412 000	累计摊销	39 000
周转材料	27 000	利润分配	6 329 700
库存商品	243 800	本年利润	3 400 000
固定资产	5 715 000		
无形资产	210 000		

根据表中资料，资产负债表货币资金"期末余额"栏按下列数值填列。

货币资金＝5 900＋5 100 000＋190 000＝5 295 900（元）

15.1.3　根据有关明细科目的余额计算填列

资产负债表中的有些项目，需要根据明细科目余额填列，如"应付账款"项目，需要分别根据"应付账款"和"预付账款"两科目所属明细科目的期末贷方余额计算填列。

【例15-2】2020年1月31日，精石制造有限公司有关科目所属明细余额，见表15-4。

表 15-4

明细账户余额表

账户名称	明细账户	借方余额（元）	贷方余额（元）
应收账款	蓝泽元配件厂	1 346 000	
	津田科技有限公司	3 128 000	
合同资产	青海机械设备公司	604 000	
	浦阳加工厂	258 000	
	湘江冰箱厂	484 000	
应付账款	卓野汽车有限公司		837 000
合同负债	原西木工机械厂		899 000
坏账准备	应收账款		34 700
	其他应收款		12 000

2020 年 1 月末资产负债表中相关项目金额：

"应收账款"项目金额＝1 346 000＋3 128 000－34 700＝4 439 300（元）

"合同负债"项目金额＝899 000（元）

"合同资产"项目金额＝604 000＋258 000＋484 000＝1 346 000（元）

"应付账款"项目金额＝837 000（元）

15.1.4 根据总账科目和明细账科目的余额分析计算填列

资产负债表的有些项目，需要依据总账科目和明细科目两者的余额分析填列，如"长期借款"项目，应根据"长期借款"总账科目余额扣除"长期借款"科目所属的明细科目中将在资产负债表日起一年内到期，且企业不能自主地将清偿义务展期的长期借款后的金额填列。"长期待摊费用"项目需要根据"长期待摊费用"总账科目余额扣除将在一年内摊销完毕的长期待摊费用后的金额计算填列。关于"未分配利润"项目，如果是在年末应该根据"利润分配——未分配利润"科目余额填列；如果是在非年末，则要根据"利润分配——未分配利润"和"本年利润"科目余额计算填列。

15.1.5 根据有关科目余额减去其备抵科目余额后的净额填列

如资产负债表中的"应收账款""长期股权投资"等项目，应根据"应收账款""长期股权投资"等科目的期末余额减去"坏账准备""长期股权投资减值准备"等科目余额后的净额填列;"固定资产"项目,应根据"固定资产"科目期末余额减去"累计折旧""固定资产减值准备"科目余额后的净额填列;"无形资产"项目,应根据"无形资产"科目期末余额减去"累计摊销""无形资产减值准备"科目余额后的净额填列。根据【例 15-1】:

固定资产=5 715 000-154 000-38 000=5 523 000(元)

无形资产=210 000-39 000=171 000(元)

15.1.6 综合运用上述填列方法分析填列

如资产负债表中的"存货"项目,需根据"原材料""库存商品""委托加工物资""周转材料""材料采购""在途物资""发出商品""材料成本差异"等总账科目期末余额的分析汇总数,再减去"存货跌价准备"备抵科目余额后的金额填列。根据【例 15-1】:

存货=412 000+27 000+243 800-33 000=649 800(元)

15.1.7 资产项目填列方法

资产项目的填列说明,见表 15-5。

表 15-5 资产项目的填列说明

项目	填列说明
货币资金	本项目应根据"库存现金""银行存款""其他货币资金"科目期末余额的合计数填列
以公允价值计量且变动计入当期损益的金融资产	本项目应当根据"交易性金融资产"科目和在初始确认时指定为以公允价值计量且其变动计入当期损益的金融资产科目的期末余额填列
应收票据	本项目应根据"应收票据"科目的期末余额,减去"坏账准备"科目中有关应收票据计提的坏账准备期末余额后的净额填列
应收账款	本项目应根据"应收账款"期末余额减去"坏账准备"科目中有关应收账款计提的坏账准备期末余额后的金额填列
其他应收款	本项目应根据"其他应收款""应收利息""应收股利"科目的期末余额,减去"坏账准备"科目中计提的坏账准备期末余额后的净额填列

项目	填列说明
存货	本项目应根据"材料采购""原材料""低值易耗品""库存商品""周转材料""委托加工物资""委托代销商品""生产成本"等科目的期末余额合计，减去"代销商品款""存货跌价准备"科目期末余额后的净额填列。材料采用计划成本核算，以及库存商品采用计划成本核算或售价核算的企业，还应按加上或减去材料成本差异、商品进销差价后的金额填列
一年内到期的非流动资产	本项目应根据有关科目的期末余额分析填列
长期股权投资	本项目应根据"长期股权投资"科目的期末余额，减去"长期股权投资减值准备"的期末余额后的净额填列
固定资产	本项目应根据"固定资产"科目的期末余额，减去"累计折旧"和"固定资产减值准备"，以及"固定资产清理"科目期末余额后的净额填列
在建工程	本项目应根据"在建工程"科目的期末余额，减去"在建工程减值准备"科目期末余额以及"工程物资"科目的期末余额减去"工程物资减值准备"科目的期末余额后的净额填列
无形资产	本项目应根据"无形资产"的期末余额，减去"累计摊销"和"无形资产减值准备"科目期末余额后的金额填列
开发支出	本项目应当根据"研发支出"科目中所属的"资本化支出"明细科目期末余额填列
长期待摊费用	本项目应根据"长期待摊费用"科目的期末余额减去将于一年内（含一年）摊销的数额后的金额分析填列
其他流动资产	不超过一年的"合同取得成本""合同履约成本""应收退货成本""预计负债——应付退货款"科目按照其流动性在其他流动资产项目中列示。"应交税费"科目下的"应交增值税""未交增值税""待抵扣进项税额""待认证进项税额""增值税留抵税额"等明细科目期末借方余额，不超过一年的，在此项目列示
其他非流动资产	超过一年的"合同取得成本""合同履约成本""应收退货成本""预计负债——应付退货款"科目按照其流动性在其他非流动资产项目中列示；"应交税费"科目下的"应交增值税""未交增值税""待抵扣进项税额""待认证进项税额""增值税留抵税额"等明细科目期末借方余额，超过一年的，在此项目列示
合同资产	根据"合同资产"科目的相关明细科目期末余额分析填列。同一合同下的"合同资产"应当以净额列示，其中净额为借方余额的，应当根据其流动性在"合同资产"或"其他非流动资产"项目中填列，已计提减值准备的，还应减去"合同资产减值准备"科目中相关的期末余额后的金额填列

15.1.8 负债项目填列方法

负债项目的填列说明，见表 15-6。

表 15-6 负债项目的填列说明

项目	填列说明
短期借款	本项目应根据"短期借款"科目的期末余额填列
应付票据	本项目应根据"应付票据"科目的期末余额填列
应付账款	本项目应根据"应付账款"和"预付账款"科目所属各明细科目的期末贷方余额合计数填列
应付职工薪酬	根据有关规定应付给职工的工资、职工福利、社会保险费、住房公积金、工会经费、职工教育经费、非货币性福利、辞退福利等各种薪酬。外商投资企业按规定从净利润中提取的职工奖励及福利基金，也在本项目列示
应交税费	本项目应根据"应交税费"科目的期末贷方余额填列；如"应交税费"科目期末为借方余额，应以"—"号填列
其他应付款	本项目应根据"其他应付款""应付利息""应付股利"科目的期末余额填列
一年内到期的非流动负债	本项目应根据有关科目的期末余额分析填列
长期借款	本项目应根据"长期借款"科目的期末余额填列
应付债券	本项目应根据"应付债券"科目的期末余额填列
其他非流动负债	本项目应根据有关科目的期末余额填列。其他非流动负债项目应根据有关科目期末余额减去将于1年内（含1年）到期偿还数后的余额分析填列。非流动负债各项目中将于1年内（含1年）到期的非流动负债，应在"一年内到期的非流动负债"项目内反映
合同负债	根据"合同负债"科目的相关明细科目期末余额分析填列。同一合同下的合同负债应当以净额列示，净额为贷方余额的，应当根据其流动性在"合同负债"或"其他非流动负债"项目中填列
长期应付款	根据"长期应付款"科目的期末余额，减去相关的"未确认融资费用"科目的期末余额后的金额，以及"专项应付款"科目的期末余额填列

15.1.9 所有者权益项目填列方法

所有者权益项目的填列说明，见表 15-7。

表 15-7   所有者权益项目的填列说明

项目	填列说明
实收资本 （或股本）	本项目应根据"实收资本"（或"股本"）科目的期末余额填列
资本公积	本项目应根据"资本公积"科目的期末余额填列
其他综合收益	本项目应根据"其他综合收益"科目的期末余额填列
盈余公积	本项目应根据"盈余公积"科目的期末余额填列
未分配利润	本项目应根据"本年利润"科目和"利润分配"科目的余额计算填列。未弥补的亏损在本项目内以"一"号填列

15.1.10　资产负债表编制案例

【例 15-3】精石制造有限公司 2020 年 1 月 31 日总账及明细余额，见表 15-8。

表 15-8   总账及明细账期末余额表

资产账户	总账及明细账期末余额		负债及 权益账户	总账及明细账期末余额	
	借方余额	贷方余额		借方余额	贷方余额
库存现金	5 900		短期借款		3 600 000
银行存款	5 100 000		应付票据		240 000
其他货币资金	190 000		应付账款		837 000
银行汇票	58 000		卓野汽车有限公司		837 000
信用证存款	132 000		合同负债		899 000
应收票据	2 340 000		原西木工机械厂		899 000
应收账款	4 474 000		应付职工薪酬		2 274 000
			应交税费		1 905 000
蓝泽元配件厂	1 346 000		其他应付款		12 300
津田科技有限公司	3 128 000		应付利息		41 000
其他应收款	24 200		长期应付款		720 000
合同资产	1 346 000		长期借款		1 000 000
青海机械设备公司	604 000		实收资本		10 000 000
浦阳加工厂	258 000		盈余公积		2 143 500

资产账户	总账及明细账期末余额		负债及权益账户	总账及明细账期末余额	
	借方余额	贷方余额		借方余额	贷方余额
湘江冰箱厂	484 000		利润分配		3 597 700
坏账准备		46 700			
应收账款		34 700			
其他应收款		12 000			
原材料	412 000				
库存商品	243 800				
周转材料	27 000				
存货跌价准备		33 000			
固定资产	5 715 000				
固定资产减值准备		38 000			
累计折旧		154 000			
长期应收款	3 319 231				
在建工程	2 161 389				
无形资产	210 000				
累计摊销		39 000			
开发支出	709 300				
商誉	1 302 380				

（1）分析计算填列的项目如下：

"货币资金"项目期末金额＝5 900＋5 100 000＋190 000＝5 295 900（元）

"存货"项目期末金额＝412 000＋243 800＋27 000－33 000＝649 800（元）

"固定资产"项目期末金额＝5 715 000－154 000－38 000＝5 523 000（元）

"无形资产"项目期末金额＝210 000－39 000＝171 000（元）

"应收账款"项目金额＝1 346 000＋3 128 000－34 700＝4 439 300（元）

"合同负债"项目金额＝899 000（元）

"合同资产"项目金额＝604 000＋258 000＋484 000＝1 346 000（元）

"应付账款"项目金额＝837 000（元）

"其他应收款"项目期末金额＝24 200－12 000＝12 200（元）

"其他应付款"项目期末金额＝12 300＋41 000＝53 300（元）

（2）其他项目根据总账余额直接填列。

根据上述资料，编制资产负债表，见表15-9。

表 15-9　　　　　　　　　　　　　　　资产负债表

编制单位：精石制造有限公司　　　　　2020 年 1 月 31 日　　　　　　　　单位：元

资　产	期末余额	年初余额	负债和所有者权益（或股东权益）	期末余额	年初余额
流动资产：			流动负债：		
货币资金	5 295 900	543 000	短期借款	3 600 000	4 000 000
以公允价值计量且其变动计入当期损益的金融资产	—	—	以公允价值计量且其变动计入当期损益的金融负债	—	—
应收票据	2 340 000	280 000	应付票据	240 000	1 386 000
应收账款	4 439 300	5 320 000	应付账款	837 000	942 300
合同资产	1 346 000	1 172 000	合同负债	899 000	1 020 000
其他应收款	12 200	123 000	应付职工薪酬	2 274 000	3 126 000
存货	649 800	4 237 900	应交税费	1 905 000	1 235 890
一年内到期的非流动资产	—	—	其他应付款	53 300	80 500
其他流动资产	—	—	一年内到期的非流动负债	—	—
流动资产合计	14 083 200	11 675 900	其他流动负债		
非流动资产：			流动负债合计	9 808 300	11 790 690
长期应收款	3 319 231	320 000	非流动负债：	—	—
长期股权投资	—	—	长期借款	1 000 000	2 430 000
投资性房地产	—	—	应付债券	—	—
固定资产	5 523 000	6 240 000	长期应付款	720 000	562 800
在建工程	2 161 389	10 844 201	预计负债	—	—
			递延收益		

资　产	期末余额	年初余额	负债和所有者权益（或股东权益）	期末余额	年初余额
生产性生物资产	—	—	递延所得税负债	—	—
油气资产	—	—	其他非流动负债	—	—
无形资产	171 000	324 500	非流动负债合计	1 720 000	2 992 800
开发支出	709 300	784 500	负债合计	11 528 300	14 783 490
商誉	1 302 380	1 498 389	所有者权益（或股东权益）：		
长期待摊费用	—	—	实收资本（或股本）	10 000 000	10 000 000
递延所得税资产	—	—	资本公积	—	—
其他非流动资产	—	—	减：库存股	—	—
非流动资产合计	13 186 300	20 011 590	其他综合收益	—	—
			盈余公积	2 143 500	1 250 000
			未分配利润	3 597 700	5 654 000
			所有者权益（或股东权益）合计	15 741 200	16 904 000
资产总计	27 269 500	31 687 490	负债和所有者权益（或股东权益）总计	27 269 500	31 687 490

15.2　利润表

利润表是反映企业在一定会计期间的经营成果的报表。

通过利润表，可以反映企业在一定会计期间收入、费用、利润（或亏损）、其他综合收益的数额、构成情况，帮助财务报表使用者全面了解企业的经营成果，分析企业的获利能力及盈利增长趋势，从而为其做出经济决策提供依据。

15.2.1　利润表概述

1. 利润表报表项目变化

（1）"资产减值损失"项目位置移至"公允价值变动收益"下一行。

（2）"研发费用"项目，补充计入管理费用的自行开发无形资产的摊销。

（3）"利息收入"项目，反映按照相关会计准则确认的应冲减财务费用的利息收入。

（4）新增"以摊余成本计量的金融资产终止确认收益"项目，反映企业因转让等情形导致终止确认以摊余成本计量的金融资产而产生的利得或损失。

（5）列入"营业外支出"的"非流动资产毁损报废损失"通常包括因自然灾害发生毁损、已丧失使用功能等原因而报废清理产生的损失；企业在不同交易中形成的非流动资产毁损报废利得和损失不得相互抵销，分别在"营业外收入"和"营业外支出"项目进行填列。

（6）"营业外收入"和"营业外支出"项目内容删除了债务重组利得和损失。

（7）补充"研发费用""财务费用"项目下的"利息费用""利息收入""其他收益""资产处置收益""营业外收入""营业外支出""（一）持续经营"和"（二）终止经营净利润"项目说明。

利润表格式变化见表 15-10。

表15-10   利润表

项目	本期金额	上期金额
一、营业收入		
减：营业成本		
……		
资产减值损失		
信用减值损失		
加：其他收益		
投资收益（损失以"-"号填列）		
其中：对联营企业和合营企业的投资收益		
以摊余成本计量的金融资产终止确认收益（损失以"-"号填列） ← 新增		
净敞口套期收益（损失以"-"号填列）		
公允价值变动收益（损失以"-"号填列）		
信用减值损失（损失以"-"号填列）		
资产减值损失（损失以"-"号填列）		
……		

2. 利润表的结构

我国企业的利润表采用多步式格式，分以下五个步骤编制。

第一步，以营业收入为基础，减去营业成本、税金及附加、销售费用、管理费用、研发费用、财务费用、资产减值损失、信用减值损失，加上公允价值变动收益（减去公允价值变动损失）和投资收益（减去投资损失），计算出营业利润。

第二步，以营业利润为基础，加上营业外收入，减去营业外支出，计算出利润总额。

第三步，以利润总额为基础，减去所得税费用，计算出净利润（或净亏损）。

第四步，以净利润（或净亏损）为基础，计算每股收益。

第五步，以净利润（或净亏损）和其他综合收益为基础，计算综合收益总额。

3. 利润表的编制方法

利润表各项目均需填列"本期金额"和"上期金额"两栏。利润表"本期金额""上期金额"栏内各项数字，应当按照相关科目的发生额分析填列。

利润表项目的填列说明，见表 15-11。

表 15-11　　　　　　　　　　　　　　利润表项目填列说明

营业收入	本项目应根据"主营业务收入"和"其他业务收入"科目的发生额分析填列
营业成本	本项目应根据"主营业务成本"和"其他业务成本"科目的发生额分析填列
税金及附加	本项目应根据"税金及附加"科目的发生额分析填列
销售费用	本项目应根据"销售费用"科目的发生额分析填列
管理费用	本项目应根据"管理费用"科目的发生额分析填列
研发费用	根据"管理费用"科目下的"研发费用"明细科目的发生额分析填列
利息费用	根据"财务费用"科目的相关明细科目的发生额分析填列
利息收入	根据"财务费用"科目的相关明细科目的发生额分析填列
资产处置损益	根据"资产处置损益"科目的发生额分析填列；如为处置损失，以"—"号填列
信用减值损失	根据"信用减值损失"科目的发生额分析填列
净敞口套期损益	根据"净敞口套期损益"科目的发生额分析填列；如为套期损失，以"—"号填列
财务费用	本项目应根据"财务费用"科目的发生额分析填列

资产减值损失	本项目应根据"资产减值损失"科目发生额分析填列
公允价值变动收益	本项目应根据"公允价值变动损益"科目的发生额分析填列，如为净损失，本项目以"－"号填列
投资收益	本项目应根据"投资收益"科目的发生额分析填列。如为投资损失，本项目用"－"号填列
营业利润	反映企业实现的营业利润。如为亏损，本项目以"－"号填列
营业外收入	本项目应根据"营业外收入"科目的发生额分析填列
营业外支出	本项目应根据"营业外支出"科目的发生额分析填列
利润总额	反映企业实现的利润。如为亏损，本项目以"－"号填列
所得税费用	本项目应根据"所得税费用"科目的发生额分析填列
净利润	反映企业实现的净利润。如为亏损，本项目以"－"号填列
每股收益	包括基本每股收益和稀释每股收益两项指标，反映普通股或潜在普通股已公开交易的企业，以及正在公开发行普通股或潜在普通股过程中的企业的每股收益信息
其他综合收益	反映根据《企业会计准则》规定，未在损益中确认的各项利得和损失扣除所得税影响后的净额
综合收益总额	反映企业净利润与其他综合收益的合计金额

15.2.2 利润表编制案例

【例 15-4】精石制造有限公司 2020 年 1 月 31 日损益类账户发生额，见表 15-12。

表 15-12 账户发生额

账户名称	借方发生额（元）	贷方发生额（元）
主营业务收入		81 700 000
主营业务成本	52 280 000	
其他业务收入		2 670 000
其他业务成本	1 340 000	
税金及附加	79 380	
销售费用	12 450	
管理费用	853 320	

账户名称	借方发生额（元）	贷方发生额（元）
财务费用	114 600	
投资收益		
营业外收入		45 800
营业外支出	23 680	
资产减值损失	57 000	
所得税费用	7 413 842.5	

根据上述资料，编制 2020 年 1 月利润表，见表 15-13。

表 15-13　　　　　　　　　　　　　利润表

编制单位：精石制造有限公司　　　　2020 年 1 月　　　　　　　　单位：元

项　　目	本期金额	上期金额
一、营业收入	84 370 000	
减：营业成本	53 620 000	
税金及附加	79 380	
销售费用	12 450	
管理费用	853 320	
研发费用		
财务费用	114 600	
其中：利息费用		
利息收入		
资产减值损失	57 000	
加：其他收益		
投资收益（损失以"－"号填列）		
其中：对联营企业和合营企业的投资收益		
公允价值变动收益（损失以"－"号填列）		
资产处置收益（损失以"－"号填列）		
二、营业利润（亏损以"－"号填列）	29 633 250	
加：营业外收入	45 800	
减：营业外支出	23 680	

项　　目	本期金额	上期金额
三、利润总额（亏损总额以"－"号填列）	29 655 370	
减：所得税费用	7 413 842.5	
四、净利润（净亏损以"－"号填列）	22 241 527.5	
（一）持续经营净利润（净亏损以"－"号填列）		
（二）终止经营净利润（净亏损以"－"号填列）		
五、其他综合收益的税后净额		
（一）不能重分类进损益的其他综合收益		
1. 重新计量设定受益计划变动额		
2. 权益法下不能转损益的其他综合收益		
……		
（二）以后将重分类进损益的其他综合收益		
1. 权益法下可转损益的其他综合收益中享有的份额		
2. 可供出售金融资产公允价值变动损益		
3. 持有至到期投资重分类为可供出售金融资产损益		
4. 现金流量套期损益的有效部分		
5. 外币财务报表折算差额		
……		
六、综合收益总额		
七、每股收益		
（一）基本每股收益		
（二）稀释每股收益		

15.3　现金流量表

现金流量表是反映企业在一定会计期间现金和现金等价物流入和流出的报表。

15.3.1　现金流量表概述

1. 现金流量表含义

现金流量是一定会计期间内企业现金和现金等价物的流入和流出。企业从银行提取现金、用现金购买短期到期的国库券等现金和现金等价物之间的转换不属于现金流量。

现金是企业库存现金以及可以随时用于支付的存款，包括库存现金、银行存款和其他货币资金（如外埠存款、银行汇票存款、银行本票存款）等。不能随时用于支付的存款不属于现金。

现金等价物是企业持有的期限短、流动性强、易于转换为已知金额现金、价值变动风险很小的投资。期限短，一般是指从购买日起三个月内到期。现金等价物通常包括三个月内到期的债券投资等。权益性投资变现的金额通常不确定，因而不属于现金等价物。企业应当根据具体情况，确定现金等价物的范围，一经确定不得随意变更。

企业产生的现金流量分为三类，主要内容见表 15-14。

表 15-14　　　　　　　　　　企业产生的三类现金流量

经营活动产生的现金流量	经营活动是企业投资活动和筹资活动以外的所有交易和事项。经营活动主要包括销售商品或提供劳务、购买商品、接受劳务、支付工资和交纳税款等流入和流出现金及现金等价物的活动或事项
投资活动产生的现金流量	投资活动是企业长期资产的购建和不包括在现金等价物范围内的投资及其处置活动。投资活动主要包括购建固定资产、处置子公司及其他营业单位等流入和流出现金及现金等价物的活动或事项
筹资活动产生的现金流量	筹资活动是导致企业资本及债务规模和构成发生变化的活动。筹资活动主要包括吸收投资、发行股票、分配利润、发行债券、偿还债务等流入和流出现金及现金等价物的活动或事项。偿付应付账款、应付票据等商业应付款等属于经营活动，不属于筹资活动

2. 现金流量表的结构

我国企业现金流量表采用报告式结构，分类反映经营活动产生的现金流量、投资活动产生的现金流量和筹资活动产生的现金流量，最后汇总反映企业某一期间现金及现金等价物的净增加额。

15.3.2　经营活动产生的现金流量项目计算

经营活动产生的现金流量净额计算。经营活动产生的现金流量净额的各个子项目计算方法，具体见表 15-15。

表 15-15   经营活动产生的现金流量净额计算

项　目	计算公式
销售商品、提供劳务收到的现金	利润表中主营业务收入×（1＋适用税率）＋利润表中其他业务收入＋（应收票据期初余额－应收票据期末余额）＋（应收账款期初余额－应收账款期末余额）＋（预收账款期末余额－预收账款期初余额）－计提的应收账款坏账准备期末余额
收到的税费返还	（应收补贴款期初余额－应收补贴款期末余额）＋补贴收入＋所得税本期贷方发生额累计数
收到的其他与经营活动有关的现金	营业外收入相关明细本期贷方发生额＋其他业务收入相关明细本期贷方发生额＋其他应收账款相关明细本期贷方发生额＋其他应付账款相关明细本期贷方发生额＋银行存款利息收入
购买商品、接受劳务支付的现金	［利润表中主营业务成本＋（存货期末余额－存货期初余额）］×（1＋适用税率）＋其他业务支出（剔除税金）＋（应付票据期初余额－应付票据期末余额）＋（应付账款期初余额－应付账款期末余额）＋（预付账款期末余额－预付账款期初余额）
支付给职工以及为职工支付的现金	"应付职工薪酬"科目本期借方发生额累计数
支付的各项税费	"应交税费"各明细账户本期借方发生额累计数
支付的其他与经营活动有关的现金	营业外支出（剔除固定资产处置损失）＋管理费用（剔除工资、福利费、劳动保险金、待业保险金、住房公积金、养老保险、医疗保险、折旧、坏账准备或坏账损失、列入的各项税金等）＋销售费用、成本及制造费用（剔除工资、福利费、劳动保险金、待业保险金、住房公积金、养老保险、医疗保险等）＋其他应收款本期借方发生额＋其他应付款本期借方发生额＋银行手续费

（1）销售商品、提供劳务收到的现金。

"销售商品、提供劳务收到的现金"项目，反映企业销售商品、提供劳务实际收到的现金（含销售收入和应向购买者收取的增值税额），包括本期销售商品、提供劳务收到的现金，以及前期销售和前期提供劳务本期收到的现金和本期预收的账款，扣除本期退回本期销售的商品和前期销售本期退回的商品支付的现金。企业销售材料和代购代销业务收到的现金，也在本项目反映。

【例 15-5】精石制造有限公司 2020 年 1 月，增值税专用发票上注明的含税金额为 1 180 000 元，劳务收入 240 000 元，应收票据期初余额为 320 000 元，期末余额为 210 000 元；应收账款期初余额为 8 950 000 元，期末余额为 4 359 000 元；本期计提坏账损失为 32 000 元。

本期销售商品、提供劳务收到的现金	1 420 000 （1 180 000＋240 000）
加：本期收到前期的应收票据 本期收到前期的应收账款	110 000 （320 000－210 000） 4 559 000 （8 950 000－4 359 000－32 000）
本期销售商品、提供劳务收到的现金	6 089 000

（2）收到的税费返回。

"收到的税费返还"项目，反映企业收到返还的各种税费，如收到的增值税、所得税、消费税、关税和教育费附加返还款等。本项目可以根据有关科目的记录分析填列。

【例 15-6】2020 年 1 月，精石制造有限公司扣缴所得税 13 483 712.5 元，本月应交所得税款 9 875 390 元，月末收到所得税返还款 1 894 317.5 元，已存入银行。

本期收到的税费返还为 1 894 317.5 元。

（3）收到的其他与经营有关的现金。

"收到的其他与经营活动有关的现金"项目，反映企业除上述各项目外，收到的其他与经营活动有关的现金，如罚款收入、经营租赁固定资产收到的现金、投资性房地产收到的租金收入、流动资产损失中由个人赔偿的现金收入、除税费返还外的其他政府补助收入等。其他现金流入如价值较大的，应单列项目反映。

本项目可以根据"库存现金""银行存款""营业外收入""管理费用""销售费用"等科目的记录分析填列。

【例 15-7】精石制造有限公司收到出租设备收入 82 400 元。

收到的其他与经营活动有关的现金为 82 400 元。

（4）购买商品、接受劳务支付的现金。

"购买商品、接受劳务支付的现金"项目，反映企业购买材料、商品、接受劳务实际支付的现金，包括支付的货款以及与货款同时支付的增值税进项税额，具体包括：本期购买商品、接受劳务支付的现金，以及本期支付前期购买商品、接受劳务的未付款项和本期预付款项，减去本期发生的购货退回收到的现金。为购置存货而发生的借款利息资本化部分，应在"分配股利、利润或偿付利息支付的现金"项目中反映。企业购买材料和代购代销业务支付的现金，也在本项目反映。

本项目可以根据"库存现金""银行存款""应付票据""应付账款""预付账款""主营业务成本"等科目的记录分析填列。

【例 15-8】精石制造有限公司本期购买原料钢材，收到的专用发票上注明价款为 1 436 000 元；应付账款月初余额为 656 000 元，月末余额为 768 000元；应付票据月初余额为 395 000 元，月末余额为 487 000 元；预付账款期初余额为 389 000 元，期末余额为 412 000 元；购买工程用物资 391 000 元，货款已通过银行转账支付。

本期购买钢材支付的价款	1 436 000
加：本期支付的前期应付账款 本期支付的前期应付票据 本期预付货款	−112 000（656 000−768 000） −92 000（395 000−487 000） 23 000（412 000−389 000）
本期购买商品、接受劳务支付的现金	1 255 000

注：购买工程物资 391 000 元作为投资活动现金流出。

（5）支付给职工以及为职工支付的现金。

"支付给职工以及为职工支付的现金"项目，反映企业实际支付给职工的现金以及为职工支付的现金，包括企业为获得职工提供的服务，本期实际给予各种形式的报酬以及其他相关支出，如支付给职工的工资、奖金、各种津贴和补贴，为职工支付的医疗、养老、失业、工伤、生育等社会保险基金、补充养老保险、住房公积金，为职工交纳的商业保险金，因解除与职工劳动关系给予的补偿，现金结算的股份支付，以及支付给职工或为职工支付的其他福利费用等，不包括支付给在建工程人员的工资。支付的在建工程人员的工资，在"购建固定资产、无形资产和其他长期资产所支付的现金"项目中反映。应根据职工的工作性质和服务对象，分别在"购建固定资产、无形资产和其他长期资产所支付的现金"和"支付给职工以及为职工支付的现金"项目中反映。

本项目可以根据"库存现金""银行存款""应付职工薪酬"等科目的记录分析填列。

【例 15-9】精石制造有限公司本期实际支付工资 746 000 元，其中生产车间工人工资 314 000 元，管理人员工资 432 000 元。本公司职工宿舍楼施工人员工资 40 000 元；按工资总额的 10% 缴纳保险费；按照工资总额 1% 支付误餐费。

支付给职工的工资	746 000（314 000＋432 000）
加：支付的保险费 支付的误餐费用	（746 000×10%）74 600 （746 000×1%）7 460
支付给职工以及为职工支付的现金	828 060

（6）支付的各项税费。

"支付的各项税费"项目，反映企业按规定支付的各项税费，包括本期发生并支付的税费，以及本期支付以前各期发生的税费和预交的税金，如支付的增值税、消费税、所得税、教育费附加、印花税、房产税、土地增值税、车船使用税等。不包括本期退回的增值税、所得税。本期退回的增值税、所得税等，在"收到的税费返还"项目中反映。本项目可以根据"应交税费""库存现金""银行存款"等科目的记录分析填列。

【例 15-10】12 月，精石制造有限公司支付的增值税、城建税、教育费附加、所得税、印花税、车船税等税款共计 517 400 元，本期向税务机关缴纳上月补缴所得税 81 000 元。

本期发生并缴纳的税款	517 400
前期发生本期补缴的所得税额	81 000
本期支付的各项税费	598 400

15.3.3　投资活动产生的现金流量项目计算

投资活动产生的现金流量净额计算。投资活动产生的现金流量净额各个子项目计算方法具体见表 15-16。

表 15-16　　　　　　　　　投资活动产生的现金流量净额计算

项　　目	计算公式
收回投资所收到的现金	（短期投资期初数－短期投资期末数）＋（长期股权投资期初数－长期股权投资期末数）＋（长期债权投资期初数－长期债权投资期末数）

项　目	计算公式
取得投资收益所收到的现金	利润表投资收益－（应收利息期末数－应收利息期初数）－（应收股利期末数－应收股利期初数）
处置固定资产、无形资产和其他长期资产所收回的现金净额	"固定资产清理"的贷方余额＋（无形资产期末数－无形资产期初数）＋（其他长期资产期末数－其他长期资产期初数）
收到的其他与投资活动有关的现金	如收回融资租赁设备本金等
购建固定资产、无形资产和其他长期资产所支付的现金	（在建工程期末数－在建工程期初数）（剔除利息）＋（固定资产期末数－固定资产期初数）＋（无形资产期末数－无形资产期初数）＋（其他长期资产期末数－其他长期资产期初数） 投资所支付的现金（短期投资期末数－短期投资期初数）＋（长期股权投资期末数－长期股权投资期初数）（剔除投资收益或损失）＋（长期债权投资期末数－长期债权投资期初数）（剔除投资收益或损失）
支付的其他与投资活动有关的现金	如投资未按期到位的罚款

（1）收回投资收到的现金。

"收回投资收到的现金"项目，反映企业出售、转让或到期收回除现金等价物以外的交易性金融资产、持有至到期投资、可供出售金融资产、长期股权投资等而收到的现金。不包括债权性投资收回的利息、收回的非现金资产，以及处置子公司及其他营业单位收到的现金净额。债权性投资收回的本金，在本项目反映，债权性投资收回的利息，不在本项目中反映，而在"取得投资收益所收到的现金"项目中反映。处置子公司及其他营业单位收到的现金净额单设项目反映。

本项目可以根据"交易性金融资产""持有至到期投资""可供出售金融资产""长期股权投资""库存现金""银行存款"等科目的记录分析填列。

【例 15-11】精石制造有限公司出售明珠公司的股票，收到的金额为115 300 元；出售用过的碎石机，收到价款 50 900 元。

本期收回投资所收到的现金为 115 300 元。

（2）取得投资收益收到的现金。

"取得投资收益收到的现金"项目，反映企业因股权性投资而分得的现金股利，因债权性投资而取得的现金利息收入。

本项目可以根据"应收股利""应收利息""投资收益""库存现金""银行存款"等科目的记录分析填列。

（3）"处置固定资产、无形资产和其他长期资产收回的现金净额"项目，反映企业出售固定资产、无形资产和其他长期资产（如投资性房地产）所取得的现金，减去为处置这些资产而支付的有关税费后的净额。

本项目可以根据"固定资产清理""库存现金""银行存款"等科目的记录分析填列。

（4）购建固定资产、无形资产和其他长期资产支付的现金。

"购建固定资产、无形资产和其他长期资产支付的现金"项目，反映企业购买、建造固定资产，取得无形资产和其他长期资产（如投资性房地产）支付的现金（含增值税款），以及用现金支付的应由在建工程和无形资产负担的职工薪酬。

本项目可以根据"固定资产""在建工程""工程物资""无形资产""库存现金""银行存款"等科目的记录分析填列。

【例 15-12】2020 年 1 月，购入五台运输车，价款共计 1 478 000 元，货款已付。购买工程物资 391 000 元；在建工程工人工资 49 700 元。

本期购建固定资产、无形资产和其他长期资产支付的现金计算如下：

购买挖掘机支付的现金	1 478 000
加：为在建工程购买材料支付的现金 　　　在建工程人员工资及费用	391 000 49 700
本期购建固定资产、无形资产和其他长期资产支付的现金	1 918 700

（5）投资支付的现金。

"投资支付的现金"项目，反映企业进行权益性投资和债权性投资所支付的现金，包括企业取得的除现金等价物以外的交易性金融资产、持有至到期投资、可供出售金融资产而支付的现金，以及支付的佣金、手续费等交易费用。

本项目可根据"交易性金融资产""持有至到期投资""可供出售金融资产""投资性房地产""长期股权投资""库存现金""银行存款"等科目的记录分析填列。

（6）支付的其他与投资活动有关的现金。

"支付的其他与投资活动有关的现金"项目，反映企业除上述各项目外，支付的其他与投资活动有关的现金流出。其他与投资活动有关的现金，如果价值较大的，应单列项目反映。

15.3.4 筹资活动产生的现金流量有关项目的计算

筹资活动产生的现金流量净额计算。筹资活动产生的现金流量净额各个子项目计算方法具体见表15-17。

表 15-17 筹资活动产生的现金流量净额计算

项　　目	计算公式
吸收投资所收到的现金	（实收资本或股本期末数－实收资本或股本期初数）＋（应付债券期末数－应付债券期初数）
借款收到的现金	（短期借款期末数－短期借款期初数）＋（长期借款期末数－长期借款期初数）
收到的其他与融资活动有关的现金	如投资人未按期缴纳股权的罚款现金收入等
偿还债务所支付的现金	（短期借款期初数－短期借款期末数）（剔除利息）＋（长期借款期初数－长期借款期末数）（剔除利息）＋（应付债券期初数－应付债券期末数）（剔除利息）
分配股利、利润或偿付利息所支付的现金	应付股利借方发生额＋利息支出＋长期借款利息＋在建工程利息＋应付债券利息－票据贴现利息支出
支付的其他与融资活动有关的现金	如发生融资费用所支付的现金、融资租赁所支付的现金、减少注册资本所支付的现金（收购本公司股票，退还联营单位的联营投资等）、企业以分期付款方式购建固定资产，除首期付款支付的现金以外的其他各期所支付的现金等

（1）收回投资收到的现金。

"吸收投资收到的现金"项目，反映企业以发行股票、债券等方式筹集资金实际收到的款项净额（发行收入减去支付的佣金等发行费用后的净额）。

本项目可以根据"实收资本（或股本）""资本公积""库存现金""银行存款"等科目的记录分析填列。

（2）借款收到的现金。

"取得借款收到的现金"项目，反映企业举借各种短期、长期借款而收到的现金。

本项目可以根据"短期借款""长期借款""交易性金融资产""应付债券""库存现金""银行存款"等科目的记录分析填列。

【例15-13】本期借入长期借款 1 520 000 元，短期借款 400 000 元。

借款收到的现金为 1 920 000 元。

（3）"收到的其他与筹资活动有关的现金"项目，反映企业除上述各项目外，收到的其他与筹资活动有关的现金流入，如接受现金捐赠等。其他与筹资活动有关的现金，如果价值较大的，应单列项目反映。本项目可以根据有关科目的记录分析填列。

（4）"偿还债务所支付的现金"项目，反映企业以现金偿还债务的本金。

本项目可以根据"短期借款""长期借款""交易性金融资产""应付债券""库存现金""银行存款"等科目的记录分析填列。

【例15-14】本期偿还短期借款 470 000 元，长期借款 1 350 000 元。

偿还债务所支付的现金为 1 820 000。

（5）"分配股利、利润或偿付利息所支付的现金"项目，反映企业实际支付的现金股利，支付给其他投资单位的利润或用现金支付的借款利息，债券利息。

本项目可根据"应付股利""应付利息""利润分配""财务费用""在建工程""制造费用""研发支出""库存现金""银行存款"等科目的记录分析填列。

【例15-15】本月向投资者支付利润 875 000 元，支付利息 194 000 元。

本期分配股利、利润或偿付利息所支付的现金计算如下：

支付投资者利润	875 000
加：支付贷款利息	194 000
分配股利、利润或偿付利息所支付的现金	1 069 000

15.3.5　汇率变动对现金及现金等价物的影响

企业外币现金流量折算成记账本位币时，所采用的是现金流量发生日的汇率或即期汇率的近似汇率，而现金流量表"现金及现金等价物净增加额"项目中外币现金净增加额是按资产负债表日的即期汇率折算。这两者的差额即为汇率变动对现金的影响。

15.3.6 现金流量表编制案例

根据上述资料，编制 2019 年 12 月精石制造有限公司现金流量表。见表15-18。

表 15-18 现金流量表

编制单位：精石制造有限公司　　　2019 年 12 月　　　　　　　单位：元

项　目	本期金额	上期金额
一、经营活动产生的现金流量		
销售商品、提供劳务收到的现金	6 089 000	
收到的税费返还	1 894 317.5	
收到其他与经营活动有关的现金	82 400	
经营活动现金流入小计	8 065 717.50	
购买商品、接受劳务支付的现金	1 255 000	
支付给职工以及为职工支付的现金	828 060	
支付的各项税费	598 400	
支付其他与经营活动有关的现金		
经营活动现金流出小计	2 681 460	
经营活动产生的现金流量净额	5 384 257.50	
二、投资活动产生的现金流量		
收回投资收到的现金	115 300	
取得投资收益收到的现金		
处置固定资产、无形资产和其他长期资产收回的现金净额		
处置子公司及其他营业单位收到的现金净额		
收到其他与投资活动有关的现金		
投资活动现金流入小计	115 300	
购建固定资产、无形资产和其他长期资产支付的现金	1 918 700	
投资支付的现金		
取得子公司及其他营业单位支付的现金净额		
支付其他与投资活动有关的现金		
投资活动现金流出小计	1 918 700	

项　　目	本期金额	上期金额
投资活动产生的现金流量净额	－1 803 400	
三、筹资活动产生的现金流量		
吸收投资收到的现金		
取得借款收到的现金	1 920 000	
收到其他与筹资活动有关的现金		
筹资活动现金流入小计	1 920 000	
偿还债务支付的现金	1 820 000	
分配股利、利润或偿付利息支付的现金	1 069 000	
支付其他与筹资活动有关的现金		
筹资活动现金流出小计	2 889 000	
筹资活动产生的现金流量净额	－969 000	
四、汇率变动对现金及现金等价物的影响		
五、现金及现金等价物净增加额		
加：期初现金及现金等价物余额		
六、期末现金及现金等价物余额		

15.4　所有者权益变动表

所有者权益变动表项目变化主要是"其他权益工具持有者投入资本项目"，该项目反映企业发行在外的除普通股以外分类为权益工具的金融工具持有者投入资本的金额。

15.4.1　所有者权益变动表的编制

所有者权益变动表各项目均需填列"本年金额"和"上年金额"两栏。

1."上年年末余额"项目

反映企业上年资产负债表中实收资本（或股本）、资本公积、盈余公积、未分配利润的年末余额。

2."会计政策变更"和"前期差错更正"项目

分别反映企业采用追溯调整法处理会计政策重要的累计影响金额和采用

追溯重述法处理会计差错更正的累积影响金额。

3. "本年增减变动额"项目

（1）"综合收益总额"项目，反映净利润和其他综合收益扣除所得税影响后的净额相加后的金额。

（2）"投入和减少资本"项目，反映企业接受投资者投入形成的实收资本（或股本）和资本溢价（或股本溢价）。

（3）"利润分配"项目，反映企业当年的利润分配金额。

（4）"所有者权益内部结转"下各项目，反映企业构成所有者权益各组成部分之间的增减变动情况。

其中：① "资本公积转增资本（或股本）"项目，反映企业以资本公积转增资本或股本的金额。

② "盈余公积转增资本（或股本）"项目，反映企业以盈余公积转增资本或股本的金额。

③ "盈余公积弥补亏损"项目，反映企业以盈余公积弥补亏损的金额。

15.4.2 所有者权益变动表案例

【例 15-16】 精石制造有限公司 2020 年有关所有者权益账户年初余额本年增减变动情况及原因见表 15-19。据此编制所有者权益（股东权益）变动表见表 15-20（上年金额略）。

表 15-19　　　　　　　　有关所有者权益账户 2020 年内变动情况及原因

单位：元

账户	年初余额	本年增加及原因	本年减少及原因	年末余额
实收资本	78 450 000	盈余公积转入 380 000		78 830 000
资本公积	789 400	接受捐赠 160 320		949 720
盈余公积	840 000	从净利润中提取 276 000	转增资本 380 000	736 000
未分配利润	360 000	实现净利润 6 293 500	提取盈余公积 276 000 元，分派股利 4 442 600 元	1 934 900
合计	80 439 400	7 109 820	5 098 600	82 450 620

表 15-20   **所有者权益变动表**

编制单位：精石制造有限公司   年度：2020   单位：元

项目	行次	本年金额					
		实收资本（或股本）	资本公积	盈余公积	未分配利润	库存股（减项）	所有者权益合计
一、上年年末余额							
1. 会计政策变更							
2. 前期差错更正							
其他							
二、本年年初余额		78 450 000	789 400	840 000	360 000		80 439 400
三、本年增减变动金额（减少以"—"号填列）		380 000	160 320	—104 000	1 574 900		2 011 220
（一）综合收益总额							
（二）投入和减少资本							
1. 所有者投入的普通股							
2. 其他权益工具持有者投入资本							
3. 股份支付计入所有者权益金额							
4. 其他			160 320				160 320
小计							
（三）利润分配					6 293 500		6 293 500
1. 对所有者或股东的分配					—4 442 600		—4 442 600
2. 提取盈余公积				276 000	—276 000		
3. 其他							

项目	行次	本年金额					
		实收资本（或股本）	资本公积	盈余公积	未分配利润	库存股（减项）	所有者权益合计
（四）所有者权益内部结转							
1. 资本公积转增资本（股本）							
2. 盈余公积转增资本（或股本）		380 000		−380 000			
3. 盈余公积弥补亏损							
4. 设定受益计划变动额结转留存收益							
5. 其他							
四、本年年末余额		78 830 000	949 720	736 000	1 934 900		82 450 620

参 考 文 献

[1] 企业会计准则编审委员会. 企业会计准则及应用指南实务详解 [M]. 北京：人民邮电出版社，2019.

[2] 财政部会计司. 企业会计准则第 14 号——收入应用指南 2018 [M]. 北京：中国财政经济出版社，2018.

[3] 樊剑英，段文涛，王骏. 房地产开发企业税收与会计实务大全 [M]. 北京：中国市场出版社，2018.

[4] 栾庆忠. 增值税纳税实务与节税技巧. [M]. 5 版. 北京：中国市场出版社，2018.

[5] 林佳良. 土地增值税清算指南 [M]. 5 版. 北京：中国市场出版社，2018.

[6] 计敏，王庆，王立新. 全行业增值税操作实务与案例分析 [M]. 北京：中国市场出版社，2018.

[7] 栾庆忠. 增值税发票税务风险解析与应对（实战案例版）[M]. 北京：中国人民大学出版社，2019.

[8] 刘霞，庞思诚. 金税三期管控下增值税会计核算及纳税风险实务 [M]. 上海：立信会计出版社，2018.

[9] 蔡昌. 房地产企业全程会计核算与税务处理 [M]. 4 版. 北京：中国市场出版社，2018.

[10] 李曙亮. 房地产开发企业会计与纳税实务 [M]. 2 版. 大连：大连出版社，2018.

[11] 曾勤，张程程. 会计科目设置与应用大全书 [M]. 北京：人民邮电出版社，2018.

[12] 中华人民共和国财政部. 企业会计准则应用指南（2018 年版）[M]. 上海：立信会计出版社，2018.

[13] 邱银春. 新手学会计 [M]. 北京：清华大学出版社，2018.

[14] 马泽方. 企业所得税实务与风险防控 [M]. 2 版. 北京：中国市场出版社，2018.

[15] 吴健. 新个人所得税实务与案例 [M]. 北京：中国市场出版社，2018.

[16] 王月明，吴健. 企业所得税优惠实务操作指南与案例解析 [M]. 北京：中国税务出版社，2018.

[17] 本书编写组. 中华人民共和国现行税收法规及优惠政策解读 [M]. 上海：立信会计出版社，2018.

[18] 中国注册会计师协会. 会计 CPA [M]. 北京：中国财政经济出版社，2018.

［19］国家税务总局教材编写组．企业所得税汇算清缴实务［M］．北京：中国税务出版社，2016.

［20］国家税务总局财产和行为税司．契税、耕地占用税政策解读和征管指南［M］．北京：中国税务出版社，2014.

［21］国家税务总局货物和劳务税司．消费税业务操作手册［M］．北京：中国税务出版社，2014.

［22］中华人民共和国财政部．企业会计准则（2018 版）［M］．北京：经济科学出版社，2017.

［23］秦东生，于烨．优秀税务会计从入门到精通［M］．北京：中国华侨出版社，2015.